영어회화패턴훈련

본 도서는 2016년에 출간된 〈의미 단위 영어 패턴 훈련〉의 동일한 내용 개정판입니다.

영어 회화 패턴 훈련

저자 | 이지연
초판 1쇄 인쇄 | 2024년 1월 18일
초판 1쇄 발행 | 2024년 1월 28일

발행인 | 박효상
편집장 | 김현
기획 · 편집 | 장경희, 김효정, 권순범, 이한경
디자인 | 임정현
마케팅 | 이태호, 이전희
관리 | 김태옥

출판등록 | 제10-1835호
발행처 | 사람in
주소 | 121-839 서울시 마포구 양화로11길 14-10(서교동) 3F
전화 | 02) 338-3555(代)   팩스 | 02) 338-3545
E-mail | saramin@netsgo.com
Website | www.saramin.com

:: 책값은 뒤표지에 있습니다.
:: 파본은 바꾸어 드립니다.

ⓒ 이지연 2024
ISBN 979-11-7101-054-7 13740

우아한 지적만보 기민한 실사구시 **사람in**

영어로 입이 열리는

영어 회화 패턴 훈련

의미
단위

이지연 지음

PATTERN SPEAKING TRAINING

입에서 영어가 나오는 가장 확실한 공식

머리말

원어민들은 그 많은 영어 문장을 어떻게 그렇게 술술 말할까요? 물론 영어를 쓰는 나라에서 태어나고 자랐으니까 말을 잘하는 건 당연하겠지요. 그런데요, 그 사람들이 하는 말을 잘 들어 보면 크게 의미 단위 회화 패턴과 응용 표현으로 나눌 수가 있습니다. 이게 무슨 말이냐 하면, 개별 단어를 일일이 조합하는 게 아니라 기본이 되는 의미 단위 회화 패턴에 다양한 표현을 더한다는 것이죠. 예를 들어 '집에 가고 싶어'라고 말하고 싶다면 원어민들은 I want to라는 의미 단위 회화 패턴을 먼저 생각한 다음 go home(집에 가다)이란 응용 표현을 결합한다는 것입니다.

의미 단위 회화 패턴	응용 표현
I want to	**go home**

이런 패턴이 머리에 착 박혀 있으니 여기에 여러 가지 응용 표현을 붙이면 수천, 수만 개의 문장을 만들어 낼 수 있는 거죠. meet you(너를 만나다)를 붙이면 I want to meet you.(난 널 만나고 싶어.)가 되고, go out with you(너와 외출하다)를 붙이면 I want to go out with you.(난 너랑 외출하고 싶어.)가 되는 것처럼 말이에요.

그렇다면 우리도 이렇게 의미 단위 회화 패턴을 머리에 탁 박아 놓고 응용 표현을 붙여서 말하는 훈련만 한다면 영어 문장을 더 빨리, 그리고 능숙하게 할 수 있지 않을까요? 물론 여기에 문법은 기본으로 깔고 가야 하고요. 사실 이런 회화 패턴 훈련은 비영어권 화자들이 가장 빨리 영어를 말할 수 있게 하는 가장 효과적인 방법이기도 합니다. 이건 영어에만 적용되는 게 아니에요. 제가 어학원에서 일본어를 3개월 동안 배운 적이 있어요. 그런데 일본인 친구와 대화를 하다가 정말 3개월 동안 일본어를 배운 게 맞느냐며 발음과 구사 능력이 뛰어나다는 칭찬을 받았습니다. 그 당시 1개월간 정말 열심히 패턴 훈련을 해서 서툴긴 하지만 회화 패턴에 표현을 더해 문장을 말할 수 있게 되었던 거지요. 그리고 하나 더, 회화 패턴 훈련과 더불어 제가 빼놓지 않았던 것은 이렇게 만들어 본 문장을 반드시 큰소리로 읽어 가며 종이에 썼다는 거예요. 눈으로 읽는 것보다 말로 하고, 거기에 더 나아가 손으로 직접 쓰면 정말로 기억이 오래 갑니다. 그래서 이런 경험과 영어 이론들을 통해 패턴 학습이 외국어 습득에 효과적이라는 것을 누구보다 잘 알게 되었고, 그런 학습 방법을 여러분과 공유하고 싶었습니다. 다른 어떤 것보다 의미 단위 회화 패턴 훈련법이 효과적이라는 점을 자신 있게 장담합니다. 두툼해 보이지만 도전정신을 부르는 이 책이 여러분의 영어 실력 향상에 큰 도움이 되길 바랍니다.

이 책의 특징과 학습법

나 –〉 너 –〉 우리 –〉 제삼자로 확장해 가는 완전체 회화

세상의 중심은 바로 나(I)입니다. 내가 어떤 상태에 있고, 어떤 생각과 행동을 하고 어떤 사람인지를 드러내는 것이 모든 소통의 시작이죠. 그렇게 내 자아를 충분히 드러냈을 때 타인 즉, 내 앞에 있는 상대방(You) 이야기를 들을 수 있습니다. 이렇게 나의 얘기를 하고 너의 얘기를 들으면서 우리의(We) 이야기가 전개되고 이를 바탕으로 제삼자(He/She/They) 이야기를 확장해 갑니다. 이는 어린아이가 말을 배우고 확장해 가는 과정으로 이『영어 회화 패턴 훈련』은 그런 과정을 따라 패턴 학습을 진행합니다. 중구난방으로 패턴을 쓸어 담은 게 아니라 인지적 차원에서 받아들일 수 있게 설계되어 기본에서 응용, 확장이 가능하도록 구성했습니다.

이런 구조를 바탕으로 한『영어 회화 패턴 훈련』은 원어민들이 자주 쓰는 주요 패턴들을 선별하여 집중 훈련할 수 있게 한 영어 말하기 훈련서입니다. 언어는 머리에서 '이렇게 말해야지!'라고 생각해서 말하는 것이 아닙니다. 우리가 한국말을 할 때 생각 따로 말 따로가 아니라 바로바로 나오듯이 영어도 그렇게 말할 수 있도록 훈련해야 합니다. 원어민들이 일상에서 자주 사용하는 의미 단위 회화 패턴들을 정리해 놓은『영어 회화 패턴 훈련』은 체계적으로 반복 훈련할 수 있게 한 프로세스 때문에 이런 습관화 단계의 출발점이 될 수 있을 것입니다. QR 코드로 제공되는 빵빵한 패턴 훈련 트레이닝 음원으로 영어 회화 패턴 훈련을 지금 바로 시작하세요.

효과적인 학습 PROCESS

Warm Up

❶ 알아둬야 할 의미 단위 회화 패턴과 우리말 의미를 확인하세요.

❷ 아래에 나온 설명을 꼼꼼히 읽으며 회화 패턴의 쓰임새와 유사 표현, 사용 시 유의점 등을 파악하세요.

> PATTERN 012
>
> 난 ~에 연루되었어요 / 참여했어요
> # I was involved in
>
> be involved in은 뒤에 오는 단어가 어떤 것인가에 따라 '~에 연루되다'의 뜻도 되고 '~에 참여하다'의 뜻도 되어요. be동사 대신에 become이니 get을 사용해 '~하게 되다'란 뉘앙스를 강조할 수도 있답니다.

5

STEP 1 원어민 발음으로 듣기 (001-a처럼 -a로 끝난 음원 파일)

❶ 원어민이 회화 패턴과 응용 표현을 한 차례씩 읽어 줄 거예요. 읽어 주는 사이사이에 원어민의 발음을 따라서 큰소리로 읽어 보세요.

❷ 이 회화 패턴과 응용 표현이 입에 딱 달라붙을 때까지 무한 반복을 권합니다.

STEP 1 원어민 발음으로 듣기 패턴과 응용어구의 정확한 발음을 들어 보세요.

I was involved in
난 ~에 연루되었어요 / 참여했어요

사고	an accident
뺑소니 사고	a hit and run
사소한 충돌	a minor crash
실험을 하는 것	doing experiments
영화 제작하는 것	making a film

STEP 2 원어민 따라잡기 (001-b처럼 -b로 끝난 음원 파일)

❶ 이제 원어민이 앞의 회화 패턴과 응용 표현을 결합하여 완전한 문장으로 말할 거예요. 원어민이 말하는 걸 듣고 바로 따라 하세요.

❷ 이렇게 다섯 문장을 따라 하고 나서 오른쪽 박스에 체크하고 이 과정을 다섯 번 반복하세요. 그러면 자기도 모르게 문장이 입에 붙을 거예요.

STEP 2 원어민 따라잡기 패턴 응용 문장을 다섯 번씩 큰 소리로 말해 보세요. 🎧 1 2 3 4 5

난 사고에 연루되었어요	**I was involved in** an accident.
난 뺑소니 사고에 연루되었어요	**I was involved in** a hit and run.
난 사소한 충돌에 연루되었어요	**I was involved in** a minor crash.
난 실험하는 데에 참여했어요	**I was involved in** doing experiments.
난 영화 제작에 참여했어요	**I was involved in** making a film.

원어민 빰치게 쓰기 (001-c처럼 -c로 끝난 음원 파일)

❶ 앞서 배웠던 문장의 앞뒤, 혹은 중간에 확장 표현을 넣어 문장을 확장하는 단계입니다. 원어민이 읽어 준 문장을 잘 듣고, 손에 펜을 들고 큰소리로 말하면서 직접 써 보세요.

❷ 쓰는 게 끝나면 다시 한 번 자신이 썼던 문장을 말해 보세요.

STEP 3 원어민 빰치게 쓰기 확장어를 포함해 앞서 만든 문장을 손으로 직접 써 보세요.

몇 년 전에 난 사고에 연루되었어요
Some years ago _____ .

몇 년 전에 난 뺑소니 사고에 연루되었어요.
Some years ago _____ .

몇 년 전에 난 사소한 충돌에 연루되었어요.
Some years ago _____ .

몇 년 전에 난 실험하는 데에 참여했어요.
Some years ago _____ .

Practice Speaking 실전 대비 훈련 (001-d처럼 -d로 끝난 음원 파일)

❶ 여기에서는 세 가지 훈련을 합니다. 먼저 섀도우 스피킹(Shadow Speaking) 연습을 해 보세요. A와 B가 말하는 것을 듣고 바로 따라 하는 겁니다. 집중해서 듣다 보면 듣기 실력도 좋아져요.

❷ 이번에는 여러분이 A 역할을 맡아 신호음 (띠~소리)이 나오면 스크립트를 보고 A가 해야 하는 말을 큰소리로 말하세요.

Practice Speaking 실전 대비 훈련 MP3 파일을 들으며 대화문을 활용한 3가지 훈련을 해 보세요.　　□ A·B 섀도우 스피킹
　　□ A 역할　　□ B 역할

A I'm a producer.　　　　　　　　　　선 제작자예요.

B Wow, I have a film background, too.　와, 저도 영화 관련 경력이 있어요.

A Really? Doing what?　　　　　　　　그러세요? 뭘 하셨어요?

B Some years ago, I was involved in　몇 년 전에 영화 제작에 참여했어요.
making a film.

❸ 이제 B 역할을 해 볼 차례예요. 앞의 A 역할을 했을 때와 같이 하면 됩니다.

❹ 각 단계를 마칠 때마다 오른쪽 상단 박스의 해당 단계에 체크하세요.

Contents

PART 1 | 1인칭 I, We
나(I)는 세상의 중심! 나에 대해 말 못하는 그런 영어는 뭐하러 배워?

PATTERN 02   I + 조동사

PATTERN 03   I + 일반 동사

PART 2 | 2인칭 You

대화의 필요조건은 상대방.
어떻게 하면 당신에게(You) 나의(I) 생각을 오해 없이 전할까?

PATTERN 04 **You + be 동사 · 조동사**

PATTERN 05 **의문문**

PATTERN 06 **청유 · 권유 · 명령**

PART 3 | 3인칭 It, There, He ...

나와 너의 테두리를 벗어나 그들에 대해서, 그것들에 대해서 말해 보자.

PATTERN 07 It · There

I am ~ / I was ~

말하기의 시작은 '내 생각'을 상대방에게 '잘' 전달하는 것이에요.
당연히 'I'로 시작하는 문장을 '잘', 그리고 '자주' 써야 하죠. 그래
야 내 의사를 상대방에게 '제대로' 전달하지 못해 Yes맨이나 OK
맨이 되는 걸 막을 수 있습니다. 내가 생각하는 '나'에 대한 이야
기를 상대방에게 순발력 있게 전달해 보아요.

I am dying to speak English well!

(유감이지만) ~라고 생각해요 / ~인 것 같아요

I am afraid

I am afraid of death.(난 죽음이 두려워요.)에서처럼 be afraid of 자체는 '~를 두려워하다'란 뜻이에요. 하지만 [I am afraid that + 주어 + 동사]일 경우엔 '~라고 생각한다'라는 I think의 뜻이랍니다. 차이점은 I am afraid that 다음엔 부정적인 내용이 나온다는 거죠. I am afraid that the pizza here is terrible.(여기 피자는 최악인 것 같아.)처럼 not을 쓰지 않아도 내용이 부정적이면 사용해요. 한편, I am afraid not.은 상대가 말한 것에 대해 '유감이지만 아닙니다.'라고 상대방이 말한 바를 부정할 때 사용해요.

STEP 1 원어민 발음으로 듣기 패턴과 응용어구의 정확한 발음을 들어 보세요.

I am afraid ~
(유감이지만) ~라고 생각해요
/ ~인 것 같아요

당신이 틀렸다	you are wrong
내가 그것을 할 수 없다	I can't do that
시간을 더 낼 수 없다	I can't afford to spare more time
그가 앓게 될 수도 있다	he might get sick
당뇨병이 있다	I have diabetes

STEP 2 원어민 따라잡기 패턴 응용 문장을 다섯 번씩 큰 소리로 말해 보세요.

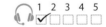

당신이 틀린 것 같네요.　　**I am afraid** you are wrong.

내가 그걸 할 수 없을 것 같네요.　　**I am afraid** I can't do that.

시간을 더 낼 수 없을 것 같네요.　　**I am afraid** I can't afford to spare more time.

그가 앓게 될 수도 있겠네요.　　**I am afraid** he might get sick.

내가 당뇨병일 수도 있겠네요.　　**I am afraid** I have diabetes.

STEP 3 원어민 빨치게 쓰기 확장어를 포함해 앞서 만든 문장을 손으로 직접 써 보세요.

솔직히, 당신이 틀린 것 같네요.

Honestly, --.

솔직히, 내가 그걸 할 수 없을 것 같네요.

Honestly, --.

솔직히, 시간을 더 낼 수 없을 것 같네요.

Honestly, --.

솔직히, 그가 앓게 될 수도 있겠네요.

Honestly, --.

솔직히, 내가 당뇨병일 수도 있겠네요.

Honestly, --.

Practice Speaking 실전 대비 훈련 MP3 파일을 들으며 대화문을 활용한 3가지 훈련을 해 보세요.

· ☐ A·B 섀도우 스피킹
· ☐ A 역할 · ☐ B 역할

A I've been losing weight.

B That's good news.

A No, it's not. Honestly, I am afraid
   I have diabetes.

B Then get a test done.

체중이 줄고 있어.

좋은 소식이네.

그렇지 않아. 솔직히, 당뇨병이 있는 것 같아.

그럼 테스트를 해 봐.

나는 ~를 잘합니다

I am good at

be good at은 '~를 잘하다'이며 be bad at 혹은 be poor at은 그 반대로 '~를 못하다'란 뜻이에요. 전치사 at 다음에 명사가 올 수도 있지만 동명사 (동사 + ing)가 올 수도 있어요. 참고로 상대가 이미 해 놓은 일에 대해서 잘했다고 칭찬을 할 땐 You really did a good job.이라고 말하면 돼요.

STEP 1 원어민 발음으로 듣기 패턴과 응용어구의 정확한 발음을 들어 보세요.

I am good at ~
나는 ~를 잘합니다

수학	math
피아노를 치는 것	playing the piano
파스타를 요리하는 것	cooking pasta
다른 사람들과 잡담하는 것	chatting with other people
허드렛일을 하는 것	doing chores

STEP 2 원어민 따라잡기 패턴 응용 문장을 다섯 번씩 큰 소리로 말해 보세요.

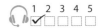

난 수학을 잘합니다.	**I am good at** math.
난 피아노 치는 걸 잘합니다.	**I am good at** playing the piano.
난 파스타 요리를 잘합니다.	**I am good at** cooking pasta.
난 다른 사람들과 잡담을 잘합니다.	**I am good at** chatting with other people.
난 허드렛일을 잘합니다.	**I am good at** doing chores.

STEP 3 **원어민 뺨치게 쓰기** 확장어를 포함해 앞서 만든 문장을 손으로 직접 써 보세요.

난 수학을 잘하지만 다른 것들은 못해요.

--- but bad at other things.

난 피아노 치는 걸 잘하지만 다른 것들은 못해요.

--- but bad at other things.

난 파스타 요리를 잘하지만 다른 것들은 못해요.

--- but bad at other things.

난 다른 사람들과 잡담을 잘하지만 다른 것들은 못해요.

--- but bad at other things.

난 허드렛일을 잘하지만 다른 것들은 못해요.

--- but bad at other things.

Practice Speaking **실전 대비 훈련** MP3 파일을 들으며 대화문을 활용한 3가지 훈련을 해 보세요.

· ☐ A·B 섀도우 스피킹
· ☐ A 역할 · ☐ B 역할

A You only got a good mark in algebra. 대수학만 성적이 좋네.

B I am good at math but bad at other things. 난 수학은 잘하지만 다른 것들은 못해.

A Maybe you just enjoy math more. 아마 네가 그냥 수학을 더 좋아할 뿐인 거야.

B That's true. I don't even try in other subjects. 맞아. 다른 과목들은 노력도 안 하니까.

난 ~하려고 여기에 왔어요
I am here to

be here는 '여기에 있다'를 의미해요. here는 '여기에'란 뜻으로 자체에 '~에'가 포함된 부사라서 at here처럼 전치사를 사용할 수 없어요. there도 마찬가지예요. to부정사에는 목적을 나타내는 내용이 오는데 그 앞에 just를 붙이면 '단지 ~하려고'란 뜻이 되어요.

STEP 1 원어민 발음으로 듣기 패턴과 응용어구의 정확한 발음을 들어 보세요.

I am here to
난 ~하려고 여기에 왔어요

머물다	stay
공부하다	study
마라톤을 달리다	run a marathon
내 이야기를 전하다	tell my story
몇 가지를 사다	pick up a few things

STEP 2 원어민 따라잡기 패턴 응용 문장을 다섯 번씩 큰 소리로 말해 보세요.

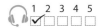

난 머물려고 여기에 왔어요.　　**I am here to** stay.

난 공부하려고 여기에 왔어요.　　**I am here to** study.

난 마라톤을 달리기 위해 여기에 왔어요.　　**I am here to** run a marathon.

난 내 얘기를 전하기 위해 여기에 왔어요.　　**I am here to** tell my story.

난 몇 가지를 사려고 여기에 왔어요.　　**I am here to** pick up a few things.

STEP 3 원어민 뺨치게 쓰기 확장어를 포함해 앞서 만든 문장을 손으로 직접 써 보세요.

난 머물려고 바로 여기에 왔어요.

_____ right _____ .

난 공부하려고 바로 여기에 왔어요.

_____ right _____ .

난 마라톤을 달리기 위해 바로 여기에 왔어요.

_____ right _____ .

난 내 얘기를 전하기 위해 바로 여기에 왔어요.

_____ right _____ .

난 몇 가지를 사려고 바로 여기에 왔어요.

_____ right _____ .

Practice Speaking 실전 대비 훈련 MP3 파일을 들으며 대화문을 활용한 3가지 훈련을 해 보세요.

· ☐ A·B 섀도우 스피킹
· ☐ A 역할 · ☐ B 역할

A I have a fear of abandonment.

난 버려질까 봐 무서워.

B Why is that?

왜 그래?

A I think because my father left me as a child.

우리 아버지가 내가 어렸을 때 날 떠났기 때문인 것 같아.

B I am right here to stay.

난 (너와) 같이 머물려고 바로 여기에 있잖아.

난 ~가 싫증이 나요
I am sick of

be sick of는 '~하는 데 넌더리나다' 혹은 '~가 지긋지긋하다'란 뜻으로 of 다음에 넌더리가 나는 내용을 첨가하면 돼요. 원래 sick은 '아픈'의 뜻이지만 여기에서는 그 의미가 사라져요. 좀 더 강조해서 말하려면 be sick and tired of라고 쓰면 됩니다. be disgusted with(~에 신물이 나다, ~가 역겹다), be fed up with(~에 질리다) 모두 비슷한 표현이니 골라서 사용하세요.

STEP 1 원어민 발음으로 듣기 패턴과 응용어구의 정확한 발음을 들어 보세요.

I am sick of
난 ~가 싫증이 나요

이 일	this job
당신의 말도 안 되는 농담들	your silly jokes
당신의 끊임없는 거짓말	your constant lies
당신의 설교	your sermons
당신의 위선	your hypocrisy

STEP 2 원어민 따라잡기 패턴 응용 문장을 다섯 번씩 큰 소리로 말해 보세요.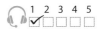

난 이 일이 싫증나요　　　**I am sick of** this job.

난 당신의 말도 안 되는 농담들이 싫증나요　　　**I am sick of** your silly jokes.

난 당신의 끊임없는 거짓말이 싫증나요　　　**I am sick of** your constant lies.

난 당신의 설교가 싫증나요　　　**I am sick of** your sermons.

난 당신의 위선이 싫증나요　　　**I am sick of** your hypocrisy.

STEP 3 원어민 뺨치게 쓰기 확장어를 포함해 앞서 만든 문장을 손으로 직접 써 보세요.

난 이 일이 싫증나고 질려요.

_____ and tired _____.

난 당신의 말도 안 되는 농담들이 싫증나고 질려요.

_____ and tired _____.

난 당신의 끊임없는 거짓말이 싫증나고 질려요.

_____ and tired _____.

난 당신의 설교가 싫증나고 질려요.

_____ and tired _____.

난 당신의 위선이 싫증나고 질려요.

_____ and tired _____.

Practice Speaking 실전 대비 훈련 MP3 파일을 들으며 대화문을 활용한 3가지 훈련을 해 보세요.

· ☐ A·B 섀도우 스피킹
· ☐ A 역할 · ☐ B 역할

A I was working late.

늦게까지 일하고 있었어.

B Then why do you smell like women's perfume?

그럼 왜 여자 향수 냄새가 나?

A It must be some air freshener in the office.

사무실 공기 청정제일 거야.

B I am sick and tired of your constant lies.

난 당신의 끊임없는 거짓말에 싫증나고 질렸어.

~해서 죄송해요 / 유감이에요
I am sorry for

I am sorry for는 내용에 따라 '~에 대해 미안하다'도 되고 '~에 대해 유감이다'란 뜻도 돼요. 유감을 표현할 때는 It's a pity that ~(~라서 유감이네요)나 It's a shame that ~(~인 것이 유감이에요)을 대신 쓸 수 있어요. 대신 이 두 표현은 that 다음에 [주어+동사]의 절이 와야 해요.

STEP 1 원어민 발음으로 듣기 패턴과 응용어구의 정확한 발음을 들어 보세요.

I am sorry for
~해서 죄송해요 / 유감이에요

당신의 상심	your loss
늦은 응답	the late reply
당신을 헷갈리게 한 것	making you confused
투덜대는 것	being grumpy
애매하게 군 것	being vague

STEP 2 원어민 따라잡기 패턴 응용 문장을 다섯 번씩 큰 소리로 말해 보세요.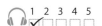

당신의 상심에 대해 유감이에요. **I am sorry for** your loss.

늦게 응답해서 죄송해요. **I am sorry for** the late reply.

헷갈리게 해서 죄송해요. **I am sorry for** making you confused.

투덜대서 죄송해요. **I am sorry for** being grumpy.

애매하게 굴어서 죄송해요. **I am sorry for** being vague.

STEP 3 원어민 뺨치게 쓰기 확장어를 포함해 앞서 만든 문장을 손으로 직접 써 보세요.

당신의 상심에 대해 정말로 유감이에요.

_____ really _____.

늦게 응답해서 정말로 죄송해요.

_____ really _____.

헷갈리게 해서 정말로 죄송해요.

_____ really _____.

투덜대서 정말로 죄송해요.

_____ really _____.

애매하게 굴어서 정말로 죄송해요.

_____ really _____.

Practice Speaking 실전 대비 훈련 MP3 파일을 들으며 대화문을 활용한 3가지 훈련을 해 보세요.
· ☐ A·B 섀도우 스피킹
· ☐ A 역할 · ☐ B 역할

A I heard about your dad.

B Yeah, it happened last week.

A I am really sorry for your loss.

B Thanks for your condolences.

네 아빠에 관한 얘기 들었어.

그래, 지난주에 일어난 일이야.

상심이 정말 크겠다.

위로해 줘서 고마워.

~라는 걸 들으니 유감입니다

I am sorry to hear that

sorry는 '미안한'의 뜻과 '유감의'란 뜻이 있는데 I am sorry to hear that은 '~를 들으니 유감입니다'란 의미예요. to hear 없이 I am sorry that(~라니 유감이네요) 형태로도 쓸 수 있어요. 이 외에 유감을 전하는 말로는 That's too bad.(안됐네요.) 혹은 What a pity!(저런, 가엾어라!) 등이 있어요.

STEP 1 원어민 발음으로 듣기 패턴과 응용어구의 정확한 발음을 들어 보세요.

I am sorry
to hear that

~라는 걸 들으니 유감입니다

당신 아버지가 돌아가셨다	your father passed away
당신이 떠난다	you are leaving
당신이 컨디션이 안 좋다	you are not feeling well
당신이 올 수 없다	you can't come
당신이 힘든 시간을 보내고 있다	you are having a difficult time

STEP 2 원어민 따라잡기 패턴 응용 문장을 다섯 번씩 큰 소리로 말해 보세요.

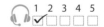

아버지가 돌아가셨다는 걸 들으니 유감입니다. **I am sorry to hear that** your father passed away.

당신이 떠난다는 걸 들으니 유감입니다. **I am sorry to hear that** you are leaving.

컨디션이 좋지 않다는 걸 들으니 유감입니다. **I am sorry to hear that** you are not feeling well.

당신이 올 수 없다는 걸 들으니 유감입니다. **I am sorry to hear that** you can't come.

힘든 시간을 보내고 있다는 걸 들으니 유감입니다. **I am sorry to hear that** you are having a difficult time.

STEP 3 원어민 뺨치게 쓰기 확장어를 포함해 앞서 만든 문장을 손으로 직접 써 보세요.

아이고, 아버지가 돌아가셨다는 걸 들으니 유감입니다.

Well, _____ .

저런, 당신이 떠난다는 걸 들으니 유감입니다.

Well, _____ .

저런, 당신이 올 수 없다는 걸 들으니 유감입니다.

Well, _____ .

저런, 컨디션이 좋지 않다는 걸 들으니 유감입니다.

Well, _____ .

아이고, 힘든 시간을 보내고 있다는 걸 들으니 유감입니다.

Well, _____ .

Practice Speaking 실전 대비 훈련 MP3 파일을 들으며 대화문을 활용한 3가지 훈련을 해 보세요.

· ☐ A·B 섀도우 스피킹
· ☐ A 역할 · ☐ B 역할

A I've had enough of this job!

이놈의 직장, 지긋 지긋합니다!

B So are you quitting?

그래서, 그만두려고요?

A Yes, I am. And I'm never coming back.

네, 그리고 다시는 되돌아오지 않을 거예요.

B Well, I am sorry to hear that you are leaving.

저런, 떠난다는 소리를 들으니 유감이군요.

~가 확실해요

I am sure that

I am sure that은 '~라는 것이 확실하다'란 뜻이에요. 이 외에 There's no doubt about(~에 대해서 의심할 여지가 없다), It is certain that(~가 분명하다), I am certain of(~를 확신한다) 역시 확신을 나타내는 표현이지요. 참고로 be confident of는 I am confident of my success. (난 내 성공을 확신해.)처럼 자신감을 강조하여 나타냅니다.

STEP 1 원어민 발음으로 듣기 패턴과 응용어구의 정확한 발음을 들어 보세요.

I am sure that
~가 확실해요

내가 곤란에 처해 있다	I am in trouble
내가 탈수 상태이다	I am dehydrated
당신이 우울하다	you are depressed
내가 설탕에 중독되다	I am addicted to sugar
내 개가 아프다	my dog is sick

STEP 2 원어민 따라잡기 패턴 응용 문장을 다섯 번씩 큰 소리로 말해 보세요.

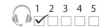

내가 곤란에 처해 있는 게 확실해요 **I am sure that** I am in trouble.

내가 탈수된 게 확실해요 **I am sure that** I am dehydrated.

당신이 우울한 게 확실해요 **I am sure that** you are depressed.

내가 설탕에 중독된 게 확실해요 **I am sure that** I am addicted to sugar.

내 개가 아픈 게 확실해요 **I am sure that** my dog is sick.

STEP 3 원어민 뺨치게 쓰기 확장어를 포함해 앞서 만든 문장을 손으로 직접 써 보세요.

내가 곤란에 처해 있는 게 정말이지 확실해요.

---------------------- pretty -- .

내가 탈수된 게 정말이지 확실해요.

---------------------- pretty -- .

당신이 우울한 게 정말이지 확실해요.

---------------------- pretty -- .

내가 설탕에 중독된 게 정말이지 확실해요.

---------------------- pretty -- .

내 개가 아픈 게 정말이지 확실해요.

---------------------- pretty -- .

Practice Speaking 실전 대비 훈련 MP3 파일을 들으며 대화문을 활용한 3가지 훈련을 해 보세요.

· ☐ A·B 섀도우 스피킹
· ☐ A 역할 · ☐ B 역할

A He has totally stopped playing.

개가 전혀 놀지를 않아.

B That's not a good sign.

좋은 징조가 아니네.

A Yeah. I am pretty sure that my dog is sick.

그래. 내 개가 아픈 게 정말 확신해.

B Take him to the vet.

수의사한테 데려가 봐.

난 ~에 (대해) 매우 까다로워요
I am very picky about

우리말의 '(습관이나 행동이) 까다로운, 까탈스러운'에 해당하는 단어로 particular, choosy, fussy, picky 등이 있는데, picky 가 좀 더 구어적인 느낌이에요. a fussy eater는 '식습관이 까다로운 사람'이겠네요. 하지만 습관이나 행동이 까다로운 게 아니라 문제가 까다롭다고 할 땐 a tricky question처럼 tricky나 complicated(복잡한)를 사용해요. 또 상사가 회사에서 까다롭게 많은 걸 요구할 때는 demanding(요구하는 게 많은)이란 단어를 사용해요.

STEP 1 원어민 발음으로 듣기 패턴과 응용어구의 정확한 발음을 들어 보세요.

I am very picky about
난 ~에 (대해) 매우 까다로워요

음악	music
모든 것	everything
내가 입는 옷	the clothes I wear
뭘 먹을지 고르는 것	choosing what to eat
사람들을 만나는 것	meeting people

STEP 2 원어민 따라잡기 패턴 응용 문장을 다섯 번씩 큰 소리로 말해 보세요.

난 음악에 대해 매우 까다로워요. **I am very picky about** music.

난 모든 것에 매우 까다로워요. **I am very picky about** everything.

난 내가 입는 옷에 대해 매우 까다로워요. **I am very picky about** the clothes I wear.

난 뭘 먹을지 고르는 것에 매우 까다로워요. **I am very picky about** choosing what to eat.

난 사람들 만나는 것에 매우 까다로워요. **I am very picky about** meeting people.

008

STEP 3 원어민 뺨치게 쓰기 확장어를 포함해 앞서 만든 문장을 손으로 직접 써 보세요.

음악에 대해 내가 매우 까다롭다는 데 동의해요.

I agree that --.

모든 것에 내가 매우 까다롭다는 데 동의해요.

I agree that --.

난 내가 입는 옷에 대해 매우 까다롭다는 데 동의해요.

I agree that --.

뭘 먹을지 고르는 것에 내가 매우 까다롭다는 데 동의해요.

I agree that --.

사람들 만나는 것에 대해 내가 매우 까다롭다는 데 동의해요.

I agree that --.

Practice Speaking 실전 대비 훈련 MP3 파일을 들으며 대화문을 활용한 3가지 훈련을 해 보세요.
· ☐ A·B 섀도우 스피킹
· ☐ A 역할 · ☐ B 역할

A You don't like anything I make!

내가 만드는 건 하나도 안 좋아하는군!

B I agree that I am very picky about choosing what to eat.

내가 뭘 먹을지 고를 때 매우 까다롭다는 건 동의해.

A I think you should start cooking, then.

그럼, 네가 요리를 시작해야 하겠네.

B No way. I can't even boil an egg.

싫어. 난 계란 삶는 것조차 할 줄 몰라.

I am ~ / I was ~ 33

난 ~에 실망했어요
I am disappointed with

disappoint는 '실망시키다'란 뜻의 동사예요. 그래서 실망을 한 거면 be disappointed(실망하게 되다)라 쓰는데 실망시킨 대상을 명확히 언급하고 싶을 때는 [with+실망시킨 대상]으로 나타냅니다. 상황이나 일이 실망스러울 때엔 It's disappointing. 처럼 표현해야 하는 것, 잊지 마세요.

STEP 1 원어민 발음으로 듣기 패턴과 응용어구의 정확한 발음을 들어 보세요.

I am disappointed with
난 ~에 실망했어요

내 여자친구	my girlfriend
나 자신	myself
품질	the quality
평결	the verdict
결과	the result

STEP 2 원어민 따라잡기 패턴 응용 문장을 다섯 번씩 큰 소리로 말해 보세요.

난 내 여자친구에게 실망했어요.　　**I am disappointed with** my girlfriend.

난 나 자신에게 실망했어요.　　**I am disappointed with** myself.

난 품질에 실망했어요.　　**I am disappointed with** the quality.

난 평결에 실망했어요.　　**I am disappointed with** the verdict.

난 결과에 실망했어요.　　**I am disappointed with** the result.

STEP 3 원어민 빰치게 쓰기 확장어를 포함해 앞서 만든 문장을 손으로 직접 써 보세요.

개인적으로, 난 내 여자친구에게 실망했어요.

Personally, _____ .

개인적으로, 난 나 자신에게 실망했어요.

Personally, _____ .

개인적으로, 난 품질에 실망했어요.

Personally, _____ .

개인적으로, 난 평결에 실망했어요.

Personally, _____ .

개인적으로, 난 결과에 실망했어요.

Personally, _____ .

Practice Speaking 실전 대비 훈련 MP3 파일을 들으며 대화문을 활용한 3가지 훈련을 해 보세요.

· ☐ A·B 섀도우 스피킹
· ☐ A 역할 · ☐ B 역할

A Congratulations on your test results!

시험 결과 나온 것 축하해!

B Personally, I am disappointed with myself.

개인적으로, 난 나 자신에 대해 실망했어.

A But you did so well.

하지만 너 무척이나 잘했어.

B It wasn't my best.

최상은 아니었어.

난 ~에 (대해) 들떠 있어요
I am excited about

원래 excite는 '흥분하게 하다'란 의미의 동사예요. exciting은 '흥미로운'의 뜻으로 I want something exciting!(난 뭔가 흥미진진한 걸 원한다고!)처럼 사용할 수 있어요. excited는 '들뜬' 혹은 '흥분된'의 의미로 I am excited about the party.(난 파티에 들떠 있어.)처럼 사용하면 되지요. excited 뒤에 about이 오는 것에 유의하세요.

STEP 1 원어민 발음으로 듣기 패턴과 응용어구의 정확한 발음을 들어 보세요.

I am excited about
난 ~에 (대해) 들떠 있어요

새로 생긴 식당	the new restaurant
내 생일	my birthday
내 새로운 모험	my new venture
하와이에 가는 것	going to Hawaii
내 첫 차를 사는 것	buying my first car

STEP 2 원어민 따라잡기 패턴 응용 문장을 다섯 번씩 큰 소리로 말해 보세요.

난 새로 생긴 식당에 들떠 있어요. **I am excited about** the new restaurant.

난 내 생일에 들떠 있어요. **I am excited about** my birthday.

난 내 새로운 모험에 들떠 있어요. **I am excited about** my new venture.

난 하와이에 가는 것에 들떠 있어요. **I am excited about** going to Hawaii.

난 내 첫 차를 사는 것에 들떠 있어요. **I am excited about** buying my first car.

STEP 3 원어민 뺨치게 쓰기 확장어를 포함해 앞서 만든 문장을 손으로 직접 써 보세요.

난 새로 생긴 식당에 매우 들떠 있어요.

_____ SO _____ .

난 내 생일에 매우 들떠 있어요.

_____ SO _____ .

난 내 새로운 모험에 매우 들떠 있어요.

_____ SO _____ .

난 하와이에 가는 것에 매우 들떠 있어요.

_____ SO _____ .

난 내 첫 차를 사는 것에 매우 들떠 있어요.

_____ SO _____ .

Practice Speaking 실전 대비 훈련 MP3 파일을 들으며 대화문을 활용한 3가지 훈련을 해 보세요.
· ☐ A·B 섀도우 스피킹
· ☐ A 역할 · ☐ B 역할

A I am so excited about my birthday.
내 생일에 대해 매우 들떠 있어요.

B How are you going to celebrate?
어떻게 기념할 건데요?

A I'm taking a trip to Switzerland.
스위스로 여행 가요.

B Wow! That's incredible.
와! 정말 끝내 주네요.

난 ~에 중독되었어요
I was addicted to

독에 의해서 중독된 것은 be poisoned by(~에 의해 중독되다)이지만 습관이나 행동이 뭔가에 중독된 것은 be[get] addicted to 표현을 사용해요. have a dependence on(~에 의존적이다) 역시 중독의 의미를 내포하여 I have a dependence on alcohol.(난 술에 중독되었어.)처럼 사용해요. 참고로 workaholic은 '일 중독자'이고 alcoholic은 '알코올 중독자'예요.

STEP 1 원어민 발음으로 듣기 패턴과 응용어구의 정확한 발음을 들어 보세요.

I was addicted to
난 ~에 중독되었어요

문자 보내기	texting
비디오 게임들	video games
내 아이팟	my iPod
신용카드 사용하는 것	using credit cards
스타벅스 커피	Starbucks Coffee

STEP 2 원어민 따라잡기 패턴 응용 문장을 다섯 번씩 큰 소리로 말해 보세요.

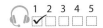

난 문자 보내는 것에 중독되었어요.　　**I was addicted to** texting.

난 비디오 게임에 중독되었어요.　　**I was addicted to** video games.

난 내 아이팟에 중독되었어요.　　**I was addicted to** my iPod.

난 신용카드 사용에 중독되었어요.　　**I was addicted to** using credit cards.

난 스타벅스 커피에 중독되었어요.　　**I was addicted to** Starbucks Coffee.

STEP 3 원어민 뺨치게 쓰기 확장어를 포함해 앞서 만든 문장을 손으로 직접 써 보세요.

난 내가 문자 보내는 것에 중독되었다는 걸 몰랐어요.

I was unaware that

난 내가 비디오 게임에 중독되었다는 걸 몰랐어요.

I was unaware that

난 내가 내 아이팟에 중독되었다는 걸 몰랐어요.

I was unaware that

난 내가 신용카드 사용에 중독되었다는 걸 몰랐어요.

I was unaware that

난 내가 스타벅스 커피에 중독되었다는 걸 몰랐어요.

I was unaware that

Practice Speaking 실전 대비 훈련 MP3 파일을 들으며 대화문을 활용한 3가지 훈련을 해 보세요.
· ☐ A·B 섀도우 스피킹
· ☐ A 역할 · ☐ B 역할

A I lost my iPod.

내 아이팟을 잃어 버렸어.

B That stinks.

참 짜증나게 됐네.

A Yes. I was unaware that I was addicted to my iPod.

그래. 내가 내 아이팟에 중독되었다는 걸 몰랐었어.

B I guess you will learn to live without it.

그것 없이 지내는 법을 배울 수 있을 거야.

I am ~ / I was ~ 39

난 ~에 연루되었어요 / 참여했어요
I was involved in

be involved in은 뒤에 오는 단어가 어떤 것인가에 따라 '~에 연루되다'의 뜻도 되고 '~에 참여하다'의 뜻도 되어요. be동사 대신에 become이나 get을 사용해 '~하게 되다'란 뉘앙스를 강조할 수도 있답니다.

STEP 1 원어민 발음으로 듣기 패턴과 응용어구의 정확한 발음을 들어 보세요.

I was involved in
난 ~에 연루되었어요 / 참여했어요

사고	an accident
뺑소니 사고	a hit and run
사소한 충돌	a minor crash
실험을 하는 것	doing experiments
영화 제작하는 것	making a film

STEP 2 원어민 따라잡기 패턴 응용 문장을 다섯 번씩 큰 소리로 말해 보세요.

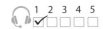

난 사고에 연루되었어요.　　　**I was involved in** an accident.

난 뺑소니 사고에 연루되었어요.　　　**I was involved in** a hit and run.

난 사소한 충돌에 연루되었어요.　　　**I was involved in** a minor crash.

난 실험하는 데에 참여했어요.　　　**I was involved in** doing experiments.

난 영화 제작에 참여했어요.　　　**I was involved in** making a film.

STEP 3 원어민 빰치게 **쓰기** 확장어를 포함해 앞서 만든 문장을 손으로 직접 써 보세요.

012

몇 년 전에 난 사고에 연루되었어요.

Some years ago _____ .

몇 년 전에 난 **뺑소니** 사고에 연루되었어요.

Some years ago _____ .

몇 년 전에 난 **사소한 충돌**에 연루되었어요.

Some years ago _____ .

몇 년 전에 난 **실험하는 데**에 참여했어요.

Some years ago _____ .

몇 년 전에 난 영화 제작에 참여했어요.

Some years ago _____ .

Practice Speaking 실전 대비 훈련 MP3 파일을 들으며 대화문을 활용한 3가지 훈련을 해 보세요.

· ☐ A·B 섀도우 스피킹
· ☐ A 역할 · ☐ B 역할

A I'm a producer.

전 제작자예요.

B Wow, I have a film background, too.

와, 저도 영화 관련 경력이 있어요.

A Really? Doing what?

그러세요? 뭘 하셨어요?

B Some years ago, I was involved in making a film.

몇 년 전에, 영화 제작에 참여했어요.

I am ~ / I was ~ **41**

난 ~에 익숙해요
I am used to

be used to는 '~에 익숙해지다'란 뜻으로 뒤에는 명사나 동명사 어구가 나와요. 비슷한 의미로 get used to나 be accustomed to로 바꿔 표현할 수 있지요. 그런데 사람들이 많이 헷갈려하는 것으로 used to가 있답니다. 이 used to는 '~하곤 했다'란 과거의 습관을 나타내는 표현으로 I used to smoke a lot but I quit.(난 담배를 많이 피웠었는데 끊었어.)처럼 사용해요. 뜻이 완전히 다르므로 혼용해서 쓰면 안 돼요.

STEP 1 원어민 발음으로 듣기 패턴과 응용어구의 정확한 발음을 들어 보세요.

I am used to
난 ~에 익숙해요

이곳의 더운 날씨	the hot weather here
매운 음식들	spicy foods
녹차를 마시는 것	drinking green tea
도시에 사는 것	living in the city
버르장머리 없게 구는 것	being spoiled

STEP 2 원어민 따라잡기 패턴 응용 문장을 다섯 번씩 큰 소리로 말해 보세요.
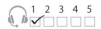

난 이곳의 더운 날씨에 익숙해요.　**I am used to** the hot weather here.

난 매운 음식들에 익숙해요.　**I am used to** spicy foods.

난 녹차를 마시는 데 익숙해요.　**I am used to** drinking green tea.

난 도시에 사는 데 익숙해요.　**I am used to** living in the city.

난 버르장머리 없게 구는 데 익숙해요.　**I am used to** being spoiled.

STEP 3 원어민 빰치게 쓰기 확장어를 포함해 앞서 만든 문장을 손으로 직접 써 보세요.

난 이곳의 더운 날씨에 익숙하지 않아요.

_____ not _____.

난 매운 음식들에 익숙하지 않아요.

_____ not _____.

난 녹차를 마시는 데 익숙하지 않아요.

_____ not _____.

난 도시에 사는 데 익숙하지 않아요.

_____ not _____.

난 버르장머리 없게 구는 데 익숙하지 않아요.

_____ not _____.

Practice Speaking 실전 대비 훈련 MP3 파일을 들으며 대화문을 활용한 3가지 훈련을 해 보세요.

· ☐ A·B 섀도우 스피킹
· ☐ A 역할 · ☐ B 역할

A Do you like Thai food?

태국 음식 좋아해?

B Not really.

별로.

A Why is that?

왜 그렇지?

B I am not used to spicy foods.

난 매운 음식에 익숙하지 않아.

우리는 ~가 허용되지 않아요 / ~할 수 없어요
We are not allowed to

[allow + 목적어 + to부정사]는 '~가 …하는 것을 허용하다'란 뜻이고 이것의 수동태가 be allowed to(~하도록 허용되다)예요. 이를 부정하는 be not allowed to는 '~하도록 허용되지 않다' 즉, '~할 수 없다'의 뜻이 되지요. 자신의 능력이 부족해서 할 수 없는 게 아니라 다른 외부의 규정이나 환경 때문에 할 수 없게 될 때 이 표현을 사용한답니다.

STEP 1 원어민 발음으로 듣기 패턴과 응용어구의 정확한 발음을 들어 보세요.

We are not allowed to
우리는 ~가 허용되지 않아요 /
~할 수 없어요

수업 시간에 이야기하다	talk in class
직장에서 쉬는 시간을 갖다	take breaks at work
고기를 먹다	eat meat
총을 소지하다	own a gun
계산기를 가져오다	bring calculators

STEP 2 원어민 따라잡기 패턴 응용 문장을 다섯 번씩 큰 소리로 말해 보세요.

우리는 수업 시간에 얘기하는 게 허용되지 않아요. **We are not allowed to** talk in class.

우리는 직장에서 쉬는 시간을 갖는 게 허용되지 않아요. **We are not allowed to** take breaks at work.

우리는 고기를 먹는 게 허용되지 않아요. **We are not allowed to** eat meat.

우리는 총을 소지하는 게 허용되지 않아요. **We are not allowed to** own a gun.

우리는 계산기를 가져오는 게 허용되지 않아요. **We are not allowed to** bring calculators.

STEP 3 원어민 뺨치게 쓰기 확장어를 포함해 앞서 만든 문장을 손으로 직접 써 보세요.

우리 모두 알고 있듯이 우리는 수업 시간에 얘기하는 게 허용되지 않아요.

-- as all of us know.

우리 모두 알고 있듯이 우리는 직장에서 쉬는 시간을 갖는 게 허용되지 않아요.

-- as all of us know.

우리 모두 알고 있듯이 우리는 고기를 먹는 게 허용되지 않아요.

-- as all of us know.

우리 모두 알고 있듯이 우리는 총을 소지하는 게 허용되지 않아요.

-- as all of us know.

우리 모두 알고 있듯이 우리는 계산기를 가져오는 게 허용되지 않아요.

-- as all of us know.

Practice Speaking 실전 대비 훈련 MP3 파일을 들으며 대화문을 활용한 3가지 훈련을 해 보세요.
· ☐ A·B 섀도우 스피킹
· ☐ A 역할 · ☐ B 역할

A In the UK, we have different laws than America.

영국에선 미국과 법이 달라.

B Like which ones?

예를 들어 어떤 것?

A We are not allowed to own a gun as all of us know.

우리 모두 알다시피, 우리는 총을 소지할 수 없어.

B Yeah, and in America you can own five!

그래. 미국에선 다섯 자루나 소지할 수 있는데!

난 몹시 ~하고 싶습니다
I am dying to

[be dying for + 명사]나 [be dying to + 동사원형]은 '~하고 싶어 죽겠다'란 뜻이에요. 비슷한 의미로 I can't wait to가 있어요. '~하고 싶어서 기다릴 수가 없어요' 즉, '얼른 ~하고 싶어요'란 표현이지요. 이와는 약간 뉘앙스 차이가 있는 '~가 절실하다'를 표현하려면 [I am desperate for + 명사 / + to부정사]를 쓰면 돼요.

STEP 1 원어민 발음으로 듣기 패턴과 응용어구의 정확한 발음을 들어 보세요.

I am dying to
난 몹시 ~하고 싶습니다

거기에 가다	go there
당신을 만나다	see you
초콜릿을 먹다	eat some chocolate
이것에 대해 더 알다	know more about this
스마트폰을 사다	buy a smartphone

STEP 2 원어민 따라잡기 패턴 응용 문장을 다섯 번씩 큰 소리로 말해 보세요.

난 거기에 몹시 가고 싶습니다. **I am dying to** go there.

난 당신을 몹시 만나고 싶습니다. **I am dying to** see you.

난 초콜릿을 몹시 먹고 싶습니다. **I am dying to** eat some chocolate.

난 이것에 대해 몹시 알고 싶습니다. **I am dying to** know more about this.

난 스마트폰을 몹시 사고 싶습니다. **I am dying to** buy a smartphone.

STEP 3 원어민 뺨치게 쓰기 확장어를 포함해 앞서 만든 문장을 손으로 직접 써 보세요.

있잖아요, 난 거기에 몹시 가고 싶습니다.

You know, --- .

있잖아요, 난 당신을 몹시 만나고 싶습니다.

You know, --- .

있잖아요, 난 초콜릿을 몹시 먹고 싶습니다.

You know, --- .

있잖아요, 난 이것에 대해 몹시 알고 싶습니다.

You know, --- .

있잖아요, 난 스마트폰을 몹시 사고 싶습니다. .

You know, --- .

Practice Speaking 실전 대비 훈련 MP3 파일을 들으며 대화문을 활용한 3가지 훈련을 해 보세요.
· ☐ A·B 섀도우 스피킹
· ☐ A 역할 · ☐ B 역할

A I have totally given up sweets. 난 단 음식은 완전히 끊었어.

B Aren't you craving anything? 먹고 싶은 게 하나도 없어?

A You know, I am dying to eat some chocolate. 있잖아, 초콜릿이 먹고 싶어 죽겠어.

B A little piece won't hurt. 좀 먹는다고 문제 안 될 거야.

난 ~한 것을 찾고 있어요
I am looking for something

look for는 '~를 찾다'란 뜻으로 search for와 비슷하게 쓰여요. 즉, try to find(찾으려고 애쓰다)란 뉘앙스지요. 여기서는 something에 주의해 주세요. something은 아주 특이하게도 꾸며 주는 말이 뒤에 놓여요. 그래서 something special(특별한 것)은 맞는 표현이지만 special something은 틀리답니다.

STEP 1 원어민 발음으로 듣기 패턴과 응용어구의 정확한 발음을 들어 보세요.

I am looking for something~
난 ~한 것을 찾고 있어요

독특한	unique
멋진	cool
비싸지 않은	inexpensive
이것과 비슷한	similar to this
새로운	new

STEP 2 원어민 따라잡기 패턴 응용 문장을 다섯 번씩 큰 소리로 말해 보세요.

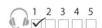

난 독특한 것을 찾고 있어요 **I am looking for something** unique.

난 멋진 것을 찾고 있어요 **I am looking for something** cool.

난 안 비싼 것을 찾고 있어요 **I am looking for something** inexpensive.

난 이것과 비슷한 것을 찾고 있어요 **I am looking for something** similar to this.

난 뭔가 새로운 것을 찾고 있어요 **I am looking for something** new.

STEP 3 원어민 뺨치게 쓰기 확장어를 포함해 앞서 만든 문장을 손으로 직접 써 보세요.

난 여기에서 독특한 것을 찾고 있어요.

_____ here.

난 여기에서 멋진 것을 찾고 있어요.

_____ here.

난 여기에서 안 비싼 것을 찾고 있어요.

_____ here.

난 여기에서 이것과 비슷한 것을 찾고 있어요.

_____ here.

난 여기에서 뭔가 새로운 것을 찾고 있어요.

_____ here.

Practice Speaking 실전 대비 훈련 MP3 파일을 들으며 대화문을 활용한 3가지 훈련을 해 보세요

· ☐ A·B 섀도우 스피킹
· ☐ A 역할 · ☐ B 역할

A What kind of shirt do you want to buy? 어떤 종류의 셔츠를 사고 싶으세요?

B I am looking for something inexpensive here. 여기에서 뭔가 안 비싼 것을 찾고 있어요.

A Is $10 in your price range? 10달러면 가격대에 맞나요?

B Yeah, that sounds good. 네, 괜찮은 것 같네요.

난 ~를 고대하고 있습니다
I am looking forward to

look forward to는 '~를 학수고대하다'란 뜻이며, 여기서의 to는 전치사이므로 뒤에 동사가 아니라 동명사나 명사가 와야 해요. 좀 더 구어적으로 표현할 때는 I can't wait(못 기다리겠어요) 즉, '얼른 하고 싶어요'를 쓸 수 있어요. 그래서 I can't wait for Christmas to come.(난 크리스마스가 어서 왔으면 좋겠어요.)처럼 사용합니다.

STEP 1 원어민 발음으로 듣기 패턴과 응용어구의 정확한 발음을 들어 보세요.

I am looking forward to
난 ~를 고대하고 있습니다

당신의 응답	your reply
당신의 방문	your visit
당신에게 연락을 받다	hearing from you
행사에 참석하다	attending the event
당신과 이야기하다	talking with you

STEP 2 원어민 따라잡기 패턴 응용 문장을 다섯 번씩 큰 소리로 말해 보세요.

난 당신의 응답을 고대하고 있습니다. **I am looking forward to** your reply.

난 당신의 방문을 고대하고 있습니다. **I am looking forward to** your visit.

난 당신에게서 연락받기를 고대하고 있습니다. **I am looking forward to** hearing from you.

난 행사에 참석하기를 고대하고 있습니다. **I am looking forward to** attending the event.

난 당신과 이야기하기를 고대하고 있습니다. **I am looking forward to** talking with you.

017

STEP 3 원어민 빰치게 쓰기 확장어를 포함해 앞서 만든 문장을 손으로 직접 써 보세요.

난 곧 당신이 응답하기를 고대하고 있습니다.

-- soon.

난 곧 당신이 방문하기를 고대하고 있습니다.

-- soon.

난 곧 당신에게서 연락받기를 고대하고 있습니다.

-- soon.

난 곧 행사에 참석하기를 고대하고 있습니다.

-- soon.

난 곧 당신과 이야기하기를 고대하고 있습니다.

-- soon.

Practice Speaking 실전 대비 훈련 MP3 파일을 들으며 대화문을 활용한 3가지 훈련을 해 보세요.
· ☐ A·B 섀도우 스피킹
· ☐ A 역할 · ☐ B 역할

A Yes, I received your application.

예, 귀하의 신청서를 받았습니다.

B Great. When will I hear back from you?

잘됐네요. 제가 언제 연락받게 될까요?

A If you are short-listed, we will call.

최종 선발자 명단에 오르면 전화드리겠습니다.

B Thanks. I am looking forward to talking with you soon.

감사합니다. 곧 당신과 얘기할 수 있기를 고대하고 있겠습니다.

난 아직도 ~하고 있어요

I am still ~ing

still은 '여전히' 혹은 '아직도'란 뜻의 진행을 나타내는 부사예요. 반대로 already는 '이미'의 뜻으로 완료가 된 상태이며 I have already had lunch.(난 이미 점심 먹었어.)에서처럼 사용할 수 있어요. yet(아직)은 미완성을 나타내는 부사로 부정문에 쓰여 I haven't had lunch yet.(난 아직 점심 안 먹었어.)처럼 사용합니다.

STEP 1 원어민 발음으로 듣기 패턴과 응용어구의 정확한 발음을 들어 보세요.

I am still ~ing

난 아직도 ~하고 있어요

의사에게 진찰받다	seeing a doctor
당신을 기다리다	waiting for you
중간고사를 위해 공부하다	studying for the mid-term
전 남자친구에 대해 생각하다	thinking about my ex-boyfriend
이 멋진 곳을 꿈꾸다	dreaming of this wonderful place

STEP 2 원어민 따라잡기 패턴 응용 문장을 다섯 번씩 큰 소리로 말해 보세요.

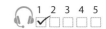

난 아직도 의사에게 진찰받고 있어요.   **I am still** seeing a doctor.

난 아직도 당신을 기다리고 있어요.   **I am still** waiting for you.

난 아직도 중간고사를 위해 공부하고 있어요.   **I am still** studying for the mid-term.

난 아직도 전 남자친구에 대해 생각하고 있어요.   **I am still** thinking about my ex-boyfriend.

난 아직도 이 멋진 곳을 꿈꾸고 있어요.   **I am still** dreaming of this wonderful place.

STEP 3 원어민 뺨치게 쓰기 확장어를 포함해 앞서 만든 문장을 손으로 직접 써 보세요.

당신도 알다시피, 난 아직도 의사에게 진찰받고 있어요.

As you know, _____.

당신도 알다시피, 난 아직도 당신을 기다리고 있어요.

As you know, _____.

당신도 알다시피, 난 아직도 중간고사를 위해 공부하고 있어요.

As you know, _____.

당신도 알다시피, 난 아직도 전 남자친구에 대해 생각하고 있어요.

As you know, _____.

당신도 알다시피, 난 아직도 이 멋진 곳을 꿈꾸고 있어요.

As you know, _____.

Practice Speaking 실전 대비 훈련 MP3 파일을 들으며 대화문을 활용한 3가지 훈련을 해 보세요.

· ☐ A·B 섀도우 스피킹
· ☐ A 역할 · ☐ B 역할

A Why don't you want to date me?

왜 나랑 데이트하고 싶지 않은 거야?

B As you know, I am still thinking about my ex-boyfriend.

너도 알다시피, 난 아직도 내 전 남자친구에 대해 생각하고 있어.

A But he didn't love you at all.

하지만 그 사람은 널 전혀 사랑하지 않았잖아.

B It's still hard to forget him.

아직도 그를 잊는 게 힘들어.

~하려고 노력하고 있어요
I am trying to

try to의 현재 진행형인 be trying to는 '~하려고 노력 중이에요'란 뜻이에요. 뒤에는 동사원형이 옵니다. 이와 비슷한 의미로 I am doing my best to(~하려고 최선을 다하고 있어요), I am making the most of(난 ~를 십분 활용하고 있어요)가 있어요.

STEP 1 원어민 발음으로 듣기 패턴과 응용어구의 정확한 발음을 들어 보세요.

I am trying to
~하려고 노력하고 있어요

당신을 잊다	forget you
괜찮은 척하다	pretend I don't mind
행복하다	be happy
침착하다	stay cool
시간에 맞추다	be on time

STEP 2 원어민 따라잡기 패턴 응용 문장을 다섯 번씩 큰 소리로 말해 보세요.

당신을 잊으려고 노력하고 있습니다. **I am trying to** forget you.

난 괜찮은 척하려고 노력하고 있습니다. **I am trying to** pretend I don't mind.

난 행복하려고 노력하고 있습니다. **I am trying to** be happy.

난 침착하려고 노력하고 있습니다. **I am trying to** stay cool.

시간에 맞추려고 노력하고 있습니다. **I am trying to** be on time.

STEP 3 원어민 뺨치게 쓰기 확장어를 포함해 앞서 만든 문장을 손으로 직접 써 보세요.

당신이 뭐라 하든, 당신을 잊으려고 노력하고 있습니다.

Whatever you say, -- .

당신이 뭐라 하든, 난 괜찮은 척하려고 노력하고 있습니다.

Whatever you say, -- .

당신이 뭐라 하든, 난 행복하려고 노력하고 있습니다.

Whatever you say, -- .

당신이 뭐라 하든, 난 침착하려고 노력하고 있습니다.

Whatever you say, -- .

당신이 뭐라 하든, 시간에 맞추려고 노력하고 있습니다.

Whatever you say, -- .

Practice Speaking 실전 대비 훈련 MP3 파일을 들으며 대화문을 활용한 3가지 훈련을 해 보세요.

· ☐ A·B 섀도우 스피킹
· ☐ A 역할 · ☐ B 역할

A But I love you and can't live without you.

하지만 난 당신을 사랑하고 당신 없인 살 수 없어요.

B Whatever you say, I am trying to forget you.

당신이 무슨 말을 하든 간에, 난 당신을 잊으려고 노력하고 있어요.

A You can't do that.

그럴 순 없어요.

B I can and I will.

그럴 수 있고 그럴 거예요.

~인지 궁금해하고 있었어요

I was wondering if

wonder는 동사로는 '의아해하다', '궁금해하다', 명사로는 '경이, 불가사의'의 뜻이에요. 그래서 I am just wondering.(그냥 궁금해서.), 혹은 There's no wonder that she is tired.(그녀가 피곤하다는 게 놀랄 것도 없지.)처럼 사용할 수 있어요. 과거진 행형으로 쓰였지만 I was wondering if는 '~인지 알고 싶어서요' 정도로 해석해도 돼요.

STEP 1 원어민 발음으로 듣기 패턴과 응용어구의 정확한 발음을 들어 보세요.

I was wondering if
~인지 궁금해하고 있었어요

당신이 시간이 되었다	you were available
당신이 잠시 시간이 있었다	you had a second
당신이 내 부탁을 들어줄 수 있다	you could do me a favor
당신이 내 개를 돌봐주다	you would look after my dog
당신이 결정을 내렸다	you made a decision

STEP 2 원어민 따라잡기 패턴 응용 문장을 다섯 번씩 큰 소리로 말해 보세요.

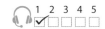

당신이 시간이 되는지 궁금했어요. **I was wondering if** you were available.

당신이 잠시 시간이 있는지 궁금했어요. **I was wondering if** you had a second.

당신이 제 부탁을 들어줄 수 있는지 궁금했어요. **I was wondering if** you could do me a favor.

당신이 내 개를 돌봐 줄 것인지 궁금했어요. **I was wondering if** you would look after my dog.

당신이 결정을 내렸는지 궁금했어요. **I was wondering if** you made a decision.

STEP 3 원어민 뺨치게 쓰기 확장어를 포함해 앞서 만든 문장을 손으로 직접 써 보세요.

사실 당신이 시간이 되는지 궁금했어요.

Actually _____.

사실 당신이 잠시 시간이 있는지 궁금했어요.

Actually _____.

사실 당신이 제 부탁을 들어줄 수 있는지 궁금했어요.

Actually _____.

사실 당신이 내 개를 돌봐 줄 것인지 궁금했어요.

Actually _____.

사실 당신이 결정을 내렸는지 궁금했어요.

Actually _____.

Practice Speaking 실전 대비 훈련 MP3 파일을 들으며 대화문을 활용한 3가지 훈련을 해 보세요.

· ☐ A·B 섀도우 스피킹
· ☐ A 역할 · ☐ B 역할

A Did you need something?

뭐 필요하셨어요?

B Actually I was wondering if you had a second.

사실 잠시 시간이 있는지 궁금해서요

A Yes. Is something wrong?

그래요. 뭐가 잘못되었나요?

B No. I just wanted to speak to you about something.

아니에요. 뭔가에 대해 당신과 얘기하고 싶었어요

우리는 ~가 떨어져 가고 있습니다
We are running out of

run은 '달리다'란 뜻 외에 run a company(회사를 운영하다)에서처럼 '운영하다', run the engine(엔진을 가동하다)에서처럼 '가동하다', My nose is running.(내 콧물이 흐르고 있어.)에서처럼 '흐르다'의 뜻이 있어요 그리고 run low(다 떨어져 가다), run short of(다 떨어지다), run out of(다 떨어져 가다)처럼 '~하게 되다, ~해지다'의 의미로도 쓰입니다.

STEP 1 원어민 발음으로 듣기 패턴과 응용어구의 정확한 발음을 들어 보세요.

We are running out of
우리는 ~가 떨어져 가고 있습니다

시간	time
돈	money
물	water
인내심	patience
천연자원	natural resources

STEP 2 원어민 따라잡기 패턴 응용 문장을 다섯 번씩 큰 소리로 말해 보세요.

우리는 시간이 떨어져 가고 있습니다.　**We are running out of** time.

우리는 돈이 떨어져 가고 있습니다.　**We are running out of** money.

우리는 물이 떨어져 가고 있습니다.　**We are running out of** water.

우리는 인내심이 바닥나 가고 있습니다.　**We are running out of** patience.

우리는 천연자원이 고갈되어 가고 있습니다.　**We are running out of** natural resources.

STEP 3 원어민 빠르게 쓰기 확장어를 포함해 앞서 만든 문장을 손으로 직접 써 보세요.

분명히, 우리는 시간이 떨어져 가고 있습니다.

Apparently, _____.

분명히, 우리는 돈이 떨어져 가고 있습니다.

Apparently, _____.

분명히, 우리는 물이 떨어져 가고 있습니다.

Apparently, _____.

분명히, 우리는 인내심이 바닥나 가고 있습니다.

Apparently, _____.

분명히, 우리는 천연자원이 고갈되어 가고 있습니다.

Apparently, _____.

Practice Speaking 실전 대비 훈련 MP3 파일을 들으며 대화문을 활용한 3가지 훈련을 해 보세요.
· ☐ A·B 섀도우 스피킹
· ☐ A 역할 · ☐ B 역할

A I balanced the checkbook last night.　　나 어젯밤에 수표장 잔액을 맞춰 봤어요.

B And what did you find out?　　그래서 뭘 알아냈어요?

A Apparently, we are running out of money.　　분명히, 우린 돈이 다 떨어져 가고 있어요.

B I knew that was coming.　　그렇게 될 줄 알고 있었어요.

난 ~에 반대해요

I am against

'~에 반대하다'는 의미는 [I am against + 의견/사람] 외에 [disagree with + 사람], [disagree on + 의견], [oppose + 의견] 등으로 나타낼 수 있어요. 반대로 '~에 동의하다'는 [agree with + 사람], [agree on + 의견], support(지지하다), be in favor of처럼 사용합니다.

STEP 1 원어민 발음으로 듣기 패턴과 응용어구의 정확한 발음을 들어 보세요.

I am against
난 ~에 반대해요

종교	religion
사형	the death penalty
결혼	marriage
모든 종류의 폭력	any sort of violence
핵에너지	nuclear energy

STEP 2 원어민 따라잡기 패턴 응용 문장을 다섯 번씩 큰 소리로 말해 보세요.

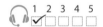

난 종교에 반대해요 **I am against** religion.

난 사형에 반대해요 **I am against** the death penalty.

난 결혼에 반대해요 **I am against** marriage.

난 모든 종류의 폭력에 반대해요 **I am against** any sort of violence.

난 핵에너지에 반대해요 **I am against** nuclear energy.

STEP 3 원어민 뺨치게 쓰기 확장어를 포함해 앞서 만든 문장을 손으로 직접 써 보세요.

난 종교에 절대 반대해요.

_____ totally _____.

난 사형에 절대 반대해요.

_____ totally _____.

난 결혼에 절대 반대해요.

_____ totally _____.

난 모든 종류의 폭력에 절대 반대해요.

_____ totally _____.

난 핵에너지에 절대 반대해요.

_____ totally _____.

Practice Speaking 실전 대비 훈련 MP3 파일을 들으며 대화문을 활용한 3가지 훈련을 해 보세요.

· □ A·B 섀도우 스피킹
· □ A 역할 · □ B 역할

A I believe we should torture terrorists. 테러리스트들을 고문해야 한다고 생각해요.

B I am totally against any sort of violence. 난 어떤 종류의 폭력에도 절대 반대예요.

A But they are the ones who are violent! 하지만 폭력적인 건 그들이잖아요!

B That doesn't mean we have to be as well. 그렇다고 우리도 그래야 한다는 뜻은 아니지요.

난 ~에 뒤처져 있어요 / ~가 밀려 있어요
I am behind in

behind the door(문 뒤에)의 behind는 '~의 뒤에'란 뜻이지만, behind schedule(예정보다 뒤처져)의 behind는 '~보다 뒤처진'의 뜻이에요. 둘 다 전치사로 쓰이기 때문에 명사가 목적어로 와야 하지만 이 패턴에서의 behind는 '뒤처져'란 뜻의 부사라서 명사가 바로 뒤에 올 수 없고 '~에'에 해당하는 in이나 with를 써야 해요. 참고로 이 패턴은 상황에 따라 '~가 밀려 있다'의 의미로도 쓰입니다.

STEP 1 원어민 발음으로 듣기 패턴과 응용어구의 정확한 발음을 들어 보세요.

I am behind in
난 ~에 뒤처져 있어요
/ ~가 밀려 있어요

내 일	my work
내 납부금	my payments
내 임대료	my rent
세금 신고를 하는 것	filing tax returns
책 몇 권 읽는 것	reading a few books

STEP 2 원어민 따라잡기 패턴 응용 문장을 다섯 번씩 큰 소리로 말해 보세요.

1 2 3 4 5

난 일이 밀려 있습니다. **I am behind in** my work.

난 납부금이 밀려 있습니다. **I am behind in** my payments.

난 임대료가 밀려 있습니다. **I am behind in** my rent.

난 세금 신고를 하는 게 밀려 있습니다. **I am behind in** filing tax returns.

난 책 몇 권 읽는 게 밀려 있습니다. **I am behind in** reading a few books.

난 일이 약간 밀려 있습니다.

_____ a bit _____ .

난 납부금이 약간 밀려 있습니다.

_____ a bit _____ .

난 임대료가 약간 밀려 있습니다.

_____ a bit _____ .

난 세금 신고를 하는 게 약간 밀려 있습니다.

_____ a bit _____ .

난 책 몇 권 읽는 게 약간 밀려 있습니다.

_____ a bit _____ .

Practice Speaking 실전 대비 훈련 MP3 파일을 들으며 대화문을 활용한 3가지 훈련을 해 보세요.

· ☐ A·B 섀도우 스피킹
· ☐ A 역할 · ☐ B 역할

A Let's go out tonight.

B I can't make it.

A Why not?

B I am a bit behind in my work.

오늘밤에 외출하자.

나 갈 수 없어.

왜?

나 일이 약간 밀려 있거든.

난 막 ~하려던 참이었어요
I was about to

한국어의 '막 ~할 참이다'에 딱 맞는 표현이 be about to예요. 비슷한 표현으로 be just going to(막 ~하려고 하다)가 있는데 I was about to go out.(막 외출하려던 참이었어요.)을 I was just going to go out.으로 바꿔 말할 수 있어요.

STEP 1 원어민 발음으로 듣기 패턴과 응용어구의 정확한 발음을 들어 보세요.

I was about to
난 막 ~하려던 참이었어요

떠나다	leave
당신에게 전화하다	call you
목욕하다	take a bath
문을 걸어나가다	walk out the door
내 뜰 잔디를 깎다	mow my yard

STEP 2 원어민 따라잡기 패턴 응용 문장을 다섯 번씩 큰 소리로 말해 보세요.

난 막 떠나려던 참이었습니다. **I was about to** leave.

난 당신에게 막 전화하려던 참이었습니다. **I was about to** call you.

난 막 목욕을 하려던 참이었습니다. **I was about to** take a bath.

난 막 문을 걸어 나가려던 참이었습니다. **I was about to** walk out the door.

난 막 내 뜰 잔디를 깎으려던 참이었습니다. **I was about to** mow my yard.

STEP 3 원어민 뺨치게 쓰기 확장어를 포함해 앞서 만든 문장을 손으로 직접 써 보세요.

비가 오기 시작했을 때 난 막 떠나려던 참이었습니다.

-- when it began to rain.

비가 오기 시작했을 때 난 당신에게 막 전화하려던 참이었습니다

-- when it began to rain.

비가 오기 시작했을 때 난 막 목욕을 하려던 참이었습니다.

-- when it began to rain.

비가 오기 시작했을 때 난 막 문을 걸어 나가려던 참이었습니다.

-- when it began to rain.

비가 오기 시작했을 때 난 막 내 뜰 잔디를 깎으려던 참이었습니다.

-- when it began to rain.

Practice Speaking 실전 대비 훈련 MP3 파일을 들으며 대화문을 활용한 3가지 훈련을 해 보세요.

· □ A·B 섀도우 스피킹
· □ A 역할 · □ B 역할

A Oh! You are still here?
어머! 아직도 여기 있었어?

B I was about to leave when it began to rain.
막 떠나려는데 비가 오기 시작했어.

A You can stay the night if you need to.
필요하면 밤에 여기서 머물러도 돼.

B No. The rain should clear up soon.
아니야. 곧 비가 그칠 거야.

난 항상 ~하느라 서둘러요 / 항상 서둘러서 ~해요
I am always in a hurry to

in a hurry는 '서둘러서'란 뜻이고 to는 in order to(~하기 위하여)의 의미예요. always를 쓴 것은 거의 예외 없이 늘 서두른다는 걸 나타냅니다. 이 패턴에서는 hurry가 명사로 쓰였는데요, 동사로 쓰일 때는 '서두르다'의 뜻으로 Hurry up!(서둘러!)처럼 활용됩니다.

STEP 1 원어민 발음으로 듣기 패턴과 응용어구의 정확한 발음을 들어 보세요.

I am always in a hurry to
난 항상 ~하느라 서둘러요
/ 항상 서둘러서 ~해요

요점에 도달하다	get to the point
집에 오다	get home
일들을 마치다	get things done
직장에 가다	go to work
청소하다	clean up

STEP 2 원어민 따라잡기 패턴 응용 문장을 다섯 번씩 큰 소리로 말해 보세요.

난 항상 서둘러 요점에 도달해요.　**I am always in a hurry to** get to the point.

난 항상 서둘러 집에 와요.　**I am always in a hurry to** get home.

난 항상 서둘러 일들을 마쳐요.　**I am always in a hurry to** get things done.

난 항상 서둘러 직장에 가요.　**I am always in a hurry to** go to work.

난 항상 서둘러 청소를 해요.　**I am always in a hurry to** clean up.

STEP 3 원어민 뺨치게 쓰기 확장어를 포함해 앞서 만든 문장을 손으로 직접 써 보세요.

난 항상 서둘러 요점에 도달하는 것 같아요.

It seems that _____ .

난 항상 서둘러 집에 오는 것 같아요.

It seems that _____ .

난 항상 서둘러 일들을 마치는 것 같아요.

It seems that _____ .

난 항상 서둘러 직장에 가는 것 같아요.

It seems that _____ .

난 항상 서둘러 청소를 하는 것 같아요.

It seems that _____ .

Practice Speaking 실전 대비 훈련 MP3 파일을 들으며 대화문을 활용한 3가지 훈련을 해 보세요.

· ☐ A·B 섀도우 스피킹
· ☐ A 역할 · ☐ B 역할

A You don't want to stay longer?

B No, I need to get going.

A You always rush off.

B Yes, I know. It seems that I am always in a hurry to get home.

더 오래 머물고 싶지 않아요?

네, 가야 해요.

항상 급하게 떠나네요.

그래요, 나도 알아요. 내가 항상 서둘러 집에 가는 것 같네요.

난 ~을 책임지고 있습니다
I am in charge of

be in charge of는 '~를 담당하다' 혹은 '~에 대한 책임이 있다'로 be responsible for와 바꿔 표현할 수 있어요. 이 패턴은 특히 어떤 임무에 대한 '역할'을 표현할 때에 자주 사용해요. I am in charge of marketing.(난 마케팅 담당이에요.)처럼요. 참고로, Are you the person (in charge)?는 '당신이 담당자인가요?'란 뜻이에요.

STEP 1 원어민 발음으로 듣기 패턴과 응용어구의 정확한 발음을 들어 보세요.

I am in charge of
난 ~를 책임지고 있습니다

나 자신의 운명	my own destiny
행사	an event
할 게임을 고르는 것	picking games to play
회의를 기획하는 것	planning meetings
연구를 하다	doing research

STEP 2 원어민 따라잡기 패턴 응용 문장을 다섯 번씩 큰 소리로 말해 보세요.

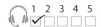

난 나 자신의 운명에 대한 책임이 있습니다.　**I am in charge of** my own destiny.

난 행사를 책임지고 있습니다.　**I am in charge of** an event.

난 할 게임들 선별을 책임지고 있습니다.　**I am in charge of** picking games to play.

난 회의 기획을 책임지고 있습니다.　**I am in charge of** planning meetings.

난 연구를 책임지고 있습니다.　**I am in charge of** doing research.

STEP 3 원어민 뺨치게 쓰기 확장어를 포함해 앞서 만든 문장을 손으로 직접 써 보세요.

나 자신의 운명에 대해 책임지고 있어서 기쁩니다.

I am glad that _____ .

행사를 책임지고 있어서 기쁩니다.

I am glad that _____ .

난 할 게임들 선별을 책임지고 있어서 기쁩니다.

I am glad that _____ .

난 회의 계획을 책임지고 있어서 기쁩니다.

I am glad that _____ .

난 연구를 책임지고 있어서 기쁩니다.

I am glad that _____ .

Practice Speaking 실전 대비 훈련 MP3 파일을 들으며 대화문을 활용한 3가지 훈련을 해 보세요.
· ☐ A·B 섀도우 스피킹
· ☐ A 역할 · ☐ B 역할

A We formed different committees.

우리는 다양한 위원회를 구성했어요.

B So are you happy with that?

그래서 그것에 대해 만족하세요?

A I am glad that I am in charge of planning meetings.

제가 회의 기획을 담당하게 되어 기쁩니다.

B Then that's good.

그렇다면 다행이네요.

난 ~하고 싶은 기분입니다 / ~하고 싶습니다
I am in the mood for

mood는 '기분'인데 be in a good mood는 '기분이 좋다', be in a bad mood는 '기분이 나쁘다'예요. be in the mood for는 '~에 대해 하고 싶은 기분이 들다 / ~하고 싶다'란 뜻이고요. for 뒤에는 하고 싶은 것을 나타내는 표현이 오는데 for가 전치사이므로 명사나 동명사구가 옵니다.

STEP 1 원어민 발음으로 듣기 패턴과 응용어구의 정확한 발음을 들어 보세요.

I am in the mood for
난 ~하고 싶은 기분입니다
/ ~하고 싶습니다

그것에 대해 말하는 것	talking about it
피자	pizza
친구들과 돌아다니는 것	hanging out with my friends
술 마시기	drinking
커피 한 잔	a cup of coffee

STEP 2 원어민 따라잡기 패턴 응용 문장을 다섯 번씩 큰 소리로 말해 보세요.

난 그것에 대해 말하고 싶습니다.　**I am in the mood for** talking about it.

난 피자가 먹고 싶습니다.　**I am in the mood for** pizza.

난 친구들과 돌아다니고 싶습니다.　**I am in the mood for** hanging out with my friends.

난 술을 마시고 싶은 기분입니다.　**I am in the mood for** drinking.

난 커피 한 잔을 마시고 싶은 기분입니다.　**I am in the mood for** a cup of coffee.

STEP 3 원어민 뺨치게 쓰기 확장어를 포함해 앞서 만든 문장을 손으로 직접 써 보세요.

난 갑자기 그것에 대해 말하고 싶습니다.

------- all of a sudden.

난 갑자기 피자가 먹고 싶습니다.

------- all of a sudden.

난 갑자기 친구들과 돌아다니고 싶습니다.

------- all of a sudden.

난 갑자기 술을 마시고 싶은 기분입니다.

------- all of a sudden.

난 갑자기 커피 한 잔을 마시고 싶은 기분입니다.

------- all of a sudden.

Practice Speaking 실전 대비 훈련 MP3 파일을 들으며 대화문을 활용한 3가지 훈련을 해 보세요.
· ☐ A·B 섀도우 스피킹
· ☐ A 역할 · ☐ B 역할

A I thought you wanted to eat Chinese food.
네가 중국 음식을 먹고 싶어 한다고 생각했어.

B I did, but not now.
그랬지만 지금은 아니야.

A Then what do you want?
그럼 뭘 원해?

B I am in the mood for pizza all of a sudden.
갑자기 피자가 먹고 싶네.

난 ~라고 할 수 있어요 / 난 좀 ~해요
I am kind of

kind of는 형용사, 부사, 동사와 함께 쓰여요. 정확하게 설명하기 곤란한 상황에서 '좀 ~한' 혹은 '~인 편이다' 등의 뉘앙스를 더하면서 자신의 의견 혹은 처지를 전할 때 사용합니다. 비슷한 표현으로 sort of도 있어요.

STEP 1 원어민 발음으로 듣기 패턴과 응용어구의 정확한 발음을 들어 보세요.

I am kind of
난 ~라고 할 수 있어요
/ 난 좀 ~해요

헷갈리는	confused
스트레스 받은	stressed out
여기에 처음 온	new here
사람들이 있으면 부끄러움을 타는	shy around people
절박한	desperate

STEP 2 원어민 따라잡기 패턴 응용 문장을 다섯 번씩 큰 소리로 말해 보세요.

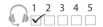

난 좀 헷갈려요	**I am kind of** confused.
난 좀 스트레스 받았어요	**I am kind of** stressed out.
난 여기에 처음 왔다고 할 수 있지요	**I am kind of** new here.
난 사람들이 있으면 좀 쑥스러워해요	**I am kind of** shy around people.
난 좀 절박해요	**I am kind of** desperate.

028

STEP 3 원어민 빰치게 쓰기 확장어를 포함해 앞서 만든 문장을 손으로 직접 써 보세요.

난 좀 헷갈리는 것 같아요.

I think _____ .

난 좀 스트레스 받는 것 같아요.

I think _____ .

난 여기에 처음 왔다고 할 수 있을 것 같아요.

I think _____ .

난 사람들이 있으면 좀 쑥스러워하는 것 같아요.

I think _____ .

난 좀 절박한 것 같아요.

I think _____ .

Practice Speaking 실전 대비 훈련 MP3 파일을 들으며 대화문을 활용한 3가지 훈련을 해 보세요.   · ☐ A·B 섀도우 스피킹
· ☐ A 역할 · ☐ B 역할

A John told me you yelled at him.   당신이 존에게 소리를 질렀다고 존이 말하던데요.

B Yeah, I did.   예, 그랬어요.

A That's not like you.   당신답지 않네요.

B I think I am kind of stressed out.   내가 좀 스트레스를 받은 것 같아요.

I am ~ / I was ~   73

난 더 이상 ~ 아니에요

I am not ~ anymore

not anymore는 '더 이상 ~ 않다'의 뜻이에요 I used to, but not anymore.(예전엔 그랬지만, 난 더 이상은 아냐.)에서처럼 not anymore 구문만으로 문장을 구성할 수도 있어요. 이와 비슷한 표현으로 no longer가 있는데 '이제 더 이상 ~하지 않아'란 뜻으로 I am no longer happy.(난 더 이상 행복하지 않아.), We are no longer friends.(우린 더 이상 친구가 아냐.)처럼 말해요.

STEP 1 원어민 발음으로 듣기 패턴과 응용어구의 정확한 발음을 들어 보세요.

I am not ~ anymore
난 더 이상 ~ 아니에요

두려운	afraid
외로운	lonely
배고픈	hungry
슬픈	sad
젊은	young

STEP 2 원어민 따라잡기 패턴 응용 문장을 다섯 번씩 큰 소리로 말해 보세요.

난 더 이상 무섭지 않아요.	**I am not** afraid **anymore.**
난 더 이상 외롭지 않아요.	**I am not** lonely **anymore.**
난 더 이상 배고프지 않아요.	**I am not** hungry **anymore.**
난 더 이상 슬프지 않아요.	**I am not** sad **anymore.**
난 더 이상 젊지 않아요.	**I am not** young **anymore.**

STEP 3 원어민 뺨치게 쓰기 확장어를 포함해 앞서 만든 문장을 손으로 직접 써 보세요.

당신이 상상할 수 있다시피, 난 더 이상 무섭지 않아요.

As you can imagine, _____ .

당신이 상상할 수 있다시피, 난 더 이상 외롭지 않아요.

As you can imagine, _____ .

당신이 상상할 수 있다시피, 난 더 이상 배고프지 않아요.

As you can imagine, _____ .

당신이 상상할 수 있다시피, 난 더 이상 슬프지 않아요.

As you can imagine, _____ .

당신이 상상할 수 있다시피, 난 더 이상 젊지 않아요.

As you can imagine, _____ .

Practice Speaking 실전 대비 훈련 MP3 파일을 들으며 대화문을 활용한 3가지 훈련을 해 보세요.

· ☐ A·B 섀도우 스피킹
· ☐ A 역할 · ☐ B 역할

A I can't wait to see you.

당신이 너무 보고 싶어요.

B I know. It's been ten years.

알아요. 10년이 됐잖아요.

A Have you changed?

당신은 변했나요?

B As you can imagine, I am not young anymore.

당신이 상상하다시피, 나는 더 이상 젊지 않아요.

난 예전만큼 ~하지 않아요
I am not as ~ as I used to be

[used to + 동사원형]은 과거에 '~하곤 했다'란 뜻이에요. 현재에는 지속되지 않는 과거의 습관이나 상태를 나타내지요. [as 형용사 as]는 '~만큼 …한'의 뜻이며 [not as ~ as]는 '~만큼 …하지 않은'의 뜻이에요. I am not as healthy as you. (난 당신만큼 건강하지 않아요.)에서처럼 as 다음에 비교 대상인 단어가 올 수도 있고 I used to be처럼 절이 올 수도 있어요.

STEP 1 원어민 발음으로 듣기 패턴과 응용어구의 정확한 발음을 들어 보세요.

I am not as ~ as I used to be
난 예전만큼 ~하지 않아요

건강한	healthy
젊은	young
머리가 좋은	smart
강한	strong
예쁜	pretty

STEP 2 원어민 따라잡기 패턴 응용 문장을 다섯 번씩 큰 소리로 말해 보세요.

난 예전만큼 건강하지 않아요.	**I am not as** healthy **as I used to be.**
난 예전만큼 젊지 않아요.	**I am not as** young **as I used to be.**
난 예전만큼 머리가 좋지 않아요.	**I am not as** smart **as I used to be.**
난 예전만큼 강하지 않아요.	**I am not as** strong **as I used to be.**
난 예전만큼 예쁘지 않아요.	**I am not as** pretty **as I used to be.**

STEP 3 원어민 뺨치게 쓰기 확장어를 포함해 앞서 만든 문장을 손으로 직접 써 보세요.

내가 말했잖아요. 난 예전만큼 건강하지 않아요.

I told you, _____.

내가 말했잖아요. 난 예전만큼 젊지 않아요.

I told you, _____.

내가 말했잖아요. 난 예전만큼 머리가 좋지 않아요.

I told you, _____.

내가 말했잖아요. 난 예전만큼 강하지 않아요.

I told you, _____.

내가 말했잖아요. 난 예전만큼 예쁘지 않아요.

I told you, _____.

Practice Speaking 실전 대비 훈련 MP3 파일을 들으며 대화문을 활용한 3가지 훈련을 해 보세요.
· ☐ A·B 섀도우 스피킹
· ☐ A 역할 · ☐ B 역할

A Why are you crying?

왜 우니?

B I told you, I am not as strong as I used to be.

내가 말했잖아. 난 예전만큼 강하지가 않아.

A Yeah, but it wasn't even a big deal.

그래. 그래도 그건 큰 문제는 아니었잖아.

B But for some reason I can't even handle small things.

하지만 무슨 이유에선지, 난 작은 일도 처리할 수가 없어.

I am ~ / I was ~ 77

~에 있어서는, 내가 최고입니다

When it comes to ~, I am the best

when it comes to는 '~에 있어서는'의 뜻으로 해당 분야를 언급할 때 명사나 동명사가 와요. 그 뒤에는 he looks smart(그는 똑똑해 보여요), she is excellent(그녀는 뛰어나요), he is the best(그가 최고예요), no one can beat me(나를 이길 사람은 없어요) 같은 뛰어난 정도를 언급하는 표현들이 주로 나옵니다.

STEP 1 원어민 발음으로 듣기 패턴과 응용어구의 정확한 발음을 들어 보세요.

When it comes to ~, I am the best

~에 있어서는, 내가 최고입니다

노래	singing
춤	dancing
피아노 치는 것	playing the piano
요리하는 것	cooking
물건 정리하는 것	organizing things

STEP 2 원어민 따라잡기 패턴 응용 문장을 다섯 번씩 큰 소리로 말해 보세요.

노래에 있어서는, 내가 최고입니다.
When it comes to singing**, I am the best.**

춤에 있어서는, 내가 최고입니다.
When it comes to dancing**, I am the best.**

피아노 연주에 있어서는, 내가 최고입니다.
When it comes to playing the piano**, I am the best.**

요리에 있어서는, 내가 최고입니다.
When it comes to cooking**, I am the best.**

물건 정리에 있어서는, 내가 최고입니다.
When it comes to organizing things**, I am the best.**

STEP 3 원어민 뺨치게 쓰기 확장어를 포함해 앞서 만든 문장을 손으로 직접 써 보세요.

내 생각에 노래에 있어서는, 내가 최고입니다.

In my opinion, _____.

내 생각에 춤에 있어서는, 내가 최고입니다.

In my opinion, _____.

내 생각에 피아노 연주에 있어서는, 내가 최고입니다.

In my opinion, _____.

내 생각에 요리에 있어서는, 내가 최고입니다.

In my opinion, _____.

내 생각에 물건 정리에 있어서는, 내가 최고입니다.

In my opinion, _____.

Practice Speaking 실전 대비 훈련 MP3 파일을 들으며 대화문을 활용한 3가지 훈련을 해 보세요.

· ☐ A·B 섀도우 스피킹
· ☐ A 역할 · ☐ B 역할

A Do you like her cooking?

그녀의 요리를 좋아하니?

B She's okay, but not great.

괜찮지만, 아주 잘하지는 않아.

A Okay, then who is a good cook?

알겠어. 그럼 누가 요리를 잘하니?

B In my opinion, when it comes to cooking, I am the best.

내 생각엔, 요리에 있어서는, 내가 제일 잘해.

Pattern Closure

이번 패턴에서 훈련한 표현들을 마지막으로 체크하고 마무리합니다.

☑ Honestly, _____ you are wrong. 솔직히, 당신이 틀린 것 같네요.

☐ _____ but bad at other things. 난 수학을 잘하지만 다른 것들은 못해요.

☐ _____ pick up a few things. 난 몇 가지를 사려고 바로 여기에 왔어요.

☐ _____ your hypocrisy. 난 당신의 위선이 싫증나고 질려요.

☐ _____ your loss. 당신의 상심에 대해 정말로 유감이에요.

☐ Well, _____ your father passed away. 아이고, 아버지가 돌아가셨다는 걸 들으니 유감입니다.

☐ _____ my dog is sick. 내 개가 아픈 게 정말이지 확실해요.

☐ I agree that _____ meeting people. 사람들 만나는 것에 내가 매우 까다롭다는 데 동의해요.

☐ Personally, _____ the verdict. 개인적으로, 난 평결에 실망했어요.

☐ _____ buying my first car. 난 첫 차를 사는 것에 대해 매우 들떠 있어요.

☐ I was unaware that _____ texting. 난 내가 문자 보내는데 중독되었다는 걸 몰랐어요.

☐ Some years ago _____ a hit and run. 몇 년 전에 난 뺑소니 사고에 연루되었어요.

☐ _____ the hot weather here. 난 이곳의 더운 날씨에 익숙하지 않아요.

☐ _____ own a gun as all of us know. 우리 모두 알고 있듯이 우리는 총을 소지하는 게 허용되지 않아요.

☐ You know, _____ eat some chocolate. 있잖아요, 난 초콜릿을 몹시 먹고 싶습니다.

☐ _____ something new here. 난 여기에서 뭔가 새로운 것을 찾고 있어요.

☐ _____ hearing from you soon. 난 곧 당신에게 연락받기를 고대하고 있습니다.

☐ As you know, _____ a doctor. 당신도 알다시피, 난 아직도 의사에게 진찰받고 있어요.

☐ Whatever you say, _____ forget you. 당신이 뭐라 하든, 당신을 잊으려 노력하고 있습니다.

☐ Actually _____ you made a decision. 사실 당신이 결정을 내렸는지 궁금했어요.

☐ Apparently, _____ natural resources. 분명히, 우리는 천연자원이 고갈되어 가고 있습니다.

☐ _____ nuclear energy. 난 핵에너지에 절대 반대해요.

☐ _____ my work. 난 일이 약간 뒤처져 있습니다.

☐ _____ leave when it began to rain. 비가 오기 시작했을 때 난 떠나려던 참이었습니다.

☐ It seems that _____ go to work. 난 항상 서둘러 직장에 가는 것 같아요.

☐ I am glad that _____ planning meetings. 난 회의 계획을 책임지고 있어서 기쁩니다.

☐ _____ drinking all of a sudden. 난 갑자기 술을 마시고 싶은 기분입니다.

☐ I think _____ stressed out. 난 좀 스트레스 받는 것 같아요.

☐ As you can imagine, _____ . 당신이 상상할 수 있다시피, 난 더 이상 무섭지 않아요.

☐ I told you, _____ . 내가 말했잖아요, 난 예전만큼 젊지 않아요.

☐ In my opinion, _____ . 내 생각에 노래에 있어서는, 내가 최고입니다.

I+조동사

영어 걸음마를 떼던 시절, 처음 접하게 된 조동사가 아마 can이었을 거예요. 교과서를 보면 외국인이 Can you speak English? 라고 물으면 민수는 Yes, I can.이라고 자신 있게 대답합니다. 하지만 실제 우리는 낯선 외국인이 길이라도 물으려고 말을 걸어오면 복잡한 걸 묻는 것도 아닌데 얼굴 붉히며 도망가기 다반사였죠. 아마도 '영어로 말할 수 있어요 (Yes, I can.)'는 배웠는데 뭘 말해야 할지는 안 배워서 그런 게 아닐까 싶기도 해요. 조동사는 일반동사에 자세한 상황과 의미를 더해 주는 동사예요. can 외에도 will, shall, may, have, should, might 등 쓰임에 따라 골라 써야 하는 것이 많은데, 어떤 조동사를 써야 하지? 생각하다 보면 이미 늦어요. 그래서 조동사가 등장하는 상황을 주어, 동사 등과 함께 묶어서 완벽하게 외워 둬야 망설이지 않고 부드럽게 말할 수 있답니다.

I will practice chunk patterns!

당신이 ~하게 할 수 있습니다
I can let you

can은 가능성을 나타내어 '할 수 있다'란 뜻이에요. [let + 사람 + 동사원형]은 '~가 …하게 놔 두다'의 뜻이니까 합쳐지면 '난 당신이 ~하도록 할 수 있다'란 뜻이 되어요. 특이하게 이 let은 동사원형 자리에 in이나 down을 놓아서 동사처럼 의미를 표현하기도 해요. 그래서 let in은 '들어오게 하다', let down은 '실망시키다'의 뜻입니다.

STEP 1 원어민 발음으로 듣기 패턴과 응용어구의 정확한 발음을 들어 보세요.

I can let you
당신이 ~하게 할 수 있습니다

가다	go
알다	know
들어오다	in
이것을 빌려 오다	borrow this
실망하다	down

STEP 2 원어민 따라잡기 패턴 응용 문장을 다섯 번씩 큰 소리로 말해 보세요.

당신을 보내 줄 수 있습니다.	**I can let you** go.
당신에게 알려줄 수 있습니다.	**I can let you** know.
당신이 들어오게 할 수 있습니다.	**I can let you** in.
당신에게 이걸 빌려 드릴 수 있습니다.	**I can let you** borrow this.
당신을 실망하게 할 수 있습니다.	**I can let you** down.

STEP 3 원어민 빰치게 쓰기 확장어를 포함해 앞서 만든 문장을 손으로 직접 써 보세요.

당신을 보내 주는 일은 절대 없을 겁니다.

There's no way

--.

당신에게 알려주는 일은 절대 없을 겁니다.

There's no way

--.

당신이 들어오게 할 일은 절대 없을 겁니다.

There's no way

--.

당신에게 이걸 빌려 줄 일은 절대 없을 겁니다.

There's no way

--.

당신을 실망하게 할 일은 절대 없을 겁니다.

There's no way

--.

Practice Speaking 실전 대비 훈련 MP3 파일을 들으며 대화문을 활용한 3가지 훈련을 해 보세요.
· ☐ A·B 섀도우 스피킹
· ☐ A 역할 · ☐ B 역할

A I hope you win the game tonight!

오늘밤 경기에 이기길 바라!

B There's no way I can let you down.

절대 실망하게 하지 않을 게.

A But the other team is really good.

하지만 상대 팀이 정말 잘해.

B Don't worry. We'll still win.

걱정하지 마. 그래도 우리가 이길 거야.

난 ~할 (금전적·시간적) 여유가 없습니다

I can't afford to

afford가 '금전적, 시간적 여유가 되다'란 뜻이므로 can't afford는 '금전적, 시간적 여유가 없다'의 뜻이 됩니다. afford 뒤에는 can't afford a car(차를 살 여유가 없다)처럼 명사가 오기도 하고, to부정사가 오기도 합니다.

STEP 1 원어민 발음으로 듣기 패턴과 응용어구의 정확한 발음을 들어 보세요.

I can't afford to
난 ~할 (금전적 · 시간적) 여유가 없습니다

외출하다	go out
새 차를 사다	buy a new car
애완동물을 치료받게 하다	get my pet treated
해외여행 가다	travel abroad
대학에 가다	go to college

STEP 2 원어민 따라잡기 패턴 응용 문장을 다섯 번씩 큰 소리로 말해 보세요.

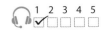
1 2 3 4 5

난 외출할 여유가 없습니다.　　**I can't afford to** go out.

난 새 차를 살 여유가 없습니다.　　**I can't afford to** buy a new car.

나는 애완동물을 치료 시킬 여유가 없습니다.　**I can't afford to** get my pet treated.

난 해외여행을 할 여유가 없습니다.　　**I can't afford to** travel abroad.

난 대학에 갈 여유가 없습니다.　　**I can't afford to** go to college.

STEP 3 원어민 빰치게 쓰기 확장어를 포함해 앞서 만든 문장을 손으로 직접 써 보세요.

유감스럽게도 난 외출할 여유가 없습니다.

Unfortunately, _____ .

유감스럽게도 난 새 차를 살 여유가 없습니다.

Unfortunately, _____ .

유감스럽게도 나는 애완동물을 치료 시킬 여유가 없습니다.

Unfortunately, _____ .

유감스럽게도 난 해외여행을 할 여유가 없습니다.

Unfortunately, _____ .

유감스럽게도 난 대학에 갈 여유가 없습니다.

Unfortunately, _____ .

Practice Speaking 실전 대비 훈련 MP3 파일을 들으며 대화문을 활용한 3가지 훈련을 해 보세요.
· ☐ A·B 섀도우 스피킹
· ☐ A 역할 · ☐ B 역할

A **I really want to go to South America.** 난 정말 남미에 가고 싶어.

B **Then plan a trip!** 그럼 여행 계획을 짜!

A Unfortunately, I can't afford to travel abroad. 유감스럽게도, 해외에 여행 갈 여유가 없어.

B **Start saving now and go in two years.** 지금부터 저축하기 시작해서 2년 후에 가.

난 ~할 수 없는 것 같아요

I can't seem to

조동사 can은 가능성을 나타내므로 부정 can't는 '할 수 없다'란 불가능을 나타내요. 그런데 우리말 의미 때문인지 I can't seem not to ~처럼 쓰는 사람들이 종종 있어요. 그렇게 쓰면 안 되고요, I can't seem to lose weight.(난 살을 뺄 수 없는 것 같아 보여요.)처럼 사용해야 돼요.

STEP 1 원어민 발음으로 듣기 패턴과 응용어구의 정확한 발음을 들어 보세요.

I can't seem to
난 ~할 수 없는 것 같아요

이 맛에 익숙해지다	get used to this taste
일할 때 집중하다	focus at work
당신을 용서하다	forgive you
두려움을 극복하다	overcome fear
당신을 잊다	forget you

STEP 2 원어민 따라잡기 패턴 응용 문장을 다섯 번씩 큰 소리로 말해 보세요.

난 이 맛에 적응되지 않을 것 같아요 **I can't seem to** get used to this taste.

난 일할 때 집중이 안 되는 것 같아요 **I can't seem to** focus at work.

난 당신을 용서할 수 없을 것 같아요 **I can't seem to** forgive you.

난 두려움을 극복할 수 없을 것 같아요 **I can't seem to** overcome fear.

난 당신을 잊을 수 없을 것 같아요 **I can't seem to** forget you.

STEP 3 원어민 빰치게 쓰기 확장어를 포함해 앞서 만든 문장을 손으로 직접 써 보세요.

그러고 싶지만, 난 이 맛에 적응되지 않을 것 같아요.

I want to, but _____.

그러고 싶지만, 난 일할 때 집중이 안 되는 것 같아요.

I want to, but _____.

그러고 싶지만, 난 당신을 용서할 수 없을 것 같아요.

I want to, but _____.

그러고 싶지만, 난 두려움을 극복할 수 없을 것 같아요.

I want to, but _____.

그러고 싶지만, 난 당신을 잊을 수 없을 것 같아요.

I want to, but _____.

Practice Speaking 실전 대비 훈련 MP3 파일을 들으며 대화문을 활용한 3가지 훈련을 해 보세요.
· ☐ A·B 섀도우 스피킹
· ☐ A 역할 · ☐ B 역할

A We broke up months ago.

몇 달 전에 우리 헤어졌잖아요.

B I know, I shouldn't be calling.

알아요, 내가 전화하지 말아야 하는데.

A Exactly. You need to move on.

맞아요. 이제 당신도 다른 사람 찾아야죠.

B I want to, but I can't seem to forget you.

그러고 싶지만, 당신을 잊을 수 없을 것 같아요.

I can't wait to

~하고 싶어 견딜 수가 없어요 / 어서 ~하고 싶어요

can't wait to는 '기다릴 수 없다'가 아니라 '어서 ~하고 싶다'란 간절한 바람을 나타내는 표현이에요. I can hardly wait to 라고 표현할 수도 있고 I am dying to라고 표현할 수도 있어요. to부정사 없이 그냥 I can't wait.라고 하면 '너무 기다려져.'란 뜻이에요.

STEP 1 원어민 발음으로 듣기 패턴과 응용어구의 정확한 발음을 들어 보세요.

I can't wait to

~하고 싶어 견딜 수가 없어요
/ 어서 ~하고 싶어요

당신을 다시 만나다	see you again
늙어서 백발이 되다	be old and grey
봉급을 받다	get my paycheck
휴가 가다	go on vacation
일하기 시작하다	start working

STEP 2 원어민 따라잡기 패턴 응용 문장을 다섯 번씩 큰 소리로 말해 보세요.

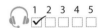

당신을 다시 만나고 싶어 견딜 수가 없어요. **I can't wait to** see you again.

난 어서 늙어서 백발이 되고 싶습니다. **I can't wait to** be old and grey.

난 어서 봉급을 받고 싶습니다. **I can't wait to** get my paycheck.

난 휴가 가고 싶어서 견딜 수가 없어요. **I can't wait to** go on vacation.

난 어서 일을 시작하고 싶습니다. **I can't wait to** start working.

STEP 3 원어민 뺨치게 쓰기 확장어를 포함해 앞서 만든 문장을 손으로 직접 써 보세요.

사실, 당신을 다시 만나고 싶어 견딜 수가 없어요.

As a matter of fact, _____ .

사실, 난 어서 늙어서 백발이 되고 싶습니다.

As a matter of fact, _____ .

사실, 난 어서 봉급을 받고 싶습니다.

As a matter of fact, _____ .

사실, 난 휴가 가고 싶어서 견딜 수가 없어요.

As a matter of fact, _____ .

사실, 난 어서 일을 시작하고 싶습니다.

As a matter of fact, _____ .

Practice Speaking 실전 대비 훈련 MP3 파일을 들으며 대화문을 활용한 3가지 훈련을 해 보세요.

· □ A·B 섀도우 스피킹
· □ A 역할 · □ B 역할

A Do you know what today is? — 오늘이 무슨 날인지 알아요?

B Of course! Payday! — 물론 알죠! 월급날이잖아요!

A Someone is excited. — 누군가 들떠 있네요.

B As a matter of fact, I can't wait to get my paycheck. — 사실, 얼른 월급을 받고 싶어요.

I + 조동사 89

당신에게 ~를 가져다 드릴까요?

Can I get you ~?

get은 '얻다'란 뜻 외에 '가져오다'란 뜻이 있어요. 그래서 go and get은 '가서 가져오다'란 뜻이며 Go and get a cloth. (가서 행주 좀 가져 와.)처럼 사용할 수 있어요. 비슷한 뜻의 단어로 fetch가 있는데 '가져오다, 데려오다'의 뜻이어서 fetch a doctor(의사를 불러오다), fetch water(물을 길어 오다)처럼 사용하지요. bring 역시 '가져오다'의 뜻으로 bring a present for Tom(톰을 위해 선물을 가져오다)처럼 사용해요.

STEP 1 원어민 발음으로 듣기 패턴과 응용어구의 정확한 발음을 들어 보세요.

Can I get you ~?
당신에게 ~를 가져다 드릴까요?

마실 것	something to drink
그 밖의 다른 것	anything else
물 좀	some water
케이크 한 조각	a piece of cake
차를 더	more tea

STEP 2 원어민 따라잡기 패턴 응용 문장을 다섯 번씩 큰 소리로 말해 보세요.

마실 것을 가져다 드릴까요?	**Can I get you** something to drink?
뭐 다른 걸 가져다 드릴까요?	**Can I get you** anything else?
물 좀 가져다 드릴까요?	**Can I get you** some water?
케이크 한 조각 가져다 드릴까요?	**Can I get you** a piece of cake?
차를 좀 더 가져다 드릴까요?	**Can I get you** more tea?

STEP 3 원어민 뺨치게 쓰기 확장어를 포함해 앞서 만든 문장을 손으로 직접 써 보세요.

손님, 마실 것을 가져다 드릴까요?

_____, sir?

손님, 뭐 다른 걸 가져다 드릴까요?

_____, sir?

손님, 물 좀 가져다 드릴까요?

_____, sir?

손님, 케이크 한 조각 가져다 드릴까요?

_____, sir?

손님, 차를 좀 더 가져다 드릴까요?

_____, sir?

Practice Speaking 실전 대비 훈련 MP3 파일을 들으며 대화문을 활용한 3가지 훈련을 해 보세요.

· ☐ A·B 섀도우 스피킹
· ☐ A 역할 · ☐ B 역할

A Can you clear this plate?

이 접시 좀 치워 줄래요?

B Certainly. Can I get you anything else, sir?

알겠습니다. 손님, 뭐 다른 걸 가져다 드릴까요?

A Just bring me the bill.

계산서만 가져다 주세요.

B Alright. I will be right back.

알겠습니다. 바로 가져오겠습니다.

~에는 어떻게 갈 수 있나요?

How can I get to ~?

get to는 '~에 도착하다'란 뜻으로 reach(~에 도착하다)와 바꿔 쓸 수 있어요. 이 How can I get to ~?는 '~에 어떻게 갈 수 있나요?'로 가는 방법을 묻는 표현이며 교통수단 및 지름길 등을 답으로 제시해 주면 돼요.

STEP 1 원어민 발음으로 듣기 패턴과 응용어구의 정확한 발음을 들어 보세요.

How can I get to ~?
~에는 어떻게 갈 수 있나요?

호텔	the hotel
역	the station
시장	the market
박물관	the museum
도서관	the library

STEP 2 원어민 따라잡기 패턴 응용 문장을 다섯 번씩 큰 소리로 말해 보세요.

호텔에 어떻게 갈 수 있나요?	**How can I get to** the hotel?
역에 어떻게 갈 수 있나요?	**How can I get to** the station?
시장에 어떻게 갈 수 있나요?	**How can I get to** the market?
박물관에 어떻게 갈 수 있나요?	**How can I get to** the museum?
도서관에 어떻게 갈 수 있나요?	**How can I get to** the library?

STEP 3 원어민 빰치게 쓰기 확장어를 포함해 앞서 만든 문장을 손으로 직접 써 보세요.

여기서부터 호텔에 어떻게 갈 수 있나요?

--- from here?

여기서부터 역에 어떻게 갈 수 있나요?

--- from here?

여기서부터 시장에 어떻게 갈 수 있나요?

--- from here?

여기서부터 박물관에 어떻게 갈 수 있나요?

--- from here?

여기서부터 도서관에 어떻게 갈 수 있나요?

--- from here?

Practice Speaking 실전 대비 훈련 MP3 파일을 들으며 대화문을 활용한 3가지 훈련을 해 보세요.

· ☐ A·B 섀도우 스피킹
· ☐ A 역할 · ☐ B 역할

A How can I get to the National Museum from here?

여기에서 국립 박물관까지 어떻게 가지요?

B You have to take the bus number 13.

13번 버스를 타야 해요.

A Okay. Will it take me right there?

그렇군요. 그게 바로 거기까지 데려다 줄까요?

B I think so.

그럴 것 같은데요.

어디에 / 어디를 ~할 수 있나요?

Where can I ~?

[Where(어디에) + 조동사 + 주어 + 동사원형?]의 구조에서 조동사 자리에 '능력'의 뜻을 나타내는 can을 넣은 구조예요. can 외에도 will, did, do 등을 넣을 수 있답니다. 어떤 장소에서 ~을 할 수 있는지 궁금할 때 활용해 보세요.

STEP 1 **원어민 발음으로 듣기** 패턴과 응용어구의 정확한 발음을 들어 보세요.

Where can I ~?
어디에 / 어디를 ~할 수 있나요?

새 아이패드를 사다	buy a new iPad
새로운 사람들을 만나다	meet new people
주말을 보내러 가다	go for the weekend
비자 없이 방문하다	visit without a visa
당신을 만나다	see you

STEP 2 **원어민 따라잡기** 패턴 응용 문장을 다섯 번씩 큰 소리로 말해 보세요.

새 아이패드는 어디에서 살 수 있나요? **Where can I** buy a new iPad?

새로운 사람들은 어디에서 만날 수 있나요? **Where can I** meet new people?

주말을 보내러 어디에 갈 수 있나요? **Where can I** go for the weekend?

비자 없이 어디를 방문할 수 있나요? **Where can I** visit without a visa?

당신을 어디에서 만날 수 있나요? **Where can I** see you?

STEP 3 원어민 빰치게 쓰기 확장어를 포함해 앞서 만든 문장을 손으로 직접 써 보세요.

도대체 새 아이패드는 어디에서 살 수 있나요?

_____ on earth _____ ?

도대체 새로운 사람들은 어디에서 만날 수 있나요?

_____ on earth _____ ?

도대체 주말을 보내러 어디에 갈 수 있나요?

_____ on earth _____ ?

도대체 비자 없이 어디를 방문할 수 있나요?

_____ on earth _____ ?

도대체 당신을 어디에서 만날 수 있나요?

_____ on earth _____ ?

Practice Speaking 실전 대비 훈련 MP3 파일을 들으며 대화문을 활용한 3가지 훈련을 해 보세요.
· ☐ A·B 섀도우 스피킹
· ☐ A 역할 · ☐ B 역할

A I am so bored with my current friends.   내 현재 친구들에게 너무 싫증이 나.

B Then do something about it.   그럼, 그것에 대해 뭔가 조처를 해.

A Where on earth can I meet new people?   도대체 새로운 사람들을 어디서 만날 수 있는 거지?

B Go to clubs or join a gym.   클럽에 가던지 헬스클럽에 가입해.

너무 바빠서 ~할 수 없었어요
I have been too busy to

[too + 형용사 + to부정사]는 '너무 ~해서 …할 수 없는'의 뜻이에요. not이 없어도 부정의 의미를 나타낸답니다. 그 앞에 I have been이 붙었는데, 이는 과거 어느 시점부터 지금까지 계속 어떤 상태라는 의미예요. 그래서 I have been too busy to ~는 '너무 바빠서 ~할 수 없었다'이고 I have been too angry to ~는 '너무 화가 나서 ~할 수 없었다'의 의미랍니다.

STEP 1 원어민 발음으로 듣기 패턴과 응용어구의 정확한 발음을 들어 보세요.

I have been too busy to

너무 바빠서 ~할 수 없었어요

글을 쓰다	write
당신을 위해 뭔가를 하다	do anything for you
잠시 들려서 인사를 하다	stop in and say hello
나 자신을 돌보다	take care of myself
내 블로그에 신경 쓰다	pay attention to my blog

STEP 2 원어민 따라잡기 패턴 응용 문장을 다섯 번씩 큰 소리로 말해 보세요.

난 너무 바빠서 글을 쓸 수 없었어요.
I have been too busy to write.

난 너무 바빠서 당신을 위해 아무것도 할 수 없었어요.
I have been too busy to do anything for you.

난 너무 바빠서 잠시 들려서 인사를 할 수 없었어요.
I have been too busy to stop in and say hello.

난 너무 바빠서 나 자신을 돌볼 수 없었어요.
I have been too busy to take care of myself.

난 너무 바빠서 내 블로그에 신경 쓸 수 없었어요.
I have been too busy to pay attention to my blog.

STEP 3 원어민 뺨치게 쓰기 확장어를 포함해 앞서 만든 문장을 손으로 직접 써 보세요.

너무 바빠서 글을 쓸 수 없었다는 건 아닙니다.

It's not that _____.

너무 바빠서 당신을 위해 아무것도 할 수 없었다는 건 아닙니다.

It's not that _____.

너무 바빠서 잠시 들려서 인사를 할 수 없었다는 건 아닙니다.

It's not that _____.

너무 바빠서 나 자신을 돌볼 수 없었다는 건 아닙니다.

It's not that _____.

너무 바빠서 내 블로그에 신경 쓸 수 없었다는 건 아닙니다.

It's not that _____.

Practice Speaking 실전 대비 훈련 MP3 파일을 들으며 대화문을 활용한 3가지 훈련을 해 보세요.
· ☐ A·B 섀도우 스피킹
· ☐ A 역할 · ☐ B 역할

A You used to write on your blog so often.

너 블로그에 글 자주 쓰곤 했잖아.

B I know. Nowadays I hardly do.

알아. 요즘은 거의 안 해.

A You've been that caught up, huh?

그렇게 일이 밀려 있었구나. 그래?

B It's not that I have been too busy to pay attention to my blog. I just haven't felt like it.

너무 바빠서 블로그에 신경을 못 썼다는 건 아니야. 그냥 그럴 기분이 아니었다는 거지.

난 ~에 대한 작업을 (계속) 해 왔습니다
I have been working on

work on은 '~에 대해 작업 중이다', '~에 대해 애쓰다'의 뜻이에요. I have been -ing는 내가 뭔가를 전부터 꾸준히 계속 해 오고 있는 상황을 설명할 때 쓸 수 있어요. 그래서 I have been working on ~이 '~에 대한 작업을 (계속) 해 왔습니다'의 뜻이랍니다.

STEP 1 원어민 발음으로 듣기 패턴과 응용어구의 정확한 발음을 들어 보세요.

한 프로젝트	a project
웹사이트	a website
판타지 소설	a fantasy novel
몇 가지 새로운 것들	a few new things
내 블로그	my blog

I have been working on
난 ~에 대한 작업을 (계속) 해 왔습니다

STEP 2 원어민 따라잡기 패턴 응용 문장을 다섯 번씩 큰 소리로 말해 보세요.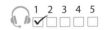

난 프로젝트 작업을 해 왔습니다.	**I have been working on** a project.
난 웹사이트 작업을 해 왔습니다.	**I have been working on** a website.
난 판타지 소설 작업을 해 왔습니다.	**I have been working on** a fantasy novel.
난 몇 가지 새로운 것들에 대한 작업을 해 왔습니다.	**I have been working on** a few new things.
난 내 블로그 작업을 해 왔습니다.	**I have been working on** my blog.

STEP 3 원어민 뺨치게 쓰기 확장어를 포함해 앞서 만든 문장을 손으로 직접 써 보세요.

난 최근에 프로젝트 작업을 해 왔습니다.

--- lately.

난 최근에 웹사이트 작업을 해 왔습니다.

--- lately.

난 최근에 판타지 소설 작업을 해 왔습니다.

--- lately.

난 최근에 몇 가지 새로운 것들에 대한 작업을 해 왔습니다.

--- lately.

난 최근에 내 블로그 작업을 해 왔습니다.

--- lately.

Practice Speaking 실전 대비 훈련 MP3 파일을 들으며 대화문을 활용한 3가지 훈련을 해 보세요.
· ☐ A·B 섀도우 스피킹
· ☐ A 역할 · ☐ B 역할

A What have you been up to?

어떻게 지내 오고 계세요?

B I have been working on a project lately.

전 최근에 프로젝트 작업을 해 왔어요

A So tell me the details.

그럼 자세히 말해 봐요

B I don't want to discuss it right now.

지금은 그것에 대해 말하고 싶지 않네요

PATTERN 041

난 ~에 대해 마음을 바꿨어요

I have changed my mind about

change는 '바꾸다'의 뜻으로 I've changed 뒤에 my plan(내 계획), my hairstyle(내 헤어스타일) 등 다양한 명사를 넣어 활용할 수 있어요. change one's mind about은 '~에 대해 마음을 바꾸다'란 뜻이죠. 마음을 바꿀 땐 보통 다시 생각해 보고 난 후일 때가 많지요? 그때는 on second thought(다시 생각해 본 결과)를 쓰면 돼요.

STEP 1 원어민 발음으로 듣기 패턴과 응용어구의 정확한 발음을 들어 보세요.

I have changed my mind about

난 ~에 대해 마음을 바꿨어요

동성 결혼	gay marriage
나 자신에 대해	myself
낙태	abortion
기증자가 되는 것	being a donor
사형 제도	capital punishment

STEP 2 원어민 따라잡기 패턴 응용 문장을 다섯 번씩 큰 소리로 말해 보세요.

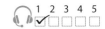

난 동성 결혼에 대해 마음을 바꿨어요.　**I have changed my mind about** gay marriage.

난 나 자신에 대해 마음을 바꿨어요.　**I have changed my mind about** myself.

난 낙태에 대해 마음을 바꿨어요.　**I have changed my mind about** abortion.

난 기증자가 되는 것에 대해 마음을 바꿨어요.　**I have changed my mind about** being a donor.

난 사형 제도에 대해 마음을 바꿨어요.　**I have changed my mind about** capital punishment.

간단히 말해서, 난 동성 결혼에 대해 마음을 바꿨어요.

In short, _____ .

간단히 말해서, 난 나 자신에 대해 마음을 바꿨어요.

In short, _____ .

간단히 말해서, 난 낙태에 대해 마음을 바꿨어요.

In short, _____ .

간단히 말해서, 난 기증자가 되는 것에 대해 마음을 바꿨어요.

In short, _____ .

간단히 말해서, 난 사형 제도에 대해 마음을 바꿨어요.

In short, _____ .

Practice Speaking 실전 대비 훈련 MP3 파일을 들으며 대화문을 활용한 3가지 훈련을 해 보세요.

· □ A·B 섀도우 스피킹
· □ A 역할 · □ B 역할

A I thought you were going to donate your eggs.

전 당신이 난자를 기증할 거로 생각했어요.

B I'm not anymore.

더 이상은 아니에요.

A Why? What happened?

왜요? 무슨 일이 있었나요?

B In short, I have changed my mind about being a donor.

간단히 말해서, 기증자가 되는 것에 대한 제 생각을 바꿨어요.

난 당신이 ~하길 기다려 왔습니다

I have waited for you to

[wait for + 사람]은 '~를 기다리다'이며 [wait for + 사람 + to부정사]는 '사람이 ~하길 기다리다'란 뜻이에요. 그럼 전화 통화 중에 잠깐만 기다리라고 할 때 Wait for me.를 쓰면 될까요? 이때는 Hold on a second.(잠시만 기다리세요.)처럼 hold on을 사용하면 됩니다.

STEP 1 원어민 발음으로 듣기 패턴과 응용어구의 정확한 발음을 들어 보세요.

I have waited for you to
난 당신이 ~하길 기다려 왔습니다

내게 연락하다	contact me
집에 오다	come home
돌아오다	return
내게 설명하다	explain to me
내게 전화하다	call me

STEP 2 원어민 따라잡기 패턴 응용 문장을 다섯 번씩 큰 소리로 말해 보세요.

난 당신이 내게 연락하길 기다려 왔습니다. **I have waited for you to** contact me.

난 당신이 집에 오길 기다려 왔습니다. **I have waited for you to** come home.

난 당신이 돌아오길 기다려 왔습니다. **I have waited for you to** return.

난 당신이 내게 설명하길 기다려 왔습니다. **I have waited for you to** explain to me.

난 당신이 내게 전화하길 기다려 왔습니다. **I have waited for you to** call me.

STEP 3 원어민 뺨치게 쓰기 확장어를 포함해 앞서 만든 문장을 손으로 직접 써 보세요.

난 날마다 당신이 내게 연락하길 기다려 왔습니다.

Day after day ⎯⎯⎯⎯⎯⎯⎯⎯⎯⎯⎯⎯⎯⎯⎯⎯⎯⎯⎯⎯⎯⎯⎯⎯⎯ .

난 날마다 당신이 집에 오길 기다려 왔습니다.

Day after day ⎯⎯⎯⎯⎯⎯⎯⎯⎯⎯⎯⎯⎯⎯⎯⎯⎯⎯⎯⎯⎯⎯⎯⎯⎯ .

난 날마다 당신이 돌아오길 기다려 왔습니다.

Day after day ⎯⎯⎯⎯⎯⎯⎯⎯⎯⎯⎯⎯⎯⎯⎯⎯⎯⎯⎯⎯⎯⎯⎯⎯⎯ .

난 날마다 당신이 내게 설명하길 기다려 왔습니다.

Day after day ⎯⎯⎯⎯⎯⎯⎯⎯⎯⎯⎯⎯⎯⎯⎯⎯⎯⎯⎯⎯⎯⎯⎯⎯⎯ .

난 날마다 당신이 내게 전화하길 기다려 왔습니다.

Day after day ⎯⎯⎯⎯⎯⎯⎯⎯⎯⎯⎯⎯⎯⎯⎯⎯⎯⎯⎯⎯⎯⎯⎯⎯⎯ .

Practice Speaking 실전 대비 훈련 MP3 파일을 들으며 대화문을 활용한 3가지 훈련을 해 보세요.
· ☐ A·B 섀도우 스피킹
· ☐ A 역할 · ☐ B 역할

A How have you been?

어떻게 지내 왔어요?

B Don't act like everything's normal.

모든 게 정상이란 듯 행동하지 마세요.

A What's that supposed to mean?

그게 무슨 뜻인가요?

B Day after day I have waited for you to call me.

난 날마다 당신이 전화하길 기다려 왔다고요.

난 충분한 ~가 없었어요 / ~가 충분히 없었어요
I haven't had enough

이 패턴에서는 enough 뒤에 명사가 놓여요. 이때의 enough는 형용사로 '충분한'의 뜻이지요. 우리말에서 [부사 + 동사]로 말하는 걸 영어로는 [형용사 + 명사]로 표현할 때가 많아요. 그래서 [I haven't had enough + 명사]는 '난 ~가 충분하게 없었어요'로 해석하는 게 자연스럽답니다.

STEP 1 원어민 발음으로 듣기 패턴과 응용어구의 정확한 발음을 들어 보세요.

I haven't had enough
난 충분한 ~가 없었어요 / ~가 충분히 없었어요

경험	experience
기회	opportunity
시간	time
커피	coffee
수입	income

STEP 2 원어민 따라잡기 패턴 응용 문장을 다섯 번씩 큰 소리로 말해 보세요.

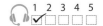

난 경험이 충분하게 없었어요.	**I haven't had enough** experience.
난 기회가 충분하게 없었어요.	**I haven't had enough** opportunity.
난 시간이 충분하게 없었어요.	**I haven't had enough** time.
난 커피를 충분히 마시지 못했어요.	**I haven't had enough** coffee.
난 수입이 충분하게 없었어요.	**I haven't had enough** income.

STEP 3 원어민 뺨치게 쓰기 확장어를 포함해 앞서 만든 문장을 손으로 직접 써 보세요.

지금까지 난 경험이 충분하게 없었어요.

So far _____ .

지금까지 난 기회가 충분하게 없었어요.

So far _____ .

지금까지 난 시간이 충분하게 없었어요.

So far _____ .

지금까지 난 커피를 충분히 마시지 못했어요.

So far _____ .

지금까지 난 수입이 충분하게 없었어요.

So far _____ .

Practice Speaking 실전 대비 훈련 MP3 파일을 들으며 대화문을 활용한 3가지 훈련을 해 보세요.
· ☐ A·B 섀도우 스피킹
· ☐ A 역할 · ☐ B 역할

A Why haven't you traveled very much? 왜 여행을 별로 안 한 거야?

B So far I haven't had enough opportunity. 지금까지 기회가 충분히 없었어.

A You have to make your own opportunity. 네 기회는 네가 <u>스스로</u> 만들어야 해.

B I'll take that advice. 그 충고를 받아들일게.

I + 조동사 **105**

난 항상 ~하고 싶었어요
I've always wanted to

want to는 '하고 싶다'란 뜻으로 현재완료인 have wanted to가 되면 '하고 싶었고 지금도 그렇다'의 뜻이 돼요. 과거부터 현재까지 계속된 상태를 나타내지요. 여기에 always를 쓰면 이런 계속성을 강조하는 효과가 있어요. I've always loved you. (난 언제나 당신을 사랑해 왔어요.), I've always thought of you.(난 언제나 당신을 생각해 왔어요.) 등으로 쓰인답니다.

STEP 1 원어민 발음으로 듣기 패턴과 응용어구의 정확한 발음을 들어 보세요.

I've always wanted to
난 항상 ~하고 싶었어요

성공하다	succeed
노래를 잘하다	sing well
중요한 사람이 되다	be somebody
마라톤을 달리다	run a marathon
예술가가 되다	be an artist

STEP 2 원어민 따라잡기 패턴 응용 문장을 다섯 번씩 큰 소리로 말해 보세요.

난 항상 성공하고 싶었어요.	**I've always wanted to** succeed.
난 항상 노래를 잘하고 싶었어요.	**I've always wanted to** sing well.
난 항상 중요한 사람이 되고 싶었어요.	**I've always wanted to** be somebody.
난 항상 마라톤을 달리고 싶었어요.	**I've always wanted to** run a marathon.
난 항상 예술가가 되고 싶었어요.	**I've always wanted to** be an artist.

044

STEP 3 원어민 뺨치게 쓰기 확장어를 포함해 앞서 만든 문장을 손으로 직접 써 보세요.

평생, 난 항상 성공하고 싶었어요.

All my life, _____.

평생, 난 항상 노래를 잘하고 싶었어요.

All my life, _____.

평생, 난 항상 중요한 사람이 되고 싶었어요.

All my life, _____.

평생, 난 항상 마라톤을 달리고 싶었어요.

All my life, _____.

평생, 난 항상 예술가가 되고 싶었어요.

All my life, _____.

Practice Speaking 실전 대비 훈련 MP3 파일을 들으며 대화문을 활용한 3가지 훈련을 해 보세요.

· ☐ A·B 섀도우 스피킹
· ☐ A 역할 · ☐ B 역할

A You've started running a lot.

엄청나게 달리기 시작했네.

B I'm training.

훈련 중이야.

A Really? For what?

정말? 뭣 때문에?

B All my life, I've always wanted to run a marathon.

평생, 항상 마라톤을 뛰어 보고 싶었거든.

난 ~였던 적이 없어요 / ~에 가 본 적이 없어요

I've never been

I've been은 '~한 적이 있다'란 경험을 나타내는 현재완료 용법이에요. 이것의 부정 표현인 I've never been은 '한번도 ~인 본 적 없다'란 뜻이지요. '~에 가 본 적이 없어요'라고 의미를 한정할 때에는 장소 앞에 전치사 to를 붙여서 [I've never been to + 장소]의 형태로 표현합니다.

STEP 1 원어민 발음으로 듣기 패턴과 응용어구의 정확한 발음을 들어 보세요.

I've never been
난 ~였던 적이 없어요 / ~에 가 본 적이 없어요

아픈	sick
해외에	abroad
거기에	there
이렇게 심하게 모욕당한	so insulted like this
사랑에 빠진	in love

STEP 2 원어민 따라잡기 패턴 응용 문장을 다섯 번씩 큰 소리로 말해 보세요.

1 2 3 4 5

난 아픈 적이 없어요.   **I've never been** sick.

난 해외에 가 본 적이 없어요.   **I've never been** abroad.

난 거기에 가 본 적이 없어요.   **I've never been** there.

난 이렇게 심하게 모욕당한 적이 없어요.   **I've never been** so insulted like this.

난 사랑에 빠진 적이 없어요.   **I've never been** in love.

STEP 3 원어민 뺨치게 쓰기 확장어를 포함해 앞서 만든 문장을 손으로 직접 써 보세요.

난 전에 아픈 적이 없어요.

_____ before.

난 전에 해외에 가 본 적이 없어요.

_____ before.

난 전에 거기에 가 본 적이 없어요.

_____ before.

난 전에 이렇게 심하게 모욕당한 적이 없어요..

_____ before.

난 전에 사랑에 빠진 적이 없어요.

_____ before.

Practice Speaking 실전 대비 훈련 MP3 파일을 들으며 대화문을 활용한 3가지 훈련을 해 보세요.

· ☐ A·B 섀도우 스피킹
· ☐ A 역할 · ☐ B 역할

A Have you been to Europe?

유럽에 가 본 적 있어요?

B I have never been abroad before.

난 전에 해외에 가 본 적이 없어요

A Oh you must go!

아, 꼭 가 보세요!

B I will once I have money.

돈이 생기면 갈 거예요.

나는 ~를 줄여야만 합니다
I have to cut down on

have to는 must처럼 강한 의무인 '~해야만 하다'의 뜻이에요. 과거형은 had to인데 must는 과거형이 없으므로 과거 시제로 의무를 나타낼 때에는 had to를 사용해야 합니다. 참고로 '하면 좋겠다'의 충고나 권고를 나타낼 때에는 should나 need to를 쓸 수 있어요. cut down on은 '~를 줄이다'란 뜻으로 의미상 '도가 지나쳐서 양을 줄이다'란 뜻이에요.

STEP 1 원어민 발음으로 듣기 패턴과 응용어구의 정확한 발음을 들어 보세요.

I have to cut down on
나는 ~를 줄여야만 합니다

음주	drinking
내 일	my work
내 커피 소비	my coffee consumption
쇼핑	shopping
지출	spending

STEP 2 원어민 따라잡기 패턴 응용 문장을 다섯 번씩 큰 소리로 말해 보세요.

난 음주를 좀 줄여야 합니다. **I have to cut down on** drinking.

난 일을 좀 줄여야 합니다. **I have to cut down on** my work.

난 커피 소비를 좀 줄여야 합니다. **I have to cut down on** my coffee consumption.

난 쇼핑을 좀 줄여야 합니다. **I have to cut down on** shopping.

난 지출을 좀 줄여야 합니다. **I have to cut down on** spending.

STEP 3 원어민 뺨치게 쓰기 확장어를 포함해 앞서 만든 문장을 손으로 직접 써 보세요.

내가 음주를 좀 줄여야 한다고 말하는 겁니까?

Are you saying that _____?

내가 일을 좀 줄여야 한다고 말하는 겁니까?

Are you saying that _____?

내가 커피 소비를 좀 줄여야 한다고 말하는 겁니까?

Are you saying that _____?

내가 쇼핑을 좀 줄여야 한다고 말하는 겁니까?

Are you saying that _____?

내가 지출을 좀 줄여야 한다고 말하는 겁니까?

Are you saying that _____?

Practice Speaking 실전 대비 훈련 MP3 파일을 들으며 대화문을 활용한 3가지 훈련을 해 보세요.

· ☐ A·B 셰도우 스피킹
· ☐ A 역할 · ☐ B 역할

A I've been having a lot of trouble sleeping at night.

밤에 잠자는 데 너무 많은 고충을 겪고 있어요.

B It's because you drink too much coffee.

커피를 너무 마시기 때문이에요.

A Are you saying that I have to cut down on my coffee consumption?

커피 소비를 줄여야 한다는 말인가요?

B I'm just suggesting it.

그냥 제안하는 것뿐이에요.

난 기꺼이 ~할 겁니다
I will be willing to

be willing to는 '기꺼이 ~하다'란 뜻인데 의지를 나타내는 조동사 will과 합쳐지면 '기꺼이 ~할 겁니다'란 의미가 돼요. I will be willing to change.(난 기꺼이 변화할 거예요.), I will be willing to take the risk.(난 기꺼이 위험을 감수할 거예요.)처럼 사용할 수 있어요.

STEP 1 원어민 발음으로 듣기 패턴과 응용어구의 정확한 발음을 들어 보세요.

I will be willing to
난 기꺼이 ~할 겁니다

몇 달러를 기부하다	donate a few dollars
당신을 위해 죽다	die for you
워크숍에 참석하다	attend the workshop
정보에 대해 지불하다	pay for the information
절충하다	meet halfway

STEP 2 원어민 따라잡기 패턴 응용 문장을 다섯 번씩 큰 소리로 말해 보세요.

난 기꺼이 몇 달러를 기부하겠습니다. **I will be willing to** donate a few dollars.

난 기꺼이 당신을 위해 죽겠습니다. **I will be willing to** die for you.

난 기꺼이 워크숍에 참석하겠습니다. **I will be willing to** attend the workshop.

난 기꺼이 그 정보에 대해 지불하겠습니다. **I will be willing to** pay for the information.

난 기꺼이 절충하겠습니다. **I will be willing to** meet halfway.

STEP 3 원어민 빰치게 쓰기 확장어를 포함해 앞서 만든 문장을 손으로 직접 써 보세요.

매우 기꺼이 몇 달러를 기부하겠습니다.

more than

-----------------------------   .

매우 기꺼이 당신을 위해 죽겠습니다.

more than

-----------------------------   .

매우 기꺼이 워크숍에 참석하겠습니다.

more than

-----------------------------   .

매우 기꺼이 그 정보에 대해 지불하겠습니다.

more than

-----------------------------   .

매우 기꺼이 절충하겠습니다.

more than

-----------------------------   .

Practice Speaking 실전 대비 훈련 MP3 파일을 들으며 대화문을 활용한 3가지 훈련을 해 보세요.

· ☐ A·B 섀도우 스피킹
· ☐ A 역할 · ☐ B 역할

A Hi, I'm collecting money for our school.

안녕하세요. 저는 학교를 위해 돈을 모금하고 있어요.

B What exactly will you do with the money?

그 돈으로 정확히 뭘 할 건데요?

A We are going to build a new playground.

새 운동장을 지을 거예요.

B I will be more than willing to donate a few dollars.

매우 기꺼이 몇 달러를 기부할게요.

난 ~하기 위해 만반의 노력을 기울일 것입니다
I will make every effort to

make an effort는 '노력하다'이고 make every effort는 '만반의 노력을 하다'예요. to는 in order to의 축약으로 '~하기 위해'란 목적을 나타내요. 여기에 will이 붙어 의지를 나타내고 있습니다.

STEP 1 원어민 발음으로 듣기 패턴과 응용어구의 정확한 발음을 들어 보세요.

I will make every effort to
난 ~하기 위해 만반의 노력을 기울일 것입니다

당신을 편하게 해주다	make you feel comfortable
마감일을 맞추다	meet the deadline
일자리를 얻다	get a job
성공하다	succeed
회신 전화를 하다	return your call

STEP 2 원어민 따라잡기 패턴 응용 문장을 다섯 번씩 큰 소리로 말해 보세요.

난 당신을 편하게 해주기 위해 만반의 노력을 기울일 것입니다.	**I will make every effort to** make you feel comfortable.
난 마감일을 맞추기 위해 만반의 노력을 기울일 것입니다.	**I will make every effort to** meet the deadline.
난 일자리를 얻기 위해 만반의 노력을 기울일 것입니다.	**I will make every effort to** get a job.
난 성공하기 위해 만반의 노력을 기울일 것입니다.	**I will make every effort to** succeed.
난 회신 전화를 하기 위해서 만반의 노력을 기울일 것입니다.	**I will make every effort to** return your call.

STEP 3 원어민 빠르게 쓰기 확장어를 포함해 앞서 만든 문장을 손으로 직접 써 보세요.

이런 상황이지만, 난 당신을 편하게 해주기 위해 만반의 노력을 기울일 것입니다.

-- despite these circumstances.

이런 상황이지만, 난 마감일을 맞추기 위해 만반의 노력을 기울일 것입니다.

-- despite these circumstances.

이런 상황이지만, 난 일자리를 얻기 위해 만반의 노력을 기울일 것입니다.

-- despite these circumstances.

이런 상황이지만, 난 성공하기 위해 만반의 노력을 기울일 것입니다.

-- despite these circumstances.

이런 상황이지만, 난 회신 전화를 하기 위해 만반의 노력을 기울일 것입니다.

-- despite these circumstances.

Practice Speaking 실전 대비 훈련 MP3 파일을 들으며 대화문을 활용한 3가지 훈련을 해 보세요.
· ☐ A·B 섀도우 스피킹
· ☐ A 역할 · ☐ B 역할

A The recession is really bad.

경기 침체가 정말 심해요.

B I know. I lost my job already.

그러게요. 난 이미 직장을 잃었어요.

A What will you do, then?

그럼, 뭘 할 건데요?

B I will make every effort to get a job despite these circumstances.

이런 상황이지만 일자리를 얻기 위해 만반의 노력을 할 거예요.

~를 참작하겠습니다

I will take ~ into account

take into account는 '~를 참작하다, ~를 고려하다'란 뜻으로 take into consideration으로 대체해서 사용할 수 있어요. take account of 또한 '~를 참작하다'란 뜻이에요. [take + 일/사람 + into account], [take into account + 일/사람] 양쪽 모두를 사용할 수 있는데, 이때 양쪽 다 올 수 있는 건 명사구이며 접속사 that이 이끄는 명사절은 반드시 account 뒤에 와야 해요.

STEP 1 원어민 발음으로 듣기 패턴과 응용어구의 정확한 발음을 들어 보세요.

I will take ~ into account

~를 참작하겠습니다

당신의 상황	your situation
당신의 예산	your budget
몇 가지 요소들	several factors
당신의 소득	your income
당신의 나이	your age

STEP 2 원어민 따라잡기 패턴 응용 문장을 다섯 번씩 큰 소리로 말해 보세요.

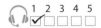

당신의 상황을 참작하겠습니다.
I will take your situation **into account.**

당신의 예산을 참작하겠습니다.
I will take your budget **into account.**

몇 가지 요소를 참작하겠습니다.
I will take several factors **into account.**

당신의 소득을 참작하겠습니다.
I will take your income **into account.**

당신의 나이를 참작하겠습니다.
I will take your age **into account.**

STEP 3 원어민 뺨치게 쓰기 확장어를 포함해 앞서 만든 문장을 손으로 직접 써 보세요.

그렇다면 당신의 상황을 참작하겠습니다.

Then _____.

그렇다면 당신의 예산을 참작하겠습니다.

Then _____.

그렇다면 몇 가지 요소를 참작하겠습니다.

Then _____.

그렇다면 당신의 소득을 참작하겠습니다.

Then _____.

그렇다면 당신의 나이를 참작하겠습니다.

Then _____.

Practice Speaking 실전 대비 훈련 MP3 파일을 들으며 대화문을 활용한 3가지 훈련을 해 보세요.

· ☐ A·B 섀도우 스피킹
· ☐ A 역할 · ☐ B 역할

A I am opposed to smoking in the office.

난 사무실에서 담배 피우는 것에 대해 반대해요.

B Can you tell me why?

이유를 말할 수 있어요?

A Because I am three weeks pregnant.

제가 임신 3주거든요

A Then I will take your situation into account.

그렇다면 당신의 상황을 참작하도록 하겠어요

난 ~한 습관을 들이지 않을 겁니다
I won't make a habit out of

make a habit out of는 '~하는 습관이 들다'란 뜻이에요. 습관과 관련된 패턴으로 have a habit of는 '~하는 습관이 있다', pick up a bad habit은 '나쁜 습관을 들이다', break a habit은 '습관을 버리다', make it a rule to는 '~한 습관이 몸에 배다' 혹은 '반드시 ~하기로 하다'가 있어요. won't는 will not의 축약형으로 '~하지 않겠다'는 의지를 표현합니다.

STEP 1 원어민 발음으로 듣기 패턴과 응용어구의 정확한 발음을 들어 보세요.

I won't make a habit out of
난 ~한 습관을 들이지 않을 겁니다

과음하다	drinking too much
인스턴트 음식을 먹다	eating junk food
수업에 빠지다	skipping class
과속 운전하다	driving fast
충분한 수면을 취하지 않다	not getting enough sleep

STEP 2 원어민 따라잡기 패턴 응용 문장을 다섯 번씩 큰 소리로 말해 보세요.

과음하는 습관을 들이지 않을 겁니다.	**I won't make a habit out of** drinking too much.
인스턴트 음식을 먹는 습관을 들이지 않을 겁니다.	**I won't make a habit out of** eating junk food.
수업에 빠지는 습관을 들이지 않을 겁니다.	**I won't make a habit out of** skipping class.
과속 운전하는 습관을 들이지 않을 겁니다.	**I won't make a habit out of** driving fast.
난 충분한 수면을 취하지 않는 습관을 들이지 않을 겁니다.	**I won't make a habit out of** not getting enough sleep.

STEP 3 원어민 뺨치게 쓰기 확장어를 포함해 앞서 만든 문장을 손으로 직접 써 보세요.

약속하는데, 과음하는 습관을 들이지 않을 겁니다.

I promise _____ .

약속하는데, 인스턴트 음식을 먹는 습관을 들이지 않을 겁니다.

I promise _____ .

약속하는데, 수업에 빠지는 습관을 들이지 않을 겁니다.

I promise _____ .

약속하는데, 과속 운전하는 습관을 들이지 않을 겁니다.

I promise _____ .

약속하는데, 난 충분한 수면을 취하지 않는 습관을 들이지 않을 겁니다.

I promise _____ .

Practice Speaking 실전 대비 훈련 MP3 파일을 들으며 대화문을 활용한 3가지 훈련을 해 보세요.

· ☐ A·B 섀도우 스피킹
· ☐ A 역할 · ☐ B 역할

A You are grounded!

넌 외출 금지야!

B No Mom, please.

싫어요, 엄마, 제발요.

A You skipped half of your classes today.

오늘 수업을 절반이나 빼먹었잖아.

B I promise I won't make a habit out of skipping classes.

수업에 빠지는 습관 안 들이겠다고 약속할게요

난 ~하고 싶습니다
I would like to

would like to는 '~하고 싶다'란 바람을 나타내요. wan to보다 더 격식을 갖춰야 하는 자리에서 쓸 수 있지요. would love to(~하고 싶다), would prefer to(~하는 게 더 좋다), would rather(차라리 ~하겠다) 모두 유사한 뜻을 가진 표현이에요. to 다음엔 동사원형이 옵니다.

STEP 1 원어민 발음으로 듣기 패턴과 응용어구의 정확한 발음을 들어 보세요.

I would like to
난 ~하고 싶습니다

당신을 만나다	see you
영화를 보다	watch a movie
환불받다	get a refund
나를 소개하다	introduce myself
당신과 몇 분 동안 이야기하다	talk to you for a few minutes

STEP 2 원어민 따라잡기 패턴 응용 문장을 다섯 번씩 큰 소리로 말해 보세요.

난 당신을 만나고 싶습니다.　　**I would like to** see you.

난 영화를 한 편 보고 싶습니다.　　**I would like to** watch a movie.

난 환불을 받고 싶습니다.　　**I would like to** get a refund.

난 나를 소개하고 싶습니다.　　**I would like to** introduce myself.

난 당신과 몇 분 동안 이야기하고 싶습니다.　　**I would like to** talk to you for a few minutes.

STEP 3 원어민 뺨치게 쓰기 확장어를 포함해 앞서 만든 문장을 손으로 직접 써 보세요.

051

난 가능하다면 당신을 만나고 싶습니다.

_____ if possible.

난 가능하다면 영화를 한 편 보고 싶습니다.

_____ if possible.

난 가능하다면 환불을 받고 싶습니다.

_____ if possible.

난 가능하다면 나 자신을 소개하고 싶습니다.

_____ if possible.

난 가능하다면 당신과 몇 분 동안 이야기하고 싶습니다.

_____ if possible.

Practice Speaking 실전 대비 훈련 MP3 파일을 들으며 대화문을 활용한 3가지 훈련을 해 보세요.

· ☐ A·B 섀도우 스피킹
· ☐ A 역할 · ☐ B 역할

A Hi, this shirt is too small. 저기요, 이 셔츠가 너무 작아요.

B Okay, you can take a larger size. 그러시군요. 더 큰 사이즈를 가져가시면 돼요.

A I would like to get a refund if possible. 가능하면 환불받고 싶은데요.

B Sorry. We don't offer refunds. 죄송해요. 저희는 환불은 안 해 드려요.

I + 조동사 **121**

~하다면 감사하겠습니다
I'd appreciate it if

I really appreciate your help.(당신의 도움에 진심으로 감사해요.), I appreciate you saying so.(그렇게 말씀하셔서 감사해요.)에서처럼 appreciate는 감사하는 내용이 명사로 오거나 [감사의 대상 + 동명사] 형태로 올 수 있어요. 어떤 조건이 충족되었을 때 감사하고 싶다면 I appreciate it if로 표현하시면 됩니다.

STEP 1 원어민 발음으로 듣기 패턴과 응용어구의 정확한 발음을 들어 보세요.

I'd appreciate
it if
~하다면 감사하겠습니다

나를 도와주다	you'd help me
내게 왜 늦었는지 물어보다	you asked me why I was late
내 사무실에서 나가다	you'd stay out of my office
당신이 그걸 언급하지 않다	you didn't mention that
내게 미리 말해 주다	you could tell me in advance

STEP 2 원어민 따라잡기 패턴 응용 문장을 다섯 번씩 큰 소리로 말해 보세요.

나를 도와주신다면 감사하겠습니다. **I'd appreciate it if** you'd help me.

내게 왜 늦었는지 물어봐 주면 감사하겠습니다. **I'd appreciate it if** you asked me why I was late.

내 사무실에서 나가 주면 감사하겠습니다. **I'd appreciate it if** you'd stay out of my office.

당신이 그걸 언급하지 않으면 감사하겠습니다. **I'd appreciate it if** you didn't mention that.

내게 미리 말해 주면 감사하겠습니다. **I'd appreciate it if** you could tell me in advance.

STEP 3 원어민 뺨치게 쓰기 확장어를 포함해 앞서 만든 문장을 손으로 직접 써 보세요.

나를 도와주신다면 정말로 감사하겠습니다.

_____ really _____ .

내게 왜 늦었는지 물어봐 주면 정말로 감사하겠습니다.

_____ really _____ .

내 사무실에서 나가 주면 정말로 감사하겠습니다.

_____ really _____ .

당신이 그걸 언급하지 않으면 정말로 감사하겠습니다.

_____ really _____ .

내게 미리 말해 주면 정말로 감사하겠습니다.

_____ really _____ .

Practice Speaking 실전 대비 훈련 MP3 파일을 들으며 대화문을 활용한 3가지 훈련을 해 보세요.

· ☐ A·B 섀도우 스피킹
· ☐ A 역할 · ☐ B 역할

A Will you be able to make it tomorrow?　내일 올 수 있어?

B I'm not sure yet.　아직 모르겠어.

A I'd really appreciate it if you could tell me in advance.　미리 말해 주면 정말 고맙겠어.

B I'll try to let you know by tonight.　오늘밤까지 알려줄게.

이것을 ~해 주시면 좋겠습니다

I'd like to have this p.p.

would like to는 '~하고 싶다'란 소망을 나타내며 [have + 물건 + p.p.]는 '~를 …되게 하다'란 사역의 뜻이에요. 또 [have + 사람 + 동사원형(~에게 …하도록 시키다)]처럼 사용할 수도 있어요. 물건은 스스로 뭘 할 수 있는 게 아니므로 p.p를, 사람은 스스로 할 수 있는 거니까 동사원형을 쓴다고 꼭 외워 두세요.

STEP 1 원어민 발음으로 듣기 패턴과 응용어구의 정확한 발음을 들어 보세요.

I'd like to have this p.p.

이것을 ~해 주시면 좋겠습니다

다림질한	pressed
지워진, 제거된	removed
포장된	wrapped
속달로 보내진	sent by express mail
등기우편으로 보내진	sent by registered mail

STEP 2 원어민 따라잡기 패턴 응용 문장을 다섯 번씩 큰 소리로 말해 보세요.

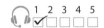

이걸 다림질해 주세요.   **I'd like to have this** pressed.

이걸 지워 주세요.   **I'd like to have this** removed.

이걸 포장해 주세요.   **I'd like to have this** wrapped.

이걸 속달로 보내 주세요.   **I'd like to have this** sent by express mail.

이걸 등기우편으로 보내 주세요.   **I'd like to have this** sent by registered mail.

053

STEP 3 원어민 **빰치게 쓰기** 확장어를 포함해 앞서 만든 문장을 손으로 직접 써 보세요.

부디 이걸 다림질해 주세요.

-- please.

부디 이걸 지워 주세요.

-- please.

부디 이걸 포장해 주세요.

-- please.

부디 이걸 속달로 보내 주세요.

-- please.

부디 이걸 등기우편으로 보내 주세요.

-- please.

Practice Speaking 실전 **대비 훈련** MP3 파일을 들으며 대화문을 활용한 3가지 훈련을 해 보세요.

· ☐ A·B 섀도우 스피킹
· ☐ A 역할 · ☐ B 역할

A Your total comes to $14.50.

총액이 14달러 50센트입니다.

B Okay, here's my card.

알겠어요, 여기 제 카드 있어요.

A Thanks. Is there anything else I can help you with?

감사합니다. 도와드릴 다른 일이 있나요?

B I'd like to have this wrapped please.

이걸 포장 좀 해 주세요.

난 ~할 수 있을지도 몰라요
I might be able to

조동사 might는 형태로는 may의 과거형이지만 과거의 뜻을 나타내지는 않아요. may와 마찬가지로 '~일지도 모른다'라는 미래의 가능성을 나타낼 수 있는데, 차이점이라면 might가 좀 더 가능성이 적어 보인다는 거예요. It might rain tomorrow.는 '내일 비가 올지도 몰라요.'이지만 It may rain.보다는 가능성이 적다는 것을 암시하죠.

STEP 1 원어민 발음으로 듣기 패턴과 응용어구의 정확한 발음을 들어 보세요.

I might be able to
난 ~할 수 있을지도 몰라요

하나를 살 수 있다	afford one
곧 비행기를 타다	fly soon
그녀를 설득하다	persuade her
그것을 처리하다	deal with it
당신을 내려주다	drop you off

STEP 2 원어민 따라잡기 패턴 응용 문장을 다섯 번씩 큰 소리로 말해 보세요.

내가 하나 장만할 수 있을지도 몰라요. **I might be able to** afford one.

내가 곧 비행기를 탈 수 있을지도 몰라요. **I might be able to** fly soon.

내가 그녀를 설득할 수 있을지도 몰라요. **I might be able to** persuade her.

내가 그것을 처리할 수 있을지도 몰라요. **I might be able to** deal with it.

내가 당신을 내려줄 수 있을지도 몰라요. **I might be able to** drop you off.

STEP 3 | 원어민 뺨치게 쓰기 확장어를 포함해 앞서 만든 문장을 손으로 직접 써 보세요.

상황에 따라서, 내가 하나 장만할 수 있을지 도 몰라요.

Depending on the circumstances, _____.

상황에 따라서, 내가 곧 비행기를 탈 수 있을지도 몰라요.

Depending on the circumstances, _____.

상황에 따라서, 내가 그녀를 설득할 수 있을지도 몰라요.

Depending on the circumstances, _____.

상황에 따라서, 내가 그것을 처리할 수 있을지도 몰라요.

Depending on the circumstances, _____.

상황에 따라서, 내가 당신을 내려줄 수 있을지도 몰라요.

Depending on the circumstances, _____.

Practice Speaking 실전 대비 훈련 MP3 파일을 들으며 대화문을 활용한 3가지 훈련을 해 보세요.
· ☐ A·B 섀도우 스피킹
· ☐ A 역할 · ☐ B 역할

A I'm going to town this morning.

저 오늘 오전에 읍에 가요

B Oh really? I might be going to.

정말요? 나도 갈 지 몰라요

A Are you going to drive?

운전할 건가요?

B Yes. Depending on the circumstances, I might be able to drop you off.

예. 상황에 따라, 내가 당신을 내려줄 수 있을지도 모르겠네요.

난 예전에 ~하곤 했습니다
I used to

used to는 '하곤 했다'란 뜻으로 과거의 습관을 나타내요. 하지만 지금은 그렇지 않다는 의미도 동시에 표현하죠. but not anymore를 붙이면 뜻이 더 명확해져요. 이때 to는 부정사의 to이므로 뒤에 동사원형이 와야 합니다. 그런데 많이들 헷갈리는 것으로 be used to가 있어요. '~하는 데 익숙해지다'란 뜻인데 이때의 to는 전치사라서 그 뒤에는 동명사를 써야 해요. used to smoke(담배를 피우곤 했다)와 be used to smoking(담배 피우는 데 익숙해지다)의 차이점, 알겠지요?

STEP 1 원어민 발음으로 듣기 패턴과 응용어구의 정확한 발음을 들어 보세요.

I used to

난 예전에 ~하곤 했습니다

벽에 대고 얘기하다	speak to the wall
내 인형들과 놀다	play with my dolls
뚱뚱하다	be fat
집단 괴롭힘을 당하다	get picked on
담배를 많이 피우다	smoke a lot

STEP 2 원어민 따라잡기 패턴 응용 문장을 다섯 번씩 큰 소리로 말해 보세요.

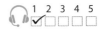

난 벽에 대고 얘기를 하곤 했습니다.　　**I used to** speak to the wall.

난 내 인형들을 갖고 놀곤 했습니다.　　**I used to** play with my dolls.

난 뚱뚱했었습니다.　　**I used to** be fat.

난 집단 괴롭힘을 당했었습니다.　　**I used to** get picked on.

난 담배를 많이 피우곤 했었습니다.　　**I used to** smoke a lot.

STEP 3 원어민 빰치게 쓰기 확장어를 포함해 앞서 만든 문장을 손으로 직접 써 보세요.

난 벽에 대고 얘기를 하곤 했었지만, 지금은 더 이상 아닙니다.

-- but not anymore.

난 내 인형들을 갖고 놀곤 했었지만, 지금은 더 이상 아닙니다.

-- but not anymore.

난 뚱뚱했었지만, 지금은 더 이상 아닙니다.

-- but not anymore.

난 집단 괴롭힘을 당했었지만, 지금은 더 이상 아닙니다.

-- but not anymore.

난 담배를 많이 피우곤 했었지만, 지금은 더 이상 아닙니다.

-- but not anymore.

Practice Speaking 실전 대비 훈련 MP3 파일을 들으며 대화문을 활용한 3가지 훈련을 해 보세요.
· ☐ A·B 섀도우 스피킹
· ☐ A 역할 · ☐ B 역할

A Do you want a cigarette?

담배 하나 드려요?

B No, thanks. I don't smoke.

감사하지만, 됐어요. 담배 안 피워요.

A Really? I thought I remember seeing you smoking.

정말요? 담배 피우는 걸 본 게 기억나는 것 같은데요.

B I used to smoke a lot but not anymore.

담배를 많이 피웠었는데, 더 이상은 아니에요.

내가 왜 ~해야 하나요?

Why should I ~?

Why should I ~?는 이유가 납득이 가지 않아 상대에게 설명을 요구할 때 사용하는 표현이에요. 이 표현을 좀 더 강조하여 '도대체'의 의미를 붙이고 싶으면 Why on earth should I ~?(도대체 내가 왜 ~해야 하나요?)처럼 사용하면 돼요. 자신이 ~해야 한다는 것을 도저히 납득할 수 없다는 의미지요.

STEP 1 원어민 발음으로 듣기 패턴과 응용어구의 정확한 발음을 들어 보세요.

Why should I ~?
내가 왜 ~해야 하나요?

돈을 절약하다	save money
신경을 쓰다	care
체중을 줄이다	lose weight
외국어를 배우다	learn a foreign language
대학에 다니다	attend college

STEP 2 원어민 따라잡기 패턴 응용 문장을 다섯 번씩 큰 소리로 말해 보세요.

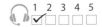

내가 왜 돈을 절약해야 하나요?　　**Why should I** save money?

내가 왜 신경을 써야 하나요?　　**Why should I** care?

내가 왜 체중을 줄여야 하나요?　　**Why should I** lose weight?

내가 왜 외국어를 배워야 하나요?　　**Why should I** learn a foreign language?

내가 왜 대학에 다녀야 하나요?　　**Why should I** attend college?

056

STEP 3 원어민 뺨치게 쓰기 확장어를 포함해 앞서 만든 문장을 손으로 직접 써 보세요.

말해 봐요, 내가 왜 돈을 절약해야 하나요?

Tell me, _____ ?

말해 봐요, 내가 왜 신경을 써야 하나요?

Tell me, _____ ?

말해 봐요, 내가 왜 체중을 줄여야 하나요?

Tell me, _____ ?

말해 봐요, 내가 왜 외국어를 배워야 하나요?

Tell me, _____ ?

말해 봐요, 내가 왜 대학에 다녀야 하나요?

Tell me, _____ ?

Practice Speaking 실전 대비 훈련 MP3 파일을 들으며 대화문을 활용한 3가지 훈련을 해 보세요.

· ☐ A·B 섀도우 스피킹
· ☐ A 역할 · ☐ B 역할

A The ozone layer is getting worse every day.

오존층이 매일 더 악화되고 있어.

B Tell me, why should I care?

말해 봐, 내가 왜 신경 써야 하지?

A It increases your risk of cancer.

네가 암에 걸릴 위험이 더 커지니까.

B That won't happen to me.

나한테는 생기지 않을 거야.

Pattern Closure

이번 패턴에서 훈련한 표현들을 마지막으로 체크하고 마무리합니다.

☑ There's no way I can _____ go. 당신을 가게 해 주는 일은 절대 없을 겁니다.

☐ Unfortunately, _____ go to college. 유감스럽게도 난 대학에 갈 여유가 없습니다.

☐ I want to but _____ forget you. 그러고 싶지만, 난 당신을 잊을 수 없을 것 같아요.

☐ As a matter of fact, _____ see you again. 사실, 당신을 다시 만나고 싶어 견딜 수가 없어요.

☐ _____ something to drink, sir? 손님, 마실 것을 가져다 드릴까요?

☐ _____ the hotel from here? 여기서부터 호텔에 어떻게 갈 수 있나요?

☐ _____ buy a new iPad? 도대체 새 아이패드는 어디에서 살 수 있나요?

☐ It's not that _____ write. 너무 바빠서 글을 쓸 수 없었다는 건 아닙니다.

☐ _____ a project lately. 난 최근에 프로젝트 작업을 해 왔습니다.

☐ In short, _____ gay marriage. 간단히 말해서, 난 동성 결혼에 대해 마음을 바꿨어요.

☐ Day after day _____ contact me. 난 날마다 당신이 내게 연락하길 기다려 왔습니다.

☐ So far _____ experience. 지금까지 난 경험이 충분하게 없었어요.

☐ All my life, _____ succeed. 평생, 난 항상 성공하고 싶었어요.

☐ _____ in love before. 난 전에 사랑에 빠진 적이 없어요.

☐ Are you saying that _____ spending? 내가 지출을 좀 줄여야 한다고 말하는 겁니까?

☐ _____ meet halfway. 매우 기꺼이 절충하겠습니다.

☐ _____ make you feel comfortable despite these circumstances.
이런 상황들에도, 난 당신을 편하게 해주기 위해 만반의 노력을 기울일 것입니다.

☐ Then _____ . 그렇다면 당신의 상황을 참작하겠습니다.

☐ I promise _____ drinking too much. 약속하는데, 과음하는 습관을 들이지 않을 겁니다.

☐ _____ see you if possible. 난 가능하다면 당신을 만나고 싶습니다.

☐ _____ you'd help me. 나를 도와주신다면 정말로 감사하겠습니다.

☐ _____ this pressed please. 부디 이걸 다림질해 주세요.

☐ Depending on the circumstances, _____ deal with it.
상황에 따라서, 내가 그것을 처리할 수 있을지도 몰라요.

☐ _____ smoke a lot but not anymore. 난 담배를 자주 피우곤 했었지만, 지금은 더 이상 아닙니다.

☐ Tell me, _____ attend college? 말해 봐요, 내가 왜 대학에 다녀야 하나요?

I + 일반동사

영어 동사만 마스터해도 영어의 대부분을 끝낸 거라는 말이 있어요. 반은 맞고 반은 틀린 말이에요. 어차피 주어를 나타내는 말은 한정되어 있고 그 주어가 뭘 하는 것인지에 대한 설명을 해 주는 동사가 많을 터이니 동사를 마스터한다면 정말로 영어를 내 것처럼 쓰게 되겠죠. 하지만 외국인들이 하는 영어를 들어 보면 자주 사용하는 동사는 정해져 있어요. 그리고 그 자주 쓰는 동사마저도 특정 상황에서 특정 단어들과 어울려 쓰이는 경우가 많아요. 즉, 동사 전체를 마스터할 필요가 없고 할 수도 없다는 얘기에요. '내(I)가 어찌한다'를 표현할 때 자주 쓰이는 덩어리들만 골라서 외우면 그 자체로도 엄청난 거랍니다.

I decided to practice chunk patterns very hard!

나는 꼭 ~합니다

I make a point of

make a point of는 '반드시 ~하다'란 행동상의 규칙을 설명할 때 사용해요. 잊지 않고 행하는 행동 등을 표시할 때 꼭 쓰는 표현이랍니다. of 뒤에는 동명사 또는 동작을 나타내는 명사가 쓰여요.

STEP 1 원어민 발음으로 듣기 패턴과 응용어구의 정확한 발음을 들어 보세요.

I make a point of
나는 꼭 ~합니다

뉴스를 듣는 것	listening to the news
우유 한 잔 마시는 것	drinking a glass of milk
블로그 몇 개를 검토하는 것	checking a few blogs
일기 쓰기	keeping a diary
집을 치우기	cleaning the house

STEP 2 원어민 따라잡기 패턴 응용 문장을 다섯 번씩 큰 소리로 말해 보세요.

난 꼭 뉴스 청취를 해요.　　**I make a point of** listening to the news.

난 꼭 우유를 한 잔 마셔요.　　**I make a point of** drinking a glass of milk.

난 꼭 블로그 몇 개를 검토해요.　　**I make a point of** checking a few blogs.

난 꼭 일기를 써요.　　**I make a point of** keeping a diary.

난 꼭 집을 치워요.　　**I make a point of** cleaning the house.

STEP 3 원어민 뺨치게 쓰기 확장어를 포함해 앞서 만든 문장을 손으로 직접 써 보세요.

난 매일 꼭 뉴스 청취를 해요.

--- every day.

난 매일 꼭 우유를 한 잔 마셔요.

--- every day.

난 매일 꼭 블로그 몇 개를 검토해요.

--- every day.

난 매일 꼭 일기를 써요.

--- every day.

난 매일 꼭 집을 치워요.

--- every day.

Practice Speaking 실전 대비 훈련 MP3 파일을 들으며 대화문을 활용한 3가지 훈련을 해 보세요.

· ☐ A·B 섀도우 스피킹
· ☐ A 역할 · ☐ B 역할

A Do you have a maid?

가정부가 있나요?

B No. Why do you ask?

아니요, 왜 묻는 건가요?

A Because your house is so clean.

집이 무척 깨끗해서요.

B I make a point of cleaning the house every day.

난 매일 꼭 집 청소를 해요.

난 ~에 동의합니다
I agree that

agree는 [agree with + 사람(~와 동의하다)], [agree on + 의견(~란 의견에 동의하다)], [agree to + 명사(~에 찬성하다)], [agree that 주어 + 동사(~에 동의하다)]와 같은 형태로 사용할 수 있어요. '전적으로 동감이야.'란 표현은 I couldn't agree more.라고 해요.

STEP 1 원어민 발음으로 듣기 패턴과 응용어구의 정확한 발음을 들어 보세요.

I agree that
난 ~에 동의합니다

그것이 당신에게 좋다	it is good for you
행복은 돈에 대한 것이 아니다	happiness is not about money
성공은 열심히 노력한 결과이다	success is the result of hard work
도움을 받을 때이다	it's time to get help
당신은 지적이다	you are intelligent

STEP 2 원어민 따라잡기 패턴 응용 문장을 다섯 번씩 큰 소리로 말해 보세요.

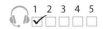

그것이 당신에게 좋다는 데 동의합니다. **I agree that** it is good for you.

행복이 돈에 관한 것이 아니라는 데 동의합니다. **I agree that** happiness is not about money.

성공이 열심히 노력한 결과라는 데 동의합니다. **I agree that** success is the result of hard work.

도움을 받을 때가 되었다는 데 동의합니다. **I agree that** it's time to get help.

당신이 지적이라는 데 동의합니다. **I agree that** you are intelligent.

STEP 3 원어민 빰치게 쓰기 확장어를 포함해 앞서 만든 문장을 손으로 직접 써 보세요.

맞아요, 그것이 당신에게 좋다는 데 동의합니다.

Yes, _____ .

맞아요, 행복이 돈에 관한 것이 아니라는 데 동의합니다.

Yes, _____ .

맞아요, 성공이 열심히 노력하는 결과라는 데 동의합니다.

Yes, _____ .

맞아요, 도움을 받을 때가 되었다는 데 동의합니다.

Yes, _____ .

맞아요, 당신이 지적이라는 데 동의합니다.

Yes, _____ .

Practice Speaking 실전 대비 훈련 MP3 파일을 들으며 대화문을 활용한 3가지 훈련을 해 보세요

· ☐ A·B 섀도우 스피킹
· ☐ A 역할 · ☐ B 역할

A He said I am not smart.

그는 내가 똑똑하지 않다고 말했어요

B That's just his opinion.

그건 그냥 그 사람 의견이에요

A I am smart, though! Do you think I am?

하지만 난 똑똑해요. 내가 똑똑하다고 생각 하나요?

B Yes, I agree that you are intelligent.

그래요, 당신이 지적이라는 데 동의해요

내가 이미 ~를 처리했어요
I already took care of

take care of는 '~를 돌보다' 혹은 '처리하다'란 두 가지 다른 뜻으로 쓰여요. You must take care of your health.(넌 네 건강을 돌봐야만 해.)에서는 '돌보다'의 뜻이지만, 여기서는 '처리하다'의 뜻으로 deal with(~를 처리하다)과 바꿔 표현할 수도 있어요.

STEP 1 원어민 발음으로 듣기 패턴과 응용어구의 정확한 발음을 들어 보세요.

I already took care of

내가 이미 ~를 처리했어요

계산서	the bill
모든 여행 준비	all the travel arrangements
매일의 업무	daily duties
그 문제	the problem
상한 우유	the spoiled milk

STEP 2 원어민 따라잡기 패턴 응용 문장을 다섯 번씩 큰 소리로 말해 보세요.

내가 이미 계산서를 처리했어요. **I already took care of** the bill.

내가 이미 모든 여행 준비를 처리했어요. **I already took care of** all the travel arrangements.

내가 이미 매일의 업무를 처리했어요. **I already took care of** daily duties.

내가 이미 그 문제를 처리했어요. **I already took care of** the problem.

내가 이미 상한 우유를 처리했어요. **I already took care of** the spoiled milk.

STEP 3 원어민 뺨치게 쓰기 확장어를 포함해 앞서 만든 문장을 손으로 직접 써 보세요.

내가 이미 계산서를 처리했다고 생각했어요.

I thought

내가 이미 모든 여행 준비를 처리했다고 생각했어요.

I thought

내가 이미 매일의 업무를 처리했다고 생각했어요.

I thought

내가 이미 그 문제를 처리했다고 생각했어요.

I thought

내가 이미 상한 우유를 처리했다고 생각했어요.

I thought

Practice Speaking 실전 대비 훈련 MP3 파일을 들으며 대화문을 활용한 3가지 훈련을 해 보세요.

· ☐ A·B 섀도우 스피킹
· ☐ A 역할 · ☐ B 역할

A I want to talk to you about something.

당신에게 뭔가에 대해 말하고 싶어요.

B Okay, what is it?

좋아요, 그게 뭔가요?

A The sales team never comes to the office on time.

영업팀이 사무실에 제시간에 오질 않아요.

B I thought I already took care of that issue.

그 문제라면 이미 처리했다고 생각했는데요.

~에 대해 사과드립니다
I apologize for

be sorry for가 '~에 대해 미안하다' 혹은 '~에 대해 유감이다'란 뜻으로 사용되는 반면, apologize for는 '~에 대해 사과하다'란 뜻이에요. for 뒤에는 명사나 동명사 표현이 나옵니다. 참고로 우리말에 '심심한 사의를 표하다'란 표현이 있는데 이때 사의가 '고마움'이면 I'd like to express my deepest gratitude.로 표현하고, 사과를 표현하는 경우라면 I'd like to apologize sincerely. 정도로 표현하면 되어요.

STEP 1 원어민 발음으로 듣기 패턴과 응용어구의 정확한 발음을 들어 보세요.

I apologize for
~에 대해 사과드립니다

이 게시물	this post
내 게으름	my laziness
내가 한 말	what I said
늦은 것	being late
당신을 기다리게 한 것	keeping you waiting

STEP 2 원어민 따라잡기 패턴 응용 문장을 다섯 번씩 큰 소리로 말해 보세요.

이 게시물에 대해 사과드립니다.　　**I apologize for** this post.

제 게으름에 대해 사과드립니다.　　**I apologize for** my laziness.

제가 한 말에 대해 사과드립니다.　　**I apologize for** what I said.

지각한 것에 대해 사과드립니다.　　**I apologize for** being late.

당신을 기다리게 해서 사과드립니다.　　**I apologize for** keeping you waiting.

STEP 3 원어민 빰치게 쓰기 확장어를 포함해 앞서 만든 문장을 손으로 직접 써 보세요.

다시 한번 이 게시물에 대해 사과드립니다.

Once again, _____.

다시 한번 제 게으름에 대해 사과드립니다.

Once again, _____.

다시 한번 제가 한 말에 대해 사과드립니다.

Once again, _____.

다시 한번 지각한 것에 대해 사과드립니다.

Once again, _____.

다시 한번 당신을 기다리게 해서 사과드립니다.

Once again, _____.

Practice Speaking 실전 대비 훈련 MP3 파일을 들으며 대화문을 활용한 3가지 훈련을 해 보세요.
· ☐ A·B 섀도우 스피킹
· ☐ A 역할 · ☐ B 역할

A How long have you been here? 여기에 얼마나 오래 계셨어요?

B About thirty minutes. 30분 정도요.

A Once again, I apologize for being late. 다시 한번, 늦은 걸 사과드립니다.

B It's okay. But next time at least call. 괜찮아요. 하지만 다음에는 최소한 전화는 주세요.

난 시간 내에 도착해서 ~했어요
I arrived in time to

in time은 '시간 내에'이며 on time은 '정시에'란 뜻이에요. 따라서 arrive in time은 '시간 내에 도착하다'지요. 뒤에 to부정사가 오는데, 많은 사람들이 '~하기 위해서'라고만 해석하려고 하는 경향이 있어요. 하지만 여기서는 '시간 내에 도착해서 ~하게 되다'로 하는 게 더 자연스럽답니다.

STEP 1 원어민 발음으로 듣기 패턴과 응용어구의 정확한 발음을 들어 보세요.

I arrived in time to
난 시간 내에 도착해서 ~했어요

기차를 잡아타다	catch the train
후반전을 보다	watch the second half
엄마를 보다	see my mom
미사에 참석하다	attend Mass
노래를 몇 곡 듣다	hear a few songs

STEP 2 원어민 따라잡기 패턴 응용 문장을 다섯 번씩 큰 소리로 말해 보세요.

난 시간 내에 도착해서 기차를 잡아탔어요. **I arrived in time to** catch the train.

난 시간 내에 도착해서 후반전을 보았어요. **I arrived in time to** watch the second half.

난 시간 내에 도착해서 엄마를 보았어요. **I arrived in time to** see my mom.

난 시간 내에 도착해서 미사에 참석했어요. **I arrived in time to** attend Mass.

난 시간 내에 도착해서 노래를 몇 곡 들었어요. **I arrived in time to** hear a few songs.

STEP 3 원어민 뺨치게 쓰기 확장어를 포함해 앞서 만든 문장을 손으로 직접 써 보세요.

놀랍게도, 난 시간 내에 도착해서 기차를 잡아탔어요.

To my surprise, _____.

놀랍게도, 난 시간 내에 도착해서 후반전을 보았어요.

To my surprise, _____.

놀랍게도, 난 시간 내에 도착해서 엄마를 보았어요.

To my surprise, _____.

놀랍게도, 난 시간 내에 도착해서 미사에 참석했어요.

To my surprise, _____.

놀랍게도, 난 시간 내에 도착해서 노래를 몇 곡 들었어요.

To my surprise, _____.

Practice Speaking 실전 대비 훈련 MP3 파일을 들으며 대화문을 활용한 3가지 훈련을 해 보세요.
· ☐ A·B 섀도우 스피킹
· ☐ A 역할 · ☐ B 역할

A I almost didn't make it.

난 거의 가지 못할 뻔했어.

B But you reached in time?

하지만 시간 내에 도착했지?

A To my surprise, I arrived in time to hear a few songs.

놀랍게도, 시간 내에 도착해서 노래도 몇 곡 들었다니까.

B Well, that's better than nothing.

음, 전혀 못 들은 것보단 낫네.

난 ~하기로 결정했어요
I decided to

동사 decide는 to부정사를 목적어로 사용해요. 이밖에 want(~하고 싶다), would like(~하고 싶다), agree(~에 동의하다), expect(~를 기대하다), prefer(~를 선호하다) 등이 to부정사를 동반하는 동사(구)들이에요.

STEP 1 원어민 발음으로 듣기 패턴과 응용어구의 정확한 발음을 들어 보세요.

I decided to
난 ~하기로 결정했어요

교사가 되다	become a teacher
사임하다	resign
중국어를 공부하다	study Chinese
유학 가다	study abroad
결혼하다	get married

STEP 2 원어민 따라잡기 패턴 응용 문장을 다섯 번씩 큰 소리로 말해 보세요.

난 교사가 되기로 결정했어요.　　**I decided to** become a teacher.

난 사임하기로 결정했어요.　　**I decided to** resign.

난 중국어를 공부하기로 결정했어요.　　**I decided to** study Chinese.

난 유학 가기로 결정했어요.　　**I decided to** study abroad.

난 결혼하기로 결정했어요.　　**I decided to** get married.

STEP 3 원어민 빰치게 쓰기 확장어를 포함해 앞서 만든 문장을 손으로 직접 써 보세요.

마침내 난 교사가 되기로 결정했어요.

At last _____.

마침내 난 사임하기로 결정했어요.

At last _____.

마침내 난 중국어를 공부하기로 결정했어요.

At last _____.

마침내 난 유학 가기로 결정했어요.

At last _____.

마침내 난 결혼하기로 결정했어요.

At last _____.

Practice Speaking 실전 대비 훈련 MP3 파일을 들으며 대화문을 활용한 3가지 훈련을 해 보세요.
· ☐ A·B 셰도우 스피킹
· ☐ A 역할 · ☐ B 역할

A **Before, I wanted to be a lawyer.** 전엔 난 변호사가 되고 싶었어요.

B **And then what happened?** 그런 다음에 무슨 일이 있었어요?

A At last I decided to become a teacher. 마침내 난 교사가 되기로 결심했지요.

B **Oh, that's a good choice, too.** 오, 그것도 좋은 선택이네요.

난 ~인지 의심스러워요
I doubt if

doubt는 뒤에 if나 whether 절을 목적어로 써서 '~일지 의문이다'를 뜻해요. I never doubted you for a second.(난 한시도 너를 의심해 본 적 없어.)에서처럼 명사를 목적어로 동반할 수도 있고, I never doubted that you guys would be happy together.(너희들이 함께 행복할 거란 걸 한번도 의심해 본 적 없어.)처럼 접속사 that이 이끄는 절과도 사용할 수 있어요.

STEP 1 원어민 발음으로 듣기 패턴과 응용어구의 정확한 발음을 들어 보세요.

I doubt if
난 ~인지 의심스러워요

그것이 사실이다	it is true
그가 돌아올 것이다	he will be back
날씨가 괜찮을 것이다	it will be fine
그게 중요할 것이다	it will make any difference
내가 갈 수 있다	I can go

STEP 2 원어민 따라잡기 패턴 응용 문장을 다섯 번씩 큰 소리로 말해 보세요.

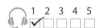

그게 사실인지 의심스러워요.   **I doubt if** it is true.

그가 돌아올지 의심스러워요.   **I doubt if** he will be back.

날씨가 괜찮을지 의심스러워요.   **I doubt if** it will be fine.

그게 중요할지 의심스러워요.   **I doubt if** it will make any difference.

내가 갈 수 있을지 의심스러워요.   **I doubt if** I can go.

STEP 3 원어민 빰치게 쓰기 확장어를 포함해 앞서 만든 문장을 손으로 직접 써 보세요.

먼저, 그게 사실인지 의심스러워요.

First of all, _____ .

먼저, 그가 돌아올지 의심스러워요.

First of all, _____ .

먼저, 날씨가 괜찮을지 의심스러워요.

First of all, _____ .

먼저, 그게 중요할지 의심스러워요.

First of all, _____ .

먼저, 내가 갈 수 있을지 의심스러워요.

First of all, _____ .

Practice Speaking 실전 대비 훈련 MP3 파일을 들으며 대화문을 활용한 3가지 훈련을 해 보세요.
· ☐ A·B 섀도우 스피킹
· ☐ A 역할 · ☐ B 역할

A Let's start recycling.

재활용을 시작하자.

B First of all, I doubt if it will make any difference.

우선, 그게 중요할지 모르겠네.

A And second of all?

그리고 두 번째론?

B I am also too lazy to recycle.

또 내가 너무 게을러서 재활용을 할 수 없기도 하고.

난 결국 ~하게 되고 말았습니다
I ended up ~ing

end up ~ing는 '(이러저러했지만) 결국 ~하게 되고 말다'라는 결과를 나타내는 표현이에요. 이 end up ~ing에는 기대와는 다른 결과가 발생했다는 뉘앙스가 담겨 있답니다.

I ended up ~ing
난 결국 ~하게 되고 말았습니다

울기	crying
돈을 잃기	losing money
술에 취함	getting drunk
집에 걸어가기	walking home
서울에 머무르기	staying in Seoul

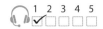

난 결국 울고 말았습니다.	**I ended up** crying.
난 결국 돈을 잃고 말았습니다.	**I ended up** losing money.
난 결국 취하고 말았습니다.	**I ended up** getting drunk.
난 결국 집에 걸어오고 말았습니다.	**I ended up** walking home.
난 결국 서울에 머물고 말았습니다.	**I ended up** staying in Seoul.

STEP 3 원어민 빰치게 쓰기 확장어를 포함해 앞서 만든 문장을 손으로 직접 써 보세요.

당신도 알다시피, 난 결국 울고 말았습니다.

As you know, ⌐ - ⌐.

당신도 알다시피, 난 결국 돈을 잃고 말았습니다.

As you know, ⌐ - ⌐.

당신도 알다시피, 난 결국 취하고 말았습니다.

As you know, ⌐ - ⌐.

당신도 알다시피, 난 결국 집에 걸어오고 말았습니다.

As you know, ⌐ - ⌐.

당신도 알다시피, 난 결국 서울에 머물고 말았습니다.

As you know, ⌐ - ⌐.

Practice Speaking 실전 대비 훈련 MP3 파일을 들으며 대화문을 활용한 3가지 훈련을 해 보세요.

· ☐ A·B 섀도우 스피킹
· ☐ A 역할 · ☐ B 역할

A **My first choice was Busan.**   내 첫 번째 선택은 부산이었어요.

B **Then what happened?**   그런데 무슨 일이 생겼나요?

A As you know, I ended up staying in Seoul.   알다시피, 결국 서울에 머물게 되었어요.

B **Yeah, but how come?**   그래요, 하지만 어째서요?

난 양해를 구하고 ~를 빠졌어요
I excused myself from

excuse는 명사로는 '구실, 핑계'란 뜻이고요, 동사로는 '용서하다, 변명하다'의 뜻이에요. 위의 패턴을 직역하면 '난 ~로부터 나 자신을 변명했다'인데, 이는 곧 '(사람들한테) 양해를 구하고 어떤 자리를 빠졌다'의 뜻이에요. from 뒤에는 빠져야 하는 자리나 상황이 옵니다.

STEP 1 원어민 발음으로 듣기 패턴과 응용어구의 정확한 발음을 들어 보세요.

I excused myself from

난 양해를 구하고 ~를 빠졌어요

저녁 식사 자리	the dinner table
토론	the discussion
내가 참석했던 회의	the meeting I was in
작은 모임	the small gathering
평상시 늘 하는 운동	a regular fitness routine

STEP 2 원어민 따라잡기 패턴 응용 문장을 다섯 번씩 큰 소리로 말해 보세요.

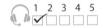

난 양해를 구하고 저녁 식사 자리를 떴어요.　**I excused myself from** the dinner table.

난 양해를 구하고 토론에서 빠졌어요.　**I excused myself from** the discussion.

난 양해를 구하고 내가 참석했던 회의에서 빠졌어요.　**I excused myself from** the meeting I was in.

난 양해를 구하고 작은 모임에서 빠졌어요.　**I excused myself from** the small gathering.

난 양해를 구하고 평상시 늘 하는 운동을 하지 않았어요.　**I excused myself from** a regular fitness routine.

STEP 3 원어민 뺨치게 쓰기 확장어를 포함해 앞서 만든 문장을 손으로 직접 써 보세요.

그냥 그럴 기분이 아니라서 난 양해를 구하고 저녁 식사 자리를 떴어요.

-- because I just wasn't in the mood.

그냥 그럴 기분이 아니라서 난 양해를 구하고 토론에서 빠졌어요.

-- because I just wasn't in the mood.

그냥 그럴 기분이 아니라서 난 양해를 구하고 내가 참석했던 회의에서 빠졌어요.

-- because I just wasn't in the mood.

그냥 그럴 기분이 아니라서 난 양해를 구하고 작은 모임에서 빠졌어요.

-- because I just wasn't in the mood.

그냥 그럴 기분이 아니라서 난 양해를 구하고 평상시 늘 하는 운동을 하지 않았어요.

-- because I just wasn't in the mood.

Practice Speaking 실전 대비 훈련 MP3 파일을 들으며 대화문을 활용한 3가지 훈련을 해 보세요.
· ☐ A·B 섀도우 스피킹
· ☐ A 역할 · ☐ B 역할

A You are home from work early.

일찍 퇴근했네요.

B I excused myself from the meeting I was in because I just wasn't in the mood.

그냥 그럴 기분이 아니라서 양해를 구하고 참석하던 회의에서 빠졌어요.

A Will your boss get angry?

사장님이 화를 낼 건가요?

B No. I told him I had a migraine.

아니요. 사장님께 편두통이 있다고 말했어요.

PATTERN 066

난 ~같은 기분이 들어요
I feel like

feel like ~ing는 '~하고 싶은 기분이 들다'란 뜻이에요. 하지만 [feel like + 명사]는 '~같은 기분이 들다' 혹은 '~같다고 느껴지다'란 의미지요. 뜻이 완전히 다르므로 헷갈리지 말고 정확하게 써야 합니다.

STEP 1 원어민 발음으로 듣기 패턴과 응용어구의 정확한 발음을 들어 보세요.

I feel like
난 ~같은 기분이 들어요

새로운 사람	a new person
패배자	a loser
이방인	an outsider
모두에게 짐	a burden to everyone
일 중독자	a workaholic

STEP 2 원어민 따라잡기 패턴 응용 문장을 다섯 번씩 큰 소리로 말해 보세요.

난 새로운 사람이 된 것 같은 기분이 들어요. **I feel like** a new person.

난 패배자 같은 기분이 들어요. **I feel like** a loser.

난 이방인 같은 기분이 들어요. **I feel like** an outsider.

난 모두에게 짐이 된 것 같은 기분이 들어요. **I feel like** a burden to everyone.

난 일 중독자 같은 기분이 들어요. **I feel like** a workaholic.

STEP 3 원어민 빰치게 쓰기 확장어를 포함해 앞서 만든 문장을 손으로 직접 써 보세요.

난 그냥 새로운 사람이 된 것 같은 기분이 들어요.

_____ just _____ .

난 그냥 패배자 같은 기분이 들어요.

_____ just _____ .

난 그냥 이방인 같은 기분이 들어요.

_____ just _____ .

난 그냥 모두에게 짐이 된 것 같은 기분이 들어요.

_____ just _____ .

난 그냥 일 중독자 같은 기분이 들어요.

_____ just _____ .

Practice Speaking 실전 대비 훈련 MP3 파일을 들으며 대화문을 활용한 3가지 훈련을 해 보세요.
· ☐ A·B 섀도우 스피킹
· ☐ A 역할 · ☐ B 역할

A You look really great.
정말 좋아 보이네요.

B Thanks for the compliment.
칭찬해 주셔서 감사합니다.

A What's different about you?
당신, 뭐가 달라진 건가요?

B I just feel like a new person.
그냥 새사람이 된 기분이에요.

난 ~할 때면 화가 나요

I get angry when

동사 get은 형용사를 보어로 삼아 '~해지다, ~하게 되다'를 의미해요. 그래서 get bored는 '지루해지다', get late는 '늦어지다', get hungry는 '배고파지다'란 뜻이에요. when절은 '~일 때에'란 뜻이니까 위의 패턴은 '난 ~일 때엔 화가 나요'라고 해석하면 됩니다.

STEP 1 원어민 발음으로 듣기 패턴과 응용어구의 정확한 발음을 들어 보세요.

I get angry when

난 ~할 때면 화가 나요

배가 고프다	I am hungry
살이 찌다	I gain weight
사람들이 무례하다	people are rude
내가 비난을 받다	I am criticized
누군가가 내게 뭘 하라고 시키다	someone tells me what to do

STEP 2 원어민 따라잡기 패턴 응용 문장을 다섯 번씩 큰 소리로 말해 보세요.

난 배가 고플 때면 화가 나요 **I get angry when** I am hungry.

난 살이 찌면 화가 나요 **I get angry when** I gain weight.

난 사람들이 무례하면 화가 나요. **I get angry when** people are rude.

난 비난받으면 화가 나요. **I get angry when** I am criticized.

난 누군가가 내게 뭘 하라고 시키면 화가 나요. **I get angry when** someone tells me what to do.

STEP 3 **원어민 뺨치게 쓰기** 확장어를 포함해 앞서 만든 문장을 손으로 직접 써 보세요.

난 왜 배가 고플 때면 화가 나는 걸까요?

Why do _____ ?

난 왜 살이 찌면 화가 나는 걸까요?

Why do _____ ?

난 왜 사람들이 무례하면 화가 나는 걸까요?

Why do _____ ?

난 왜 비난받으면 화가 나는 걸까요?

Why do _____ ?

난 왜 누군가가 내게 뭘 하라고 시키면 화가 나는 걸까요?

Why do _____ ?

Practice Speaking **실전 대비 훈련** MP3 파일을 들으며 대화문을 활용한 3가지 훈련을 해 보세요.

· ☐ A·B 섀도우 스피킹
· ☐ A 역할 · ☐ B 역할

A You are really stubborn.

넌 정말 고집쟁이야.

B I know, but I don't know how to change.

알아, 하지만 어떻게 바뀌어야 할지 모르겠어.

A Just try to relax.

그냥 좀 마음을 편하게 가져.

B Yeah, but why do I get angry when someone tells me what to do?

응, 하지만 사람들이 내게 뭘 하라고 말하면 왜 내가 화가 나는 걸까?

우리는 사용 가능한 ~가 없어요
We have no ~ available

available은 I am available.(난 시간 있어요.)에서는 '(사람들을 만날) 시간이 되는'의 뜻이에요. 또 Tickets are available free of charge.(표는 무료로 구하실 수 있습니다.)에서는 '구할 수 있는'의 뜻이랍니다. 위의 패턴에서는 두 번째 뜻으로 쓰였어요.

STEP 1 원어민 발음으로 듣기 패턴과 응용어구의 정확한 발음을 들어 보세요.

We have no ~ available
우리는 사용 가능한 ~가 없어요

방, 객실	rooms
직책	positions
테이블	tables
표	tickets
공간	space

STEP 2 원어민 따라잡기 패턴 응용 문장을 다섯 번씩 큰 소리로 말해 보세요.

사용 가능한 객실이 없어요.	**We have no** rooms **available.**
채용할 수 있는 직책이 없어요.	**We have no** positions **available.**
사용 가능한 테이블이 없어요.	**We have no** tables **available.**
구할 수 있는 표가 없어요.	**We have no** tickets **available.**
사용 가능한 공간이 없어요.	**We have no** space **available.**

STEP 3 원어민 뺨치게 쓰기 확장어를 포함해 앞서 만든 문장을 손으로 직접 써 보세요.

죄송하지만, 사용 가능한 객실이 없어요.

I am sorry but _____ .

죄송하지만, 채용할 수 있는 직책이 없어요.

I am sorry but _____ .

죄송하지만, 사용 가능한 테이블이 없어요.

I am sorry but _____ .

죄송하지만, 구할 수 있는 표가 없어요.

I am sorry but _____ .

죄송하지만, 사용 가능한 공간이 없어요.

I am sorry but _____ .

Practice Speaking 실전 대비 훈련 MP3 파일을 들으며 대화문을 활용한 3가지 훈련을 해 보세요.
· ☐ A·B 섀도우 스피킹
· ☐ A 역할 · ☐ B 역할

A We need two rooms for tonight.

오늘밤 객실이 두 개 필요해요.

B I am sorry but we have no rooms available.

죄송하지만, 사용 가능한 방이 없어요.

A Oh! Then can you recommend another hotel?

오! 그럼 다른 호텔을 추천해 주실래요?

B There is one just up the street.

길 바로 위쪽에 하나 있어요.

~하는 것 외에는 선택의 여지가 없었어요
I had no choice but to

have no choice but to는 '~하는 것 외에는 선택의 여지가 없다'란 뜻이에요. to 뒤에는 동사원형이 옵니다. 비슷한 표현으로 cannot help ~ing가 있어요. I cannot help laughing.(웃지 않을 수가 없네요.)처럼 '~하지 않을 수가 없다'란 뜻이에요.

STEP 1 원어민 발음으로 듣기 패턴과 응용어구의 정확한 발음을 들어 보세요.

I had no choice but to
~하는 것 외에는 선택의 여지가 없었어요

기다리다	wait
그것을 받아들이다	accept it
일을 그만두다	quit my job
집에 걸어오다	walk home
수업을 빠지다	skip class

STEP 2 원어민 따라잡기 패턴 응용 문장을 다섯 번씩 큰 소리로 말해 보세요.

기다리는 것 외엔 선택의 여지가 없었어요. **I had no choice but to** wait.

그것을 받아들이는 것 외엔 선택의 여지가 없었어요. **I had no choice but to** accept it.

일을 그만두는 것 외엔 선택의 여지가 없었어요. **I had no choice but to** quit my job.

집에 걸어가는 것 외엔 선택의 여지가 없었어요. **I had no choice but to** walk home.

수업을 빠지는 것 외엔 선택의 여지가 없었어요. **I had no choice but to** skip class.

STEP 3 원어민 뺨치게 쓰기 확장어를 포함해 앞서 만든 문장을 손으로 직접 써 보세요.

그 당시엔 기다리는 것 외엔 선택의 여지가 없었어요.

At that time --- .

그 당시엔 그것을 받아들이는 것 외엔 선택의 여지가 없었어요.

At that time --- .

그 당시엔 일을 그만두는 것 외엔 선택의 여지가 없었어요.

At that time --- .

그 당시엔 집에 걸어가는 것 외엔 선택의 여지가 없었어요.

At that time --- .

그 당시엔 수업을 빠지는 것 외엔 선택의 여지가 없었어요.

At that time --- .

Practice Speaking 실전 대비 훈련 MP3 파일을 들으며 대화문을 활용한 3가지 훈련을 해 보세요.

· ☐ A·B 섀도우 스피킹
· ☐ A 역할 · ☐ B 역할

A I can't believe you dated him for 10 years.

네가 그 사람하고 10년간 사귀었다니 믿기지가 않네.

B I know. It's a long time to date.

알아. 데이트하기엔 긴 시간이지.

A Why didn't you get married?

왜 결혼 안 한 거야?

B At that time I had no choice but to wait.

그 당시엔 기다리는 것 외엔 선택의 여지가 없었거든.

~하는 게 힘들어요 / ~하는 데 애를 먹어요
I have trouble ~ing

have trouble (in) ~ing는 have difficulty (in) ~ing와 같은 뜻으로 '~하는 데 곤란을 겪다' 혹은 '~하는 데 애를 먹다'의 뜻이에요. 비슷한 의미로 [be in trouble with + 사람]이 있는데 '~와 문제가 있다'의 의미지요. 참고로 get into trouble은 '곤경에 처하다'입니다.

STEP 1 원어민 발음으로 듣기 패턴과 응용어구의 정확한 발음을 들어 보세요.

I have trouble ~ing
~하는 게 힘들어요 / ~하는 데 애를 먹어요

아침에 일어나기	waking up in the morning
학교에서 집중하기	concentrating in school
잠자기	sleeping
많은 무리와 함께 있기	being around large crowds
돈을 절약하기	saving money

STEP 2 원어민 따라잡기 패턴 응용 문장을 다섯 번씩 큰 소리로 말해 보세요.

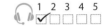

난 아침에 일어나느라 애를 먹어요   **I have trouble** waking up in the morning.

난 학교에서 집중하는 게 힘들어요   **I have trouble** concentrating in school.

난 자는 게 힘들어요   **I have trouble** sleeping.

난 많은 무리와 함께 있는 게 힘들어요   **I have trouble** being around large crowds.

난 돈을 절약하는 게 힘들어요   **I have trouble** saving money.

STEP 3 원어민 뺨치게 쓰기 확장어를 포함해 앞서 만든 문장을 손으로 직접 써 보세요.

난 아침에 일어나느라 애를 많이 먹습니다.

------------------------ a lot of --- .

난 학교에서 집중하는 게 많이 힘듭니다.

------------------------ a lot of --- .

난 자는 게 많이 힘듭니다.

------------------------ a lot of --- .

난 많은 무리와 함께 있는 게 많이 힘듭니다.

------------------------ a lot of --- .

난 돈을 절약하는 게 많이 힘듭니다.

------------------------ a lot of --- .

Practice Speaking 실전 대비 훈련 MP3 파일을 들으며 대화문을 활용한 3가지 훈련을 해 보세요.

· ☐ A·B 섀도우 스피킹
· ☐ A 역할 · ☐ B 역할

A Sorry. I'm late again.
죄송해요. 제가 또 늦었어요.

B Don't worry, I'm used to it.
걱정하지 마세요, 익숙해졌으니까.

A I have a lot of trouble waking up in the morning.
전 아침에 일어날 때 애를 많이 먹어요.

B You should sleep earlier.
더 일찍 자야지요.

난 당신이 ~하는 방식이 마음에 들어요

I like the way you

[I like the way + 주어 + 동사]는 '난 ~가 …하는 방식이 마음에 들어요'란 뜻이에요. I like the way he smells.(난 그에게 그런 냄새가 나는 게 마음에 들어요.), I like the way it feels.(난 그 촉감이 마음에 들어요.)처럼 주어와 동사를 다양하게 바꿔 사용할 수 있어요.

STEP 1 원어민 발음으로 듣기 패턴과 응용어구의 정확한 발음을 들어 보세요.

I like the way you
난 당신이 ~하는 방식이 마음에 들어요

걷다	walk
사람들과 말하다	talk with people
웃다	smile
움직이다	move
문제들을 해결하다	solve problems

STEP 2 원어민 따라잡기 패턴 응용 문장을 다섯 번씩 큰 소리로 말해 보세요.

난 당신이 걷는 방식이 마음에 듭니다. **I like the way you** walk.

난 당신이 사람들과 말하는 방식이 마음에 듭니다. **I like the way you** talk with people.

난 당신이 웃는 방식이 마음에 듭니다. **I like the way you** smile.

난 당신이 움직이는 방식이 마음에 듭니다. **I like the way you** move.

난 당신이 문제를 해결하는 방식이 마음에 듭니다. **I like the way you** solve problems.

STEP 3 **원어민 뺨치게 쓰기** 확장어를 포함해 앞서 만든 문장을 손으로 직접 써 보세요.

난 언제나 당신이 걷는 방식이 마음에 듭니다.

-- all the time.

난 언제나 당신이 사람들과 말하는 방식이 마음에 듭니다.

-- all the time.

난 언제나 당신이 웃는 방식이 마음에 듭니다.

-- all the time.

난 언제나 당신이 움직이는 방식이 마음에 듭니다.

-- all the time.

난 언제나 당신이 문제를 해결하는 방식이 마음에 듭니다.

-- all the time.

Practice Speaking **실전 대비 훈련** MP3 파일을 들으며 대화문을 활용한 3가지 훈련을 해 보세요.

· ☐ A·B 섀도우 스피킹
· ☐ A 역할 · ☐ B 역할

A Did you know him?

그 사람을 알았어?

B No, but we did have a mutual friend.

아니, 그런데 그 사람도 알고 나는 아는 친구가 있어.

A I like the way you talk with people all the time.

난 언제나 네가 사람들과 말하는 방식이 맘에 들어.

B I enjoy making conversation.

난 대화하는 게 즐겁거든.

I + 일반동사 **163**

난 ~할 때가 정말 좋아요
I love it when

love는 '사랑하다'란 뜻 외에 '아주 무지 좋아하다'의 뜻으로 사용할 수 있어요. 그리고 위 패턴에서 it은 '그것'의 뜻이 아니라 when(~일 때) 절 전체를 '그것'이라고 가리킨 상황이라서 따로 해석하지 않습니다. 그냥 '~할 때가 너무 좋아요' 정도로 해석하면 돼요.

STEP 1 원어민 발음으로 듣기 패턴과 응용어구의 정확한 발음을 들어 보세요.

I love it when
난 ~할 때가 정말 좋아요

내가 아침에 깨다	I wake up in the morning
당신이 나를 보다	you look at me
당신이 미소 짓다	you smile
사람들이 나를 톰 크루즈로 오해하다	people mistake me for Tom Cruise
당신이 나를 위해 요리하다	you cook for me

STEP 2 원어민 따라잡기 패턴 응용 문장을 다섯 번씩 큰 소리로 말해 보세요.

난 아침에 일어날 때가 정말 좋아요. **I love it when** I wake up in the morning.

난 당신이 나를 바라볼 때가 정말 좋아요. **I love it when** you look at me.

난 당신이 웃을 때가 정말 좋아요. **I love it when** you smile.

난 사람들이 나를 톰 크루즈로 오해할 때가 정말 좋아요. **I love it when** people mistake me for Tom Cruise.

난 당신이 나를 위해 요리할 때가 정말 좋아요. **I love it when** you cook for me.

STEP 3 원어민 뺨치게 쓰기 확장어를 포함해 앞서 만든 문장을 손으로 직접 써 보세요.

그러니까, 난 아침에 일어날 때가 정말 좋아요.

You know, _____.

그러니까, 난 당신이 나를 바라볼 때가 정말 좋아요.

You know, _____.

그러니까, 난 당신이 웃을 때가 정말 좋아요.

You know, _____.

그러니까, 난 사람들이 나를 톰 크루즈로 오해할 때가 정말 좋아요.

You know, _____.

그러니까, 난 당신이 나를 위해 요리할 때가 정말 좋아요.

You know, _____.

Practice Speaking 실전 대비 훈련 MP3 파일을 들으며 대화문을 활용한 3가지 훈련을 해 보세요.
· ☐ A·B 섀도우 스피킹
· ☐ A 역할 · ☐ B 역할

A You are the cutest boyfriend I've ever had.　　당신은 내가 만나 본 가장 귀여운 남자친구예요.

B Which of my features do you like the best?　　내 특징 중에 어떤 게 가장 좋아요?

A You know, I love it when you smile.　　그러니까, 난 당신이 웃을 때가 정말 좋아요.

B Really? I thought you would say my abs.　　정말요? 내 복근이 가장 좋다고 말할 거라 생각했는데.

난 ~가 좀 필요해요
I need some

need는 목적어로 명사가 올 수도 있고 I need to take a break.(난 잠시 쉬어야겠어.), I need to speak with you.(너랑 얘기를 좀 해야겠어.)처럼 to부정사가 올 수도 있어요. 이 패턴 뒤에는 셀 수 있는 명사, 셀 수 없는 명사가 다 올 수 있습니다.

STEP 1 원어민 발음으로 듣기 패턴과 응용어구의 정확한 발음을 들어 보세요.

I need some
난 ~가 좀 필요해요

수면	sleep
휴식	rest
신선한 공기	fresh air
혼자 있을 시간	time alone
숨 쉴 공간	space to breathe

STEP 2 원어민 따라잡기 패턴 응용 문장을 다섯 번씩 큰 소리로 말해 보세요.

난 수면이 좀 필요해요   **I need some** sleep.

난 휴식이 좀 필요해요   **I need some** rest.

난 신선한 공기가 좀 필요해요   **I need some** fresh air.

난 혼자 있을 시간이 좀 필요해요   **I need some** time alone.

난 숨 쉴 공간이 좀 필요해요   **I need some** space to breathe.

STEP 3 원어민 뺨치게 쓰기 확장어를 포함해 앞서 만든 문장을 손으로 직접 써 보세요.

난 수면이 좀 필요하다고 확신해요.

I'm sure --.

난 휴식이 좀 필요하다고 확신해요.

I'm sure --.

난 신선한 공기가 좀 필요하다고 확신해요.

I'm sure --.

난 혼자 있을 시간이 좀 필요하다고 확신해요.

I'm sure --.

난 숨 쉴 공간이 좀 필요하다고 확신해요.

I'm sure --.

Practice Speaking 실전 대비 훈련 MP3 파일을 들으며 대화문을 활용한 3가지 훈련을 해 보세요.

· ☐ A·B 섀도우 스피킹
· ☐ A 역할 · ☐ B 역할

A You have bags under your eyes. 지쳐 보이네.

B I'm sure I need some rest. 확실히 난 휴식이 좀 필요해.

A You can say that again! 맞아!

B Maybe I'll take a nap. 낮잠을 좀 자야 할 것 같아.

난 밀린 ~를 따라잡아야 해요
I need to catch up on

catch up은 '밀린 ~를 따라잡다, 처리하다'예요. on 뒤에 명사나 동명사가 오는데, 뒤에 오는 내용에 따라 이 catch up on은 '체포하다' 등 다양하게 해석될 수 있어요. 하지만 기본 의미는 '밀린 것을 해치우다'로 변함이 없답니다.

STEP 1 원어민 발음으로 듣기 패턴과 응용어구의 정확한 발음을 들어 보세요.

I need to catch up on
난 밀린 ~를 따라잡아야 해요

약간의 잠	some sleep
독서	reading
고지서 납부	my bill payments
내 이메일	my emails
1편과 2편	episodes 1 and 2

STEP 2 원어민 따라잡기 패턴 응용 문장을 다섯 번씩 큰 소리로 말해 보세요.

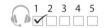

난 밀린 잠을 좀 자야 해요. **I need to catch up on** some sleep.

난 밀린 독서를 좀 해야 해요. **I need to catch up on** reading.

난 밀린 고지서 납부를 처리해야 해요. **I need to catch up on** my bill payments.

난 이메일들을 좀 보고 처리해야 해요. **I need to catch up on** my emails.

난 밀려 있는 1편과 2편을 좀 봐야 해요. **I need to catch up on** episodes 1 and 2.

STEP 3 원어민 뺨치게 쓰기 확장어를 포함해 앞서 만든 문장을 손으로 직접 써 보세요.

074

이것을 끝마친 후에 난 밀린 잠을 좀 자야 해요.

After finishing this --.

이것을 끝마친 후에 난 밀린 독서를 좀 해야 해요.

After finishing this --.

이것을 끝마친 후에 난 밀린 고지서 납부를 처리해야 해요.

After finishing this --.

이것을 끝마친 후에 난 이메일들을 좀 보고 처리해야 해요.

After finishing this --.

이것을 끝마친 후에 난 밀려 있는 1편과 2편을 좀 봐야 해요.

After finishing this --.

Practice Speaking 실전 대비 훈련 MP3 파일을 들으며 대화문을 활용한 3가지 훈련을 해 보세요.

· ☐ A·B 섀도우 스피킹
· ☐ A 역할 · ☐ B 역할

A Do you want to get a cup of coffee? 커피 한잔 할래요?

B I can't right now. 지금 당장은 안 돼요.

A But you are almost finished with your work. 하지만 일을 거의 끝마쳤잖아요.

B After finishing this, I need to catch up on my emails. 이 일을 마친 후에, 밀린 이메일을 좀 확인해야 해요.

I+ 일반동사 **169**

우리는 번갈아 ~를 해요
We take turns in

It's my turn.(내 차례야.) 문장에서 turn은 '차례'를 의미해요. 따라서 take turns in ~ing는 '~하는 걸 번갈아 하다'란 뜻이지요. 참고로 in order는 '순서대로'를 의미하며 on alternate days(격일로)의 alternate는 '하나씩 거르고' 혹은 '번갈아 생기는'의 뜻이에요. 그래서 alternate A with B는 'A와 B를 번갈아 하다'란 뜻이랍니다.

STEP 1 원어민 발음으로 듣기 패턴과 응용어구의 정확한 발음을 들어 보세요.

We take turns in
우리는 번갈아 ~를 해요

개를 산책시키기	walking the dog
집안일 하기	doing the housework
식사 준비하기	preparing the meals
세탁하기	doing laundry
서로를 방문하기	visiting each other

STEP 2 원어민 따라잡기 패턴 응용 문장을 다섯 번씩 큰 소리로 말해 보세요.

우리는 번갈아 개를 산책시켜요   **We take turns in** walking the dog.

우리는 번갈아 집안일을 해요.   **We take turns in** doing the housework.

우리는 번갈아 식사 준비를 해요.   **We take turns in** preparing the meals.

우리는 번갈아 세탁을 해요.   **We take turns in** doing laundry.

우리는 번갈아 서로를 방문해요.   **We take turns in** visiting each other.

STEP 3 원어민 빰치게 쓰기 확장어를 포함해 앞서 만든 문장을 손으로 직접 써 보세요.

시간을 절약하기 위해 우리는 번갈아 개를 산책시켜요.

To save time, _____ .

시간을 절약하기 위해 우리는 번갈아 집안일을 해요.

To save time, _____ .

시간을 절약하기 위해 우리는 번갈아 식사 준비를 해요.

To save time, _____ .

시간을 절약하기 위해 우리는 번갈아 세탁을 해요.

To save time, _____ .

시간을 절약하기 위해 우리는 번갈아 서로를 방문해요.

To save time, _____ .

Practice Speaking 실전 대비 훈련 MP3 파일을 들으며 대화문을 활용한 3가지 훈련을 해 보세요.
· ☐ A·B 섀도우 스피킹
· ☐ A 역할 · ☐ B 역할

A So you cook every night?

그럼 매일 밤 요리를 해?

B No, sometimes Roger cooks.

아니, 가끔은 로저가 요리를 해.

A Are you serious?

정말?

B Yes. To save time, we take turns in preparing the meals.

그래. 시간을 절약하기 위해 우리는 식사 준비를 돌아가며 해.

~하지 말라고 했잖아요
I told you not to

[tell + 사람 + to부정사]는 '~에게 …하라고 말하다'란 뜻이에요. 그래서 I told you to turn off the television.(텔레비전 끄라고 말했잖아.)처럼 말할 수 있어요. 반대로 '~하지 말라고 말하다'는 [tell + 사람 + not + to부정사]를 사용하면 돼요.

STEP 1 원어민 발음으로 듣기 패턴과 응용어구의 정확한 발음을 들어 보세요.

I told you not to
~하지 말라고 했잖아요

내 걱정을 하다	worry about me
나를 믿다	count on me
9시 이후에 전화하다	call me after nine
신경 쓰다	bother
방해하다	disturb me

STEP 2 원어민 따라잡기 패턴 응용 문장을 다섯 번씩 큰 소리로 말해 보세요.

내가 내 걱정하지 말라고 했잖아요.　**I told you not to** worry about me.

내가 나를 믿지 말라고 했잖아요.　**I told you not to** count on me.

내가 9시 이후에 전화하지 말라고 했잖아요.　**I told you not to** call me after nine.

내가 신경 쓰지 말라고 했잖아요.　**I told you not to** bother.

내가 방해하지 말라고 했잖아요.　**I told you not to** disturb me.

STEP 3 원어민 뺨치게 쓰기 확장어를 포함해 앞서 만든 문장을 손으로 직접 써 보세요.

내가 이미 내 걱정하지 말라고 했잖아요.

_____ already _____ .

내가 이미 나를 믿지 말라고 했잖아요.

_____ already _____ .

내가 이미 9시 이후에 전화하지 말라고 했잖아요.

_____ already _____ .

내가 이미 신경 쓰지 말라고 했잖아요.

_____ already _____ .

내가 이미 방해하지 말라고 했잖아요.

_____ already _____ .

Practice Speaking 실전 대비 훈련 MP3 파일을 들으며 대화문을 활용한 3가지 훈련을 해 보세요.

· ☐ A·B 섀도우 스피킹
· ☐ A 역할 · ☐ B 역할

A I really need your help on Saturday.   토요일에 당신 도움이 정말로 필요해.

B I already told you not to count on me.   내가 이미 날 믿지 말라고 했잖아.

A What kind of a friend are you?   넌 대체 어떤 종류의 친구니?

B It's not my fault! I'm busy.   내 잘못 아냐! 나 바쁘단 말이야.

난 ~를 당연하다고 생각했어요
I took it for granted that

take for granted는 '~를 당연하다고 받아들이다'란 뜻이에요. take my family for granted(내 가족을 당연시하다)에서처럼 명사구를 take와 for granted 사이에 넣을 수도 있고요, take for granted my family에서처럼 for granted 뒤에 넣을 수도 있어요. 하지만 명사절이 올 때엔 반드시 접속사 that을 활용하여 take it for granted 뒤에 붙여 주는 것이 맞아요.

STEP 1 원어민 발음으로 듣기 패턴과 응용어구의 정확한 발음을 들어 보세요.

I took it for granted that
난 ~를 당연하다고 생각했어요

당신이 그를 알았다	you knew him
당신이 파티에 올 것이다	you would come to the party
당신이 항상 곁에 있을 것이다	you'd always be around
당신도 나와 같은 기분일 것이다	you'd feel the same as me
내가 성공할 것이다	I would be successful

STEP 2 원어민 따라잡기 패턴 응용 문장을 다섯 번씩 큰 소리로 말해 보세요.

난 당연히 당신이 그를 안다고 생각했어요.　**I took it for granted that** you knew him.

난 당연히 당신이 파티에 올 거라고 생각했어요.　**I took it for granted that** you would come to the party.

난 당연히 당신이 항상 곁에 있을 거라고 생각했어요.　**I took it for granted that** you'd always be around.

난 당연히 당신도 나와 같은 기분일 거라고 생각했어요.　**I took it for granted that** you'd feel the same as me.

난 당연히 내가 성공할 거라고 생각했어요.　**I took it for granted that** I would be successful.

STEP 3 원어민 빰치게 쓰기 확장어를 포함해 앞서 만든 문장을 손으로 직접 써 보세요.

난 그 당시엔 당연히 당신이 그를 안다고 생각했어요.

-- at that time.

난 그 당시엔 당연히 당신이 파티에 올 거라고 생각했어요.

-- at that time.

난 그 당시엔 당연히 당신이 항상 곁에 있을 거라고 생각했어요.

-- at that time.

난 그 당시엔 당연히 당신도 나와 같은 기분일 거라고 생각했어요.

-- at that time.

난 그 당시엔 당연히 내가 성공할 거라고 생각했어요.

-- at that time.

Practice Speaking 실전 대비 훈련 MP3 파일을 들으며 대화문을 활용한 3가지 훈련을 해 보세요.
· ☐ A·B 섀도우 스피킹
· ☐ A 역할 · ☐ B 역할

A This time I am going to stay focused.

이번엔 집중할 겁니다.

B Good. You should learn from your past.

좋아요. 과거로부터 배워야 합니다.

A I took it for granted that I would be successful at that time.

그 당시엔 제가 당연히 성공할 거라고 여겼어요.

B Don't regret the past and look ahead.

과거를 후회하지 말고 앞을 봐요.

난 ~에 참여했어요
I took part in

[take part in + 명사/동명사]는 '~에 참여하다'란 뜻이에요. 비슷한 표현으로 engage in(~에 종사하다, ~에 참여하다), be involved in / join in(~에 참여하다, ~에 가담하다)가 있어요.

STEP 1 원어민 발음으로 듣기 패턴과 응용어구의 정확한 발음을 들어 보세요.

I took part in
난 ~에 참여했어요

토론	a debate
스키 캠프	a ski camp
설문조사	the survey
자선모금 단체를 설립하는 것	setting up a fundraiser
거리 청소하기	cleaning streets

STEP 2 원어민 따라잡기 패턴 응용 문장을 다섯 번씩 큰 소리로 말해 보세요.

난 토론에 참여했어요.　　**I took part in** a debate.

난 스키 캠프에 참여했어요.　　**I took part in** a ski camp.

난 설문조사에 참여했어요.　　**I took part in** the survey.

난 자선모금 단체를 설립하는 데 참여했어요.　　**I took part in** setting up a fundraiser.

난 거리 청소에 참여했어요.　　**I took part in** cleaning streets.

STEP 3 원어민 뺨치게 쓰기 확장어를 포함해 앞서 만든 문장을 손으로 직접 써 보세요.

나는 전에 토론에 참여했어요.

once

나는 전에 스키 캠프에 참여했어요.

once

나는 전에 조사에 참여했어요.

once

나는 전에 자선모금 단체를 설립하는 데 참여했어요.

once

나는 전에 거리 청소에 참여했어요.

once

Practice Speaking 실전 대비 훈련 MP3 파일을 들으며 대화문을 활용한 3가지 훈련을 해 보세요.

· ☐ A·B 섀도우 스피킹
· ☐ A 역할 · ☐ B 역할

A It says 1 in 5 girls is unhappy with their boyfriends.

여자 5명 중 1명은 남자친구에 대해 불만족한대.

B I once took part in the survey.

나는 전에 그 설문조사에 참여했었어.

A Did you say you were unhappy with me?

나에 대해 불만족한다고 말했어?

B Of course not!

물론 아니지!

난 ~하려고 열심히 노력했어요
I tried hard to

try는 '노력하다', hard는 '열심히'니까 try hard to는 '~하려고 열심히 노력하다'란 뜻이에요. to 뒤에는 동사원형이 옵니다. try에는 '노력하다' 외에 Try this coffee.(이 커피 좀 마셔 봐.)에서처럼 '시험 삼아 써 보다, 먹어 보다'의 뜻이 있어요. 또, 명사로 '시도'의 뜻도 있어서 It's worth a try.(시도해 볼 가치가 있다.)처럼 사용할 수도 있어요.

STEP 1 원어민 발음으로 듣기 패턴과 응용어구의 정확한 발음을 들어 보세요.

I tried hard to
난 ~하려고 열심히 노력했어요

웃기다	be funny
당신 없이 살다	live without you
시험에 통과하다	pass the test
그를 피하다	avoid him
울음을 멈추다	stop crying

STEP 2 원어민 따라잡기 패턴 응용 문장을 다섯 번씩 큰 소리로 말해 보세요.

난 웃기려고 열심히 노력했어요.　　**I tried hard to** be funny.

난 당신 없이 살아 보려고 열심히 노력했어요.　**I tried hard to** live without you.

난 시험에 통과하려고 열심히 노력했어요.　**I tried hard to** pass the test.

난 그를 피하려고 열심히 노력했어요.　**I tried hard to** avoid him.

난 울음을 멈추려고 열심히 노력했어요.　**I tried hard to** stop crying.

STEP 3 원어민 뺨치게 쓰기 확장어를 포함해 앞서 만든 문장을 손으로 직접 써 보세요.

난 웃기려고 매우 열심히 노력했어요.

------------------- very --- .

난 당신 없이 살아 보려고 매우 열심히 노력했어요.

------------------- very --- .

난 시험에 통과하려고 매우 열심히 노력했어요.

------------------- very --- .

난 그를 피하려고 매우 열심히 노력했어요.

------------------- very --- .

난 울음을 멈추려고 매우 열심히 노력했어요.

------------------- very --- .

Practice Speaking 실전 대비 훈련 MP3 파일을 들으며 대화문을 활용한 3가지 훈련을 해 보세요.

· ☐ A·B 섀도우 스피킹
· ☐ A 역할 · ☐ B 역할

A You shouldn't have broken down.

넌 무너지지 말았어야 했어.

B I tried very hard to stop crying.

나도 울지 않으려고 매우 노력했어.

A You kept going for 10 minutes!

너 10분 동안 계속 울었잖아!

B I know. I feel so embarrassed now.

알아. 나도 지금 너무 당황스러워.

당신과 ~에 대해 얘기를 나눠 보고 싶습니다

I want to have a word with you about

....

want to는 '~하고 싶다'이고 have a word with는 '~와 이야기하다'란 뜻이에요. 유사 표현으로 I want to talk with you. (당신과 말하고 싶어요.), I want to have a chat with you. (당신과 잡담을 좀 나누고 싶어요.)가 있습니다.

STEP 1 원어민 발음으로 듣기 패턴과 응용어구의 정확한 발음을 들어 보세요.

I want to have a word with you about

당신과 ~에 대해 얘기를 나눠 보고 싶습니다

당신의 아들	your son
지각하는 것	being late
당신의 성질	your temper
당신의 행동	your behavior
문제	the problem

STEP 2 원어민 따라잡기 패턴 응용 문장을 다섯 번씩 큰 소리로 말해 보세요.

당신 아들에 대해 당신과 얘기하고 싶습니다. **I want to have a word with you about** your son.

지각하는 것에 대해 당신과 얘기하고 싶습니다. **I want to have a word with you about** being late.

당신의 성질에 대해 당신과 얘기하고 싶습니다. **I want to have a word with you about** your temper.

당신의 행동에 대해 당신과 얘기하고 싶습니다. **I want to have a word with you about** your behavior.

그 문제에 대해 당신과 얘기하고 싶습니다. **I want to have a word with you about** the problem.

080

STEP 3 **원어민 빰치게 쓰기** 확장어를 포함해 앞서 만든 문장을 손으로 직접 써 보세요.

당신이 잠시 시간이 날 때 당신 아들에 대해 당신과 얘기하고 싶습니다.

-- when you have a moment.

당신이 잠시 시간이 날 때 지각하는 것에 대해 당신과 얘기하고 싶습니다.

-- when you have a moment.

당신이 잠시 시간이 날 때 당신의 성질에 대해 당신과 얘기하고 싶습니다.

-- when you have a moment.

당신이 잠시 시간이 날 때 당신의 행동에 대해 당신과 얘기하고 싶습니다.

-- when you have a moment.

당신이 잠시 시간이 날 때 그 문제에 대해 당신과 얘기하고 싶습니다.

-- when you have a moment.

Practice Speaking **실전 대비 훈련** MP3 파일을 들으며 대화문을 활용한 3가지 훈련을 해 보세요.

· ☐ A·B 섀도우 스피킹
· ☐ A 역할 · ☐ B 역할

A	Hi, is now a good time to talk?	안녕하세요, 지금 얘기하기 좋은 시간이세요?
B	No, I'm really busy right now. Sorry.	아니요, 지금은 정말 바빠요. 죄송합니다.
A	Okay. I want to have a word with you about your son when you have a moment.	알겠어요. 잠시 시간이 날 때 댁의 아드님에 대해 얘기를 하고 싶은데요.
B	I should be free to talk in a few hours.	몇 시간 있으면 얘기할 시간이 되어요.

난 ~에 일역을 담당하고 싶어요
I want to play a role in

play a role in은 '~하는 데 일역을 담당하다'란 뜻이에요. role 앞에 important를 넣어서 play an important role(~하는 데 중요한 역할을 하다)처럼 쓰이기도 하지요. important 대신에 crucial, critical 등을 넣어도 되어요. in은 전치사이므로 뒤에 명사구나 동명사 표현이 나옵니다.

STEP 1 원어민 발음으로 듣기 패턴과 응용어구의 정확한 발음을 들어 보세요.

I want to play a role in
난 ~에 일역을 담당하고 싶어요

이 과정	this process
이 결정들	these decisions
빈곤한 사람들을 돕는 것	helping the poor
기금을 모금하는 것	raising funds
내 가족을 부양하는 것	supporting my family

STEP 2 원어민 따라잡기 패턴 응용 문장을 다섯 번씩 큰 소리로 말해 보세요.

난 이 과정에서 일역을 담당하고 싶어요   **I want to play a role in** this process.

난 이 결정에서 일역을 담당하고 싶어요   **I want to play a role in** these decisions.

난 빈곤한 사람들을 돕는 데 일역을 담당하고 싶어요   **I want to play a role in** helping the poor.

난 기금을 모금하는 데 일역을 담당하고 싶어요   **I want to play a role in** raising funds.

난 내 가족을 부양하는 데 일역을 담당하고 싶어요   **I want to play a role in** supporting my family.

STEP 3 원어민 뺨치게 쓰기 확장어를 포함해 앞서 만든 문장을 손으로 직접 써 보세요.

무엇보다도, 난 이 과정에서 일역을 담당하고 싶어요.

More than anything, --.

무엇보다도, 난 이 결정에 일역을 담당하고 싶어요.

More than anything, --.

무엇보다도, 난 빈곤한 사람들을 돕는 데 일역을 담당하고 싶어요.

More than anything, --.

무엇보다도, 난 기금을 모금하는 데 일역을 담당하고 싶어요.

More than anything, --.

무엇보다도, 난 내 가족을 부양하는 데 일역을 담당하고 싶어요.

More than anything, --.

Practice Speaking 실전 대비 훈련 MP3 파일을 들으며 대화문을 활용한 3가지 훈련을 해 보세요.
· ☐ A·B 섀도우 스피킹
· ☐ A 역할 · ☐ B 역할

A You spent more than the budget.　　　당신, 예산보다 더 지출했어요.

B It's okay. We'll earn a profit later.　　　괜찮아요. 나중에 수익이 날 거예요.

A More than anything, I want to play a role in these decisions.　　　무엇보다도, 난 이런 결정들에서 일역을 담당하고 싶어요.

B Okay. Next time I will consult you.　　　알겠어요. 다음엔 당신이랑 상의할게요.

난 당신이 ~하길 바라요

I wish you

노래 가사 중에 I wish you a Merry Christmas!(즐거운 크리스마스 보내시길 바랍니다!)가 있어요. 이때의 wish는 '~을 빌다', '~을 바라다'의 뜻이에요. [wish + 대상 + 바라는 내용을 나타내는 명사구]의 형태로 쓰이죠. 참고로 wish가 명사로 쓰이기도 하는데, Please send my best wishes.(안부 전해 주세요.)가 바로 그것이랍니다.

STEP 1 원어민 발음으로 듣기 패턴과 응용어구의 정확한 발음을 들어 보세요.

I wish you
난 당신이 ~하길 바라요

최상의 것	all the best
행운	good luck
빠른 회복	a quick recovery
즐거운 크리스마스	a Merry Christmas
뜻 깊은 휴가	good holidays

STEP 2 원어민 따라잡기 패턴 응용 문장을 다섯 번씩 큰 소리로 말해 보세요.

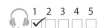

일이 아주 잘 풀리시길 바라요.	**I wish you** all the best.
행운을 바라요.	**I wish you** good luck.
빠른 회복을 기원합니다.	**I wish you** a quick recovery.
즐거운 크리스마스를 기원합니다.	**I wish you** a Merry Christmas.
뜻 깊은 휴가를 기원합니다.	**I wish you** good holidays.

STEP 3 원어민 뺨치게 쓰기 확장어를 포함해 앞서 만든 문장을 손으로 직접 써 보세요.

무엇보다도, 일이 아주 잘 풀리시길 바라요.

Above all, --.

무엇보다도, 행운을 바라요.

Above all, --.

무엇보다도, 빠른 회복을 기원합니다.

Above all, --.

무엇보다도, 즐거운 크리스마스를 기원합니다.

Above all, --.

무엇보다도, 뜻 깊은 휴가를 기원합니다.

Above all, --.

Practice Speaking 실전 대비 훈련 MP3 파일을 들으며 대화문을 활용한 3가지 훈련을 해 보세요.
· ☐ A·B 섀도우 스피킹
· ☐ A 역할 · ☐ B 역할

A I am so excited for you.

당신 때문에 너무 들뜨고 흥분돼요.

B I know. I can't wait to be married.

알아요. 얼른 결혼하고 싶네요.

A Above all, I wish you all the best.

무엇보다, 당신에게 좋은 일만 가득하길 바라요.

B Thank you so much!

정말 감사해요!

난 ~가 상관없어요
I don't care

care는 I really care about you.(난 너한테 정말 관심이 있어.)에서처럼 '~에 관심이 있다'란 뜻이에요. 하지만 부정어가 쓰이면 I don't care.(난 상관없어.)처럼 '상관없다'의 뜻으로 사용되지요. I don't mind.도 '개의치 않아'로 비슷한 뜻이며, It doesn't matter.도 '중요하지 않아' 혹은 '상관없어'란 뜻이에요.

STEP 1 원어민 발음으로 듣기 패턴과 응용어구의 정확한 발음을 들어 보세요.

I don't care
난 ~가 상관없어요

다른 사람들이 날 어떻게 생각하는지	what others think of me
당신이 몇 살인지	how old you are
당신이 어디 출신인지	where you are from
당신이 누구인지	who you are
당신이 동의하는지 안 하는지	whether or not you agree

STEP 2 원어민 따라잡기 패턴 응용 문장을 다섯 번씩 큰 소리로 말해 보세요.

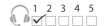

난 다른 사람들이 날 어떻게 생각하든 상관없어요. **I don't care** what others think of me.

난 당신이 몇 살이건 상관없습니다. **I don't care** how old you are.

난 당신이 어디 출신이든 상관없습니다. **I don't care** where you are from.

난 당신이 누구인지 상관없습니다. **I don't care** who you are.

난 당신이 동의하든 말든 상관없습니다. **I don't care** whether or not you agree.

난 솔직히 다른 사람들이 날 어떻게 생각하든 상관없어요.

honestly

난 솔직히 당신이 몇 살이건 상관없습니다.

honestly

난 솔직히 당신이 어디 출신이든 상관없습니다.

honestly

난 솔직히 당신이 누구인지 상관없습니다.

honestly

난 솔직히 당신이 동의하든 말든 상관없습니다.

honestly

Practice Speaking 실전 대비 훈련 MP3 파일을 들으며 대화문을 활용한 3가지 훈련을 해 보세요.

· ☐ A·B 섀도우 스피킹
· ☐ A 역할 · ☐ B 역할

A **They all think you are a terrible person.**

그들 모두 네가 아주 안 좋은 사람이라고 생각해.

B **I honestly don't care what others think of me.**

솔직히 난 다른 사람들이 날 어떻게 생각하는지 상관 없어.

A **I don't think that is a good attitude.**

그건 좋은 태도가 아닌 것 같은데.

B **Tell me, why should I care?**

말해 봐, 내가 왜 신경을 써야 하는 건데?

난 ~하고 싶지 않습니다
I don't feel like

feel like는 be in the mood for나 feel up to와 마찬가지로 '~같은 기분이 들다' 혹은 '~하고 싶다'란 뜻이에요. like는 여기서 동사가 아닌 전치사라서 뒤에는 동명사가 옵니다. feel like는 want to나 'd like to 표현을 좀 더 구어적으로 맛깔나게 표현한 것들이니까 잘 알아두세요. I don't feel like는 반대로 '~하고 싶지 않다'란 뜻이에요.

STEP 1 원어민 발음으로 듣기 패턴과 응용어구의 정확한 발음을 들어 보세요.

I don't feel like
난 ~하고 싶지 않습니다

저녁밥을 요리하기	cooking dinner
누구와 얘기하기	talking to anyone
늦잠 자기	sleeping in
출근하기	going to work
운전하기	driving

STEP 2 원어민 따라잡기 패턴 응용 문장을 다섯 번씩 큰 소리로 말해 보세요.

난 저녁밥을 요리하고 싶지 않습니다.　　**I don't feel like** cooking dinner.

난 누구와도 얘기하고 싶지 않습니다.　　**I don't feel like** talking to anyone.

난 늦잠 자고 싶지 않습니다.　　**I don't feel like** sleeping in.

난 출근하고 싶지 않습니다.　　**I don't feel like** going to work.

난 운전하고 싶지 않습니다.　　**I don't feel like** driving.

STEP 3 **원어민 뺨치게 쓰기** 확장어를 포함해 앞서 만든 문장을 손으로 직접 써 보세요.

난 오늘 저녁밥을 요리하고 싶지 않습니다.

--- today.

난 오늘 누구와도 얘기하고 싶지 않습니다.

--- today.

난 오늘 늦잠 자고 싶지 않습니다.

--- today.

난 오늘 출근하고 싶지 않습니다.

--- today.

난 오늘 운전하고 싶지 않습니다.

--- today.

Practice Speaking **실전 대비 훈련** MP3 파일을 들으며 대화문을 활용한 3가지 훈련을 해 보세요.

· ☐ A·B 섀도우 스피킹
· ☐ A 역할 · ☐ B 역할

A I think I'll go to the movies this afternoon.

오늘 오후에 영화 보러 갈까 생각 중이야.

B Don't you have work?

일이 없니?

A I don't feel like going to work today.

오늘은 출근하고 싶지가 않아.

B Okay, so you are going to ditch work?

알겠어, 그러니까 회사를 땡땡이 칠 거란 거네?

난 ~할 마음이 안 내켜요
I don't feel up to

앞서 배운 don't feel like ~ing와 비슷한 표현이 바로 don't feel up to예요. 이때의 to는 부정사의 to가 아니라 전치사라서 명사(구)나 동명사가 와야 한답니다.

STEP 1 원어민 발음으로 듣기 패턴과 응용어구의 정확한 발음을 들어 보세요.

I don't feel up to
난 ~할 마음이 안 내켜요

새로운 사람들을 만나기	meeting new people
외출하기	going out
조깅하기	jogging
성대한 파티	a big party
어떤 것을 하기	doing anything

STEP 2 원어민 따라잡기 패턴 응용 문장을 다섯 번씩 큰 소리로 말해 보세요.

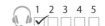

난 새로운 사람들을 만날 마음이 안 내켜요. **I don't feel up to** meeting new people.

난 외출할 마음이 안 내켜요. **I don't feel up to** going out.

난 조깅할 마음이 안 내켜요. **I don't feel up to** jogging.

난 성대한 파티를 할 마음이 안 내켜요. **I don't feel up to** a big party.

난 아무것도 할 마음이 안 내켜요. **I don't feel up to** doing anything.

085

STEP 3 원어민 뺨치게 쓰기 확장어를 포함해 앞서 만든 문장을 손으로 직접 써 보세요.

난 지금 당장은 새로운 사람들을 만날 마음이 안 내켜요.

--- right now.

난 지금 당장은 외출할 마음이 안 내켜요.

--- right now.

난 지금 당장은 조깅할 마음이 안 내켜요.

--- right now.

난 지금 당장은 성대한 파티를 할 마음이 안 내켜요.

--- right now.

난 지금 당장은 아무것도 할 마음이 안 내켜요.

--- right now.

Practice Speaking 실전 대비 훈련 MP3 파일을 들으며 대화문을 활용한 3가지 훈련을 해 보세요.

· ☐ A·B 섀도우 스피킹
· ☐ A 역할 · ☐ B 역할

A Let's go for a run.

달리기하러 갑시다.

B Are you crazy? It's so hot out.

미쳤어요? 바깥은 너무 더워요.

A Not that hot, come on!

그렇게 안 더워요, 제발요!

B I don't feel up to doing anything right now.

난 지금 당장은 아무것도 하고 싶지 않아요.

I + 일반동사 **191**

난 ~할 시간이 충분치 않아요

I don't have enough time to

[don't have enough + 명사 + to부정사]는 '~하기 충분한 …가 없다'란 뜻이에요. enough 관련해서 알아둘 중요한 표현으로 [be동사 + not + 형용사 + enough + to부정사]가 있어요. '~할 수 있을 만큼 충분히 …하지 않다'란 뜻이지요. I am not strong enough to support this.(난 이걸 지탱할 정도로 충분히 강하지 않아.)처럼 활용됩니다. enough는 이렇게 형용사 외에 We ate enough.(우린 충분히 먹었어.)처럼 부사로도 쓰입니다.

STEP 1 원어민 발음으로 듣기 패턴과 응용어구의 정확한 발음을 들어 보세요.

I don't have enough time to

난 ~할 시간이 충분치 않아요

잠을 자다	sleep
여행하다	take a trip
운동하다	work out
시험 준비를 하다	prepare for the test
즐기다	have any fun

STEP 2 원어민 따라잡기 패턴 응용 문장을 다섯 번씩 큰 소리로 말해 보세요.

난 잘 시간이 충분치 않아요.　　**I don't have enough time to** sleep.

난 여행 갈 시간이 충분치 않아요.　　**I don't have enough time to** take a trip.

난 운동할 시간이 충분치 않아요.　　**I don't have enough time to** work out.

난 시험 준비할 시간이 충분치 않아요.　　**I don't have enough time to** prepare for the test.

난 즐길 시간이 충분치 않아요.　　**I don't have enough time to** have any fun.

STEP 3 원어민 빤치게 쓰기 확장어를 포함해 앞서 만든 문장을 손으로 직접 써 보세요.

난 너무 바빠서 잘 시간이 충분치 않아요.

I am so busy that _____ .

난 너무 바빠서 여행 갈 시간이 충분치 않아요.

I am so busy that _____ .

난 너무 바빠서 운동할 시간이 충분치 않아요.

I am so busy that _____ .

난 너무 바빠서 시험 준비할 시간이 충분치 않아요.

I am so busy that _____ .

난 너무 바빠서 즐길 시간이 충분치 않아요.

I am so busy that _____ .

Practice Speaking 실전 대비 훈련 MP3 파일을 들으며 대화문을 활용한 3가지 훈련을 해 보세요.

· ☐ A·B 섀도우 스피킹
· ☐ A 역할 · ☐ B 역할

A Lets go to Singapore.

싱가포르에 갑시다.

B I am so busy that I don't have enough time to take a trip.

난 너무 바빠서 여행 갈 시간이 충분치 않아요.

A We can do it in January.

1월에 갈 수 있어요.

B We'll see at that time.

그때 되어서 보지요.

난 ~하는 법을 몰라요
I don't know how to

how to는 '~하는 방법'이란 뜻의 명사구예요. know(알다)는 목적어를 가질 수 있는 동사이며 따라서 don't know how to는 '~하는 법을 모르다'지요. how to 대신에 what to를 붙이면 '무엇을 ~할지'를 의미하고, when to(언제 ~할지), where to(어디에 ~할지) 등 [의문사 + to부정사] 형태의 명사구를 다양하게 붙일 수 있어요.

STEP 1 원어민 발음으로 듣기 패턴과 응용어구의 정확한 발음을 들어 보세요.

I don't know how to
난 ~하는 법을 몰라요

운전하다	drive
문자를 보내다	text
영어로 이것을 말하다	say this in English
스키를 타다	ski
건강하게 먹다	eat healthy

STEP 2 원어민 따라잡기 패턴 응용 문장을 다섯 번씩 큰 소리로 말해 보세요.

난 운전하는 법을 모릅니다.　　**I don't know how to** drive.

난 문자 보내는 법을 모릅니다.　　**I don't know how to** text.

난 이것을 영어로 말하는 법을 모릅니다.　　**I don't know how to** say this in English.

난 스키 타는 법을 모릅니다.　　**I don't know how to** ski.

난 건강하게 먹는 법을 모릅니다.　　**I don't know how to** eat healthy.

STEP 3 원어민 빠르게 쓰기 확장어를 포함해 앞서 만든 문장을 손으로 직접 써 보세요.

난 운전하는 법을 모른다는 걸 고백해야겠습니다.

I have to confess that _____.

난 문자 보내는 법을 모른다는 걸 고백해야겠습니다.

I have to confess that _____.

난 이것을 영어로 말하는 법을 모른다는 걸 고백해야겠습니다.

I have to confess that _____.

난 스키 타는 법을 모른다는 걸 고백해야겠습니다.

I have to confess that _____.

난 건강하게 먹는 법을 모른다는 걸 고백해야겠습니다.

I have to confess that _____.

Practice Speaking 실전 대비 훈련 MP3 파일을 들으며 대화문을 활용한 3가지 훈련을 해 보세요.

· ☐ A·B 섀도우 스피킹
· ☐ A 역할 · ☐ B 역할

A If you are from Colorado, you must ski.

콜로라도 출신이라면, 스키를 타겠군요.

B I have to confess that I don't know how to ski.

스키 타는 법을 모른다는 걸 고백해야겠군요.

A That's so strange!

그거 정말 이상하네요!

B I know. Everyone else in my hometown skis.

알아요. 내 고향에 사는 모두가 스키를 타니까요.

I + 일반동사 **195**

난 당신이 ~하리라고 기대하지 않았어요

I didn't expect you to

[expect + 목적어 + to부정사]는 '~가 …하리라고 기대하다'의 뜻이에요. 이것의 과거 부정형인 위의 패턴은 '~가 …하리라고 기대하지 않았다'가 되겠죠? 참고로 expect는 '기대하다' 외에 다른 뜻으로도 쓰여요. I am expecting him.'이라고 하면 '(오기로 해서) 그를 기다리고 있어요'란 뜻입니다.

STEP 1 원어민 발음으로 듣기 패턴과 응용어구의 정확한 발음을 들어 보세요.

I didn't expect you to

난 당신이 ~하리라고 기대하지 않았어요

그렇게 일을 잘하다	do such a good job
여기에 나타나다	turn up here
그것에 답할 수 있다	be able to answer it
나를 기억하다	remember me
매우 빨리 끝마치다	finish so fast

STEP 2 원어민 따라잡기 패턴 응용 문장을 다섯 번씩 큰 소리로 말해 보세요.

당신이 그렇게 일을 잘하리라곤 기대하지 않았습니다. **I didn't expect you to** do such a good job.

당신이 여기에 나타나리라곤 기대하지 않았습니다. **I didn't expect you to** turn up here.

당신이 그것에 답할 수 있으리라곤 기대하지 않았습니다. **I didn't expect you to** be able to answer it.

당신이 나를 기억하리라곤 기대하지 않았습니다. **I didn't expect you to** remember me.

당신이 그렇게 빨리 끝마치리라곤 기대하지 않았습니다. **I didn't expect you to** finish so fast.

STEP 3 원어민 뺨치게 쓰기 확장어를 포함해 앞서 만든 문장을 손으로 직접 써 보세요.

와, 당신이 그렇게 일을 잘하리라곤 기대하지 않았습니다.

Wow, _____.

와, 당신이 여기에 나타나리라곤 기대하지 않았습니다.

Wow, _____.

와, 당신이 그것에 답할 수 있으리라곤 기대하지 않았습니다.

Wow, _____.

와, 당신이 나를 기억하리라곤 기대하지 않았습니다.

Wow, _____.

와, 당신이 그렇게 빨리 끝마치리라곤 기대하지 않았습니다.

Wow, _____.

Practice Speaking 실전 대비 훈련 MP3 파일을 들으며 대화문을 활용한 3가지 훈련을 해 보세요.

· ☐ A·B 섀도우 스피킹
· ☐ A 역할 · ☐ B 역할

A Here, I'm done with the report.

여기, 난 보고서 끝냈어.

B Wow, I didn't expect you to finish so fast.

와, 네가 그렇게 빨리 끝낼 거라고 기대 안 했는데.

A It wasn't very difficult.

별로 어렵지 않았거든.

B Okay. I hope you did a good job.

좋아. 잘해냈길 바란다.

~할 의도는 아니었어요
I didn't mean to

mean은 '의미하다, 의도하다'란 뜻의 동사예요. I don't mean to는 '~할 의도는 없다'이며 I didn't mean to는 '~할 의도는 없었다.'지요. 원래의 의도와는 다른 결과가 나왔을 때 해명하듯 쓸 수 있어요. to는 부정사의 to라서 뒤에는 동사원형이 옵니다. 참고로 mean이 형용사로 쓰이면 '심술궂은'이란 뜻이에요.

STEP 1 원어민 발음으로 듣기 패턴과 응용어구의 정확한 발음을 들어 보세요.

I didn't mean to
~할 의도는 아니었어요

못되게 굴다	be mean
끼어들다	interrupt
당신을 겁 주어 쫓아 버리다	scare you off
비판적이다	be critical
당신에게 심하게 대하다	treat you bad

STEP 2 원어민 따라잡기 패턴 응용 문장을 다섯 번씩 큰 소리로 말해 보세요.

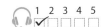

못되게 굴 의도는 아니었어요.　**I didn't mean to** be mean.

끼어들 의도는 아니었어요.　**I didn't mean to** interrupt.

당신을 겁 주어 쫓아 버릴 의도는 아니었어요.　**I didn't mean to** scare you off.

비판적일 의도는 아니었어요.　**I didn't mean to** be critical.

당신에게 심하게 대할 의도는 아니었어요.　**I didn't mean to** treat you bad.

STEP 3 원어민 뺨치게 쓰기 확장어를 포함해 앞서 만든 문장을 손으로 직접 써 보세요.

미안해요, 못되게 굴 의도는 아니었어요.

I am sorry, _____ .

미안해요, 끼어들 의도는 아니었어요.

I am sorry, _____ .

미안해요, 당신을 겁 주어 쫓아 버릴 의도는 아니었어요.

I am sorry, _____ .

미안해요, 비판적일 의도는 아니었어요.

I am sorry, _____ .

미안해요, 당신에게 심하게 대할 의도는 아니었어요.

I am sorry, _____ .

Practice Speaking 실전 대비 훈련 MP3 파일을 들으며 대화문을 활용한 3가지 훈련을 해 보세요.
· ☐ A·B 섀도우 스피킹
· ☐ A 역할 · ☐ B 역할

A Why do you always say such things?
왜 항상 그런 말들을 하는 건가요?

B I am sorry, I didn't mean to be critical.
미안해요, 비판적일 의도는 없었어요.

A You always make me feel bad about myself.
당신은 언제나 내가 나 자신에 대해 비참하게 느끼게 만들어요.

B I'll try to stop doing that.
그러지 않게 노력할게요.

내가 ~에 대해 말했던가요?

Did I tell you about ~?

Did I tell you?는 '내가 말했던가?'의 뜻이에요. 명사구가 목적어로 오면 about(~에 관해서)이 오고 명사절이 오면 접속사 that이 함께 오는데 흔히 that은 생략해요. 이 Did I ~?(내가 ~했니?)는 하지 않았길 바라며 확인하는 목적으로도 쓰여요. Did I wake you up?(내가 널 깨운 거니?)에서처럼 말이죠.

STEP 1 원어민 발음으로 듣기 패턴과 응용어구의 정확한 발음을 들어 보세요.

Did I tell you about ~?
내가 ~에 대해 말했던가요?

인터뷰	the interview
우리 삼촌	my uncle
내게 생긴 일	what happened to me
당신 매너	your manners
우리 아빠	my dad

STEP 2 원어민 따라잡기 패턴 응용 문장을 다섯 번씩 큰 소리로 말해 보세요.

제가 인터뷰에 대해 말했던가요?	**Did I tell you about** the interview?
제가 우리 삼촌에 대해 말했던가요?	**Did I tell you about** my uncle?
제가 저에게 생긴 일에 대해 말했던가요?	**Did I tell you about** what happened to me?
제가 당신 매너에 대해 말했던가요?	**Did I tell you about** your manners?
제가 우리 아빠에 대해 말했던가요?	**Did I tell you about** my dad?

STEP 3 원어민 빰치게 쓰기 확장어를 포함해 앞서 만든 문장을 손으로 직접 써 보세요.

그건 그렇고, 제가 인터뷰에 대해 말했던가요?

Meanwhile, _____?

그건 그렇고, 제가 우리 삼촌에 대해 말했던가요?

Meanwhile, _____?

그건 그렇고, 제가 저에게 생긴 일에 대해 말했던가요?

Meanwhile, _____?

그건 그렇고, 제가 당신 매너에 대해 말했던가요?

Meanwhile, _____?

그건 그렇고, 제가 우리 아빠에 대해 말했던가요?

Meanwhile, _____?

Practice Speaking 실전 대비 훈련 MP3 파일을 들으며 대화문을 활용한 3가지 훈련을 해 보세요.
· ☐ A·B 섀도우 스피킹
· ☐ A 역할 · ☐ B 역할

A We'll have to wait a bit for him to arrive.

우리, 그가 도착하길 조금 기다려야 할 거예요.

B He is always late.

그 사람은 항상 늦어요.

A I know. Meanwhile, did I tell you about what happened to me?

알아요. 그건 그렇고, 제가 저한테 생긴 일을 말했던 가요?

B No, you didn't tell me yet.

아니요, 아직 말하지 않았어요.

Pattern Closure

이번 패턴에서 훈련한 표현들을 마지막으로 체크하고 마무리합니다.

☑ _____ listening to the news every day. 난 매일 꼭 뉴스 청취를 해요.

☐ Yes, _____ happiness is not about money. 맞아요, 행복이 돈에 관한 것이 아니라는 데 동의합니다.

☐ I thought _____ the bill. 내가 이미 계산서를 처리했다고 생각했어요.

☐ Once again _____ this post. 다시 한 번 이 포스트에 대해 사과드립니다.

☐ To my surprise, _____ catch the train. 놀랍게도 난 시간 내에 도착해서 기차를 잡아탔어요.

☐ At last _____ become a teacher. 마침내 난 교사가 되기로 결정했어요.

☐ First of all, _____ it is true. 먼저, 그게 사실인지 의심스러워요.

☐ As you know, _____ crying. 당신도 알다시피, 난 결국 울고 말았습니다.

☐ _____ the dinner table. 난 양해를 구하고 저녁 식사 자리를 떠났어요.

☐ _____ a workaholic. 난 그냥 일 중독자 같은 기분이 들어요.

☐ Why do _____ I am hungry? 난 왜 배가 고플 때면 화가 나는 걸까요?

☐ I am sorry but _____. 죄송하지만, 사용 가능한 객실이 없어요.

☐ At that time _____ wait. 그 당시엔 기다리는 것 외엔 선택의 여지가 없었어요.

☐ _____ waking up in the morning. 난 아침에 일어나는 데 문제가 많습니다.

☐ _____ talk with people. 난 당신이 사람들과 말하는 방식이 마음에 듭니다.

☐ You know, _____ you look at me. 그러니까, 난 당신이 나를 바라볼 때가 정말 좋아요.

☐ I'm sure _____ sleep. 난 수면이 좀 필요하다고 확신해요.

☐ _____ my bill payments. 난 밀린 고지서 납부를 처리해야 해요.

☐ To save time, _____ walking the dog. 시간을 절약하기 위해 우리는 번갈아 개를 산책시켜요.

☐ _____ call me after nine. 내가 이미 9시 이후에 전화하지 말라고 했잖아요.

☐ _____ you knew him. 난 당연히 당신이 그를 안다고 생각했어요.

☐ _____ the survey. 나는 전에 조사에 참여했어요.

☐ _____ stop crying. 난 울음을 멈추려고 매우 열심히 노력했어요.

☐ _____ your son. 당신 아들에 대해 당신과 얘기하고 싶습니다.

☐ More than anything, _____ this process. 무엇보다도, 난 이 과정에 일역을 담당하고 싶어요.

☐ Above all, _____ you a quick recovery. 무엇보다도, 빠른 회복을 기원합니다.

☐ _____ how old you are. 난 솔직히 당신이 몇 살이건 상관없습니다.

☐ _____ talking to anyone today. 난 오늘 누구와도 얘기하고 싶지 않습니다.

☐ _____ doing anything right now. 난 지금 당장은 아무것도 할 마음이 안 내켜요.

☐ I am so busy that _____ sleep. 난 너무 바빠서 잘 시간이 충분치 않아요.

☐ I have to confess that _____ drive. 난 운전하는 법을 모른다는 걸 고백해야겠습니다.

☐ Wow, _____ finish so fast. 와, 당신이 그렇게 빨리 끝마치리라고 기대하지 않았습니다.

☐ I am sorry, _____ be critical. 미안합니다만, 비판적일 의도는 아니었어요.

☐ Meanwhile, _____ the interview? 그건 그렇고, 제가 인터뷰에 대해 말했던가요?

You+be동사·조동사

'나(I)'의 얘기만 한다면 상대방과 대화가 안 되겠죠. 나에 관한 얘기로 시작했다면 상대방은 어떠한지 물어보고 확인해야 해요. 상대방에게 할 말이 복잡하기만 한 건 아니에요. 여기에서도 주로 쓰이는 의미 패턴들을 선별하여 외워 두면 상황 종료죠. 상대방을 가리키는 You는 '너'를 가리킬 수도 '너희'를 가리킬 수도 있으니 복잡하지 않고, 그 뒤에 붙을 수 있는 be동사 묶음과 조동사 묶음도 무한정이지 않아요. 자, 이제 상대방과 편하게 대화를 시작해 보자고요.

Can you believe I have no problem with English?

당신은 반드시 ~하게 되어 있습니다 / 반드시 ~할 겁니다
You are bound to

be bound to는 '반드시 ~하다' 혹은 '~하려고 마음먹다'의 뜻이에요. be bound to do so는 '반드시 그렇게 하게 되어 있다'를 의미하지요. 어떤 상황이나 처지가 되어도 필연적으로 일어날 일을 말할 때 씁니다.

STEP 1 원어민 발음으로 듣기 패턴과 응용어구의 정확한 발음을 들어 보세요.

You are bound to
당신은 반드시 ~하게 되어 있습니다
/ 반드시 ~할 겁니다

후회하다	regret
이기다	win
피곤함을 느끼다	feel tired
성공하다	be successful
실패하다	fail

STEP 2 원어민 따라잡기 패턴 응용 문장을 다섯 번씩 큰 소리로 말해 보세요.

당신은 반드시 후회할 겁니다.	**You are bound to** regret.
당신은 반드시 이길 겁니다.	**You are bound to** win.
당신은 반드시 피곤함을 느낄 겁니다.	**You are bound to** feel tired.
당신은 반드시 성공할 겁니다.	**You are bound to** be successful.
당신은 반드시 실패할 겁니다.	**You are bound to** fail.

STEP 3 원어민 뺨치게 쓰기 확장어를 포함해 앞서 만든 문장을 손으로 직접 써 보세요.

내 말을 안 들으면, 반드시 후회할 겁니다.

If you don't listen to me, ------.

내 말을 들으면, 반드시 이길 겁니다.

If you listen to me, ------.

내 말 안 들으면, 반드시 피곤할 겁니다.

If you listen to me, ------.

내 말을 들으면, 반드시 성공할 겁니다.

If you listen to me, ------.

내 말 안 들으면, 반드시 실패할 겁니다.

If you don't listen to me, ------.

Practice Speaking 실전 대비 훈련 MP3 파일을 들으며 대화문을 활용한 3가지 훈련을 해 보세요.

· ☐ A·B 섀도우 스피킹
· ☐ A 역할 · ☐ B 역할

A You need to cut contact with him. 그 사람이랑 연락을 끊어야 해.

B I could never do that. 절대 그럴 수 없어.

A If you don't listen to me, you are bound to regret. 내 말 안 들으면, 반드시 후회하게 될 거야.

B I don't think so. 그렇게 생각 안 해.

You + be동사·조동사 205

당신은 내게 ~와 같아요
You are like ~ to me

be like는 '~와 같다'란 뜻이에요. 이때 like는 '~와 같은'이란 전치사로 그 뒤에 비유하고 싶은 명사를 넣으면 되어요. It's like a dream to me.(그건 내게 꿈과도 같은 일이야.), Art is like life.(예술은 인생과도 같아.)처럼 사용할 수 있어요.

STEP 1 원어민 발음으로 듣기 패턴과 응용어구의 정확한 발음을 들어 보세요.

You are like ~ to me
당신은 내게 ~와 같아요

꿈	a dream
천사	an angel
아버지	a father
숨겨진 보물	a hidden treasure
별	a star

STEP 2 원어민 따라잡기 패턴 응용 문장을 다섯 번씩 큰 소리로 말해 보세요.

당신은 내게 꿈과 같아요.	**You are like** a dream **to me**.
당신은 내게 천사와 같아요.	**You are like** an angel **to me**.
당신은 내게 아버지와 같아요.	**You are like** a father **to me**.
당신은 내게 숨겨진 보물과 같아요.	**You are like** a hidden treasure **to me**.
당신은 내게 별과 같아요.	**You are like** a star **to me**.

STEP 3 원어민 빰치게 쓰기 확장어를 포함해 앞서 만든 문장을 손으로 직접 써 보세요.

당신은 내게 꿈과 같아요, 모르세요?

_____, don't you know?

당신은 내게 천사와 같아요, 모르세요?

_____, don't you know?

당신은 내게 아버지와 같아요, 모르세요?

_____, don't you know?

당신은 내게 숨겨진 보물과 같아요, 모르세요?

_____, don't you know?

당신은 내게 별과 같아요, 모르세요?

_____, don't you know?

Practice Speaking 실전 대비 훈련 MP3 파일을 들으며 대화문을 활용한 3가지 훈련을 해 보세요.

· ☐ A·B 섀도우 스피킹
· ☐ A 역할 · ☐ B 역할

A You are one person I really look up to.   당신은 내가 정말 존경하는 사람입니다.

B Thanks. That's very flattering.   감사합니다. 기분 좋네요.

A You are like a father to me, don't you know?   당신은 내게 아버지 같은 사람입니다. 모르세요?

B I sort of figured that.   그럴 거로 생각하긴 했어요.

당신은 더 이상 ~이 아니에요
You are no longer

no longer는 풀어 쓰면 not any longer로 '이제 더 이상 ~가 아니다'의 뜻이에요. I do not drink any longer.(난 더 이상 술을 마시지 않아요.)에서처럼 any longer만 뒤에 두고 not은 조동사와 합쳐서 don't의 형태로 앞으로 뺄 수도 있어요. be동사일 경우엔 You are not a child any longer.(넌 더 이상은 아이가 아냐.)처럼 사용하면 돼요.

STEP 1 원어민 발음으로 듣기 패턴과 응용어구의 정확한 발음을 들어 보세요.

You are no longer
당신은 더 이상 ~이 아니에요

어린아이	a kid
젊은	young
외로운	alone
내게 끌리는	attracted to me
내 친구	my friend

STEP 2 원어민 따라잡기 패턴 응용 문장을 다섯 번씩 큰 소리로 말해 보세요.

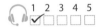

당신은 더 이상 어린아이가 아닙니다. **You are no longer** a kid.

당신은 더 이상 젊지 않습니다. **You are no longer** young.

당신은 더 이상 혼자가 아닙니다. **You are no longer** alone.

당신은 더 이상 내게 끌리지 않습니다. **You are no longer** attracted to me.

당신은 더 이상 내 친구가 아닙니다. **You are no longer** my friend.

당신이 더 이상 어린아이가 아니라는 것을 깨달을 겁니다.

You will realize

당신이 더 이상 젊지 않다는 것을 깨달을 겁니다.

You will realize

당신이 더 이상 혼자가 아니라는 것을 깨달을 겁니다.

You will realize

당신이 더 이상 내게 끌리지 않는다는 것을 깨달을 겁니다.

You will realize

당신이 더 이상 내 친구가 아니라는 것을 깨달을 겁니다.

You will realize

Practice Speaking 실전 대비 훈련 MP3 파일을 들으며 대화문을 활용한 3가지 훈련을 해 보세요.

· ☐ A·B 섀도우 스피킹
· ☐ A 역할 · ☐ B 역할

A One day your knees will get bad like mine.

언젠가 네 무릎도 내 무릎처럼 나빠질 거야.

B And then what?

그래서 뭐요?

A You will realize you are no longer young.

더 이상 네가 젊지 않다는 걸 깨달을 거야.

B I hope that day doesn't come soon.

그런 날이 빨리 오지 않기를 바라요.

당신이 ~하기로 되어 있잖아요
You are supposed to

be supposed to는 '~하기로 되어 있다'로 미래의 예정을 나타내는 표현이에요. 이건 과거에 약속한 상태로 정해져 있다는 뜻이지요. 비슷한 형태의 표현으로 be expected to(~일 것으로 기대되다), be scheduled to(~일 것으로 예정되다)가 있어요.

STEP 1 원어민 발음으로 듣기 패턴과 응용어구의 정확한 발음을 들어 보세요.

You are supposed to
당신이 ~하기로 되어 있잖아요

여기에 있다	be here
제시간에 출근하다	come to work on time
방문하다	come over
손을 닦다	wash your hands
내게 회신 전화를 하다	give me a callback

STEP 2 원어민 따라잡기 패턴 응용 문장을 다섯 번씩 큰 소리로 말해 보세요.

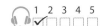

당신이 여기 있기로 되어 있잖아요.　　**You are supposed to** be here.

당신이 제시간에 출근하게 되어 있잖아요.　　**You are supposed to** come to work on time.

당신이 방문하기로 되어 있잖아요.　　**You are supposed to** come over.

당신이 손을 닦기로 되어 있잖아요.　　**You are supposed to** wash your hands.

당신이 내게 회신 전화를 하기로 되어 있잖아요.　　**You are supposed to** give me a callback.

STEP 3 원어민 뺨치게 쓰기 확장어를 포함해 앞서 만든 문장을 손으로 직접 써 보세요.

사실, 당신이 여기 있기로 되어 있잖아요.

Actually, _____ .

사실, 당신이 제시간에 출근하게 되어 있잖아요.

Actually, _____ .

사실, 당신이 방문하기로 되어 있잖아요.

Actually, _____ .

사실, 당신이 손을 닦기로 되어 있잖아요.

Actually, _____ .

사실, 당신이 내게 회신 전화를 하기로 되어 있잖아요.

Actually, _____ .

Practice Speaking 실전 대비 훈련 MP3 파일을 들으며 대화문을 활용한 3가지 훈련을 해 보세요.

· ☐ A·B 섀도우 스피킹
· ☐ A 역할 · ☐ B 역할

A It seems that I will be late a little today.

오늘 제가 조금 늦을 것 같아요.

B What? You are supposed to come to work on time.

뭐라고요? 제 시간에 출근하기로 되어 있잖아요.

A Sorry.

죄송해요.

B I'm sick and tired of hearing you say 'Sorry.'

'죄송해요'라고 말하는 것 듣는 것도 이제 지겨워요.

~를 끝마쳤습니까?
Are you done with ~?

'하다'란 뜻의 동사 do의 과거분사 done이 be동사, 전치사 with와 결합하면 '~를 처리하다, 마치다'란 뜻이 되어요. 주어로 사물이 올 수도 있고 사람이 올 수도 있는데 Are you done with ~?처럼 사용되면 '~를 끝마쳤나요?'란 뜻이에요.

STEP 1 원어민 발음으로 듣기 패턴과 응용어구의 정확한 발음을 들어 보세요.

Are you done with ~?
~를 끝마쳤습니까?

당신의 과제	your homework
전화	the phone
휴일 쇼핑	your holiday shopping
당신의 일	your work
당신의 식사	your meal

STEP 2 원어민 따라잡기 패턴 응용 문장을 다섯 번씩 큰 소리로 말해 보세요.

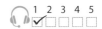

과제를 마쳤습니까?　　**Are you done with** your homework?

통화를 마쳤습니까?　　**Are you done with** the phone?

휴일 쇼핑을 마쳤습니까?　　**Are you done with** your holiday shopping?

일을 마쳤습니까?　　**Are you done with** your work?

식사를 마쳤습니까?　　**Are you done with** your meal?

STEP 3 원어민 뺨치게 쓰기 확장어를 포함해 앞서 만든 문장을 손으로 직접 써 보세요.

언제 과제를 끝마칠 건가요?

When are you going to _____ ?

언제 통화를 끝마칠 건가요?

When are you going to _____ ?

언제 휴일 쇼핑을 끝마칠 건가요?

When are you going to _____ ?

언제 일을 끝마칠 건가요?

When are you going to _____ ?

언제 식사를 끝마칠 건가요?

When are you going to _____ ?

Practice Speaking 실전 대비 훈련 MP3 파일을 들으며 대화문을 활용한 3가지 훈련을 해 보세요.

· ☐ A·B 섀도우 스피킹
· ☐ A 역할 · ☐ B 역할

A When are you going to be done with your homework?

언제 과제를 마칠 건가요?

B I'll take at least another two hours. Why?

두 시간은 더 걸릴 거예요. 왜요?

A I want to take you for dinner.

저녁 식사에 데려가고 싶어서요.

B If you can wait until then, that's great.

그때까지 기다릴 수 있다면, 좋아요.

~할 시간 있으세요?

Are you free to ~?

이 패턴에서의 free는 '시간이 있는'의 뜻이에요. to 뒤에는 동사원형이 오는데 위의 패턴과 비슷한 표현으로 Are you available to ~?가 있어요. 이때 available 역시 '시간이 있는'이란 뜻으로 I am available.(난 시간 괜찮아.)처럼 사용할 수 있습니다.

STEP 1 원어민 발음으로 듣기 패턴과 응용어구의 정확한 발음을 들어 보세요.

Are you free to ~?
~할 시간 있으세요?

말하다	talk
한잔하다	have a drink
나와 점심 먹다	have lunch with me
내 집에 오다	come to my house
차로 날 집에 데려다 주다	drive me home

STEP 2 원어민 따라잡기 패턴 응용 문장을 다섯 번씩 큰 소리로 말해 보세요.

얘기할 시간 있으세요?	**Are you free to** talk?
한잔할 시간 있으세요?	**Are you free to** have a drink?
저와 점심 먹을 시간 있으세요?	**Are you free to** have lunch with me?
저희 집에 올 시간 있으세요?	**Are you free to** come to my house?
차로 저 집에 데려다 줄 시간 있으세요?	**Are you free to** drive me home?

STEP 3 원어민 뺨치게 쓰기 확장어를 포함해 앞서 만든 문장을 손으로 직접 써 보세요.

언제 얘기할 시간 있으세요?

When _____?

언제 한잔할 시간 있으세요?

When _____?

언제 저와 점심 먹을 시간 있으세요?

When _____?

언제 저희 집에 올 시간 있으세요?

When _____?

언제 차로 저를 집에 데려다 줄 시간 있으세요?

When _____?

Practice Speaking 실전 대비 훈련 MP3 파일을 들으며 대화문을 활용한 3가지 훈련을 해 보세요.

· ☐ A·B 섀도우 스피킹
· ☐ A 역할 · ☐ B 역할

A I haven't seen you in a long time! 오랫동안 못 뵈었네요!

B Yes, we need to get together soon. 그래요, 곧 만나야겠어요.

A When are you free to have lunch with me? 언제 저랑 점심할 시간이 되나요?

B Let's make it for next Sunday. 다음 주 일요일로 해 놓죠.

내게 ~라고 말하는 건가요?

Are you telling me ~?

상대방 이야기를 듣고 Are you telling me ~?(내게 ~라고 말하는 건가요?)라고 묻는 건, 상대방의 말이 믿기지 않아 재확인하는 의미가 포함된 거예요. 이 패턴 뒤에는 주로 [주어 + 동사]의 절이 따라옵니다.

STEP 1 원어민 발음으로 듣기 패턴과 응용어구의 정확한 발음을 들어 보세요.

Are you telling me ~?

내게 ~라고 말하는 건가요?

내가 틀리다	I am wrong
괜찮다	it's okay
내가 여기에 머물 수 없다	I can't stay here
내가 돈을 더 내야 한다	I have to pay more
당신은 차이를 알 수 없다	you can't tell the difference

STEP 2 원어민 따라잡기 패턴 응용 문장을 다섯 번씩 큰 소리로 말해 보세요.

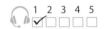

내가 틀렸다고 말하는 건가요? **Are you telling me** I am wrong?

괜찮다고 말하는 건가요? **Are you telling me** it's okay?

내가 여기 있을 수 없다고 말하는 건가요? **Are you telling me** I can't stay here?

내가 돈을 더 내야 한다고 말하는 건가요? **Are you telling me** I have to pay more?

차이를 모르겠다고 말하는 건가요? **Are you telling me** you can't tell the difference?

STEP 3 원어민 뺨치게 쓰기 확장어를 포함해 앞서 만든 문장을 손으로 직접 써 보세요.

왜 내가 틀렸다고 말하는 건가요?

Why _____ ?

왜 괜찮다고 말하는 건가요?

Why _____ ?

왜 내가 여기 있을 수 없다고 말하는 건가요?

Why _____ ?

왜 내가 돈을 더 내야 한다고 말하는 건가요?

Why _____ ?

왜 차이를 모르겠다고 말하는 건가요?

Why _____ ?

Practice Speaking 실전 대비 훈련 MP3 파일을 들으며 대화문을 활용한 3가지 훈련을 해 보세요.

· ☐ A·B 섀도우 스피킹
· ☐ A 역할 · ☐ B 역할

A You still have to pay $20 more.

그래도 20달러를 더 내셔야 합니다.

B I handed the waiter all of the money.

전액을 웨이터에게 건넸는데요.

A Ma'am, it wasn't enough.

손님, 충분치 않았습니다.

B I paid the entire bill. Why are you telling me I have to pay more?

계산서 전액을 냈어요. 왜 제가 더 내야 한다고 말하는 건가요?

당신은 ~이지 않았어요?

Weren't you ~?

[Aren't you + 형용사?]는 '너 ~이지 않니?'의 뜻이고요, 이것의 과거형인 [Weren't you +형용사?]는 '너 ~이지 않았니?'의 뜻이에요. 위의 패턴은 지금과는 상관없이 과거에 어떤 상태이지 않았는지 확인할 때 쓰는 표현입니다.

STEP 1 원어민 발음으로 듣기 패턴과 응용어구의 정확한 발음을 들어 보세요.

Weren't you ~?

당신은 ~이지 않았어요?

실망한	disappointed
놀란	surprised
무서워하는	frightened
충격받은	shocked
겁먹은	scared

STEP 2 원어민 따라잡기 패턴 응용 문장을 다섯 번씩 큰 소리로 말해 보세요.

실망하지 않았나요? **Weren't you** disappointed?

놀라지 않았나요? **Weren't you** surprised?

두렵지 않았나요? **Weren't you** frightened?

충격받지 않았나요? **Weren't you** shocked?

겁먹지 않았나요? **Weren't you** scared?

098

STEP 3 원어민 뺨치게 쓰기 확장어를 포함해 앞서 만든 문장을 손으로 직접 써 보세요.

약간 실망하지 않았나요?

--------------------------------- a bit ------------------------------------ ?

약간 놀라지 않았나요?

--------------------------------- a bit ------------------------------------ ?

약간 두렵지 않았나요?

--------------------------------- a bit ------------------------------------ ?

약간 충격받지 않았나요?

--------------------------------- a bit ------------------------------------ ?

약간 겁먹지 않았나요?

--------------------------------- a bit ------------------------------------ ?

Practice Speaking 실전 대비 훈련 MP3 파일을 들으며 대화문을 활용한 3가지 훈련을 해 보세요.

· ☐ A·B 섀도우 스피킹
· ☐ A 역할 · ☐ B 역할

A And then the car crashed.

그러고 나서 차가 충돌했어.

B Weren't you a bit frightened?

좀 무섭지 않았니?

A Of course I was!

물론 무서웠지!

B I would have been too.

나라도 그랬을 거야.

You + be동사·조동사 **219**

언제 ~할 겁니까?

When are you gonna ~?

When are you going to의 구어체 축약 표현이 When are you gonna예요. 마찬가지로 want to(~를 원하다)도 wanna 로 줄여서 발음할 수 있어요. 하지만 3인칭 단수의 wants to일 경우엔 wanna로 축약할 수 없답니다. 이 외에 have to(~해야만 한다)의 구어체 표현 have got to도 축약하여 have gotta로 사용할 수 있어요.

STEP 1 원어민 발음으로 듣기 패턴과 응용어구의 정확한 발음을 들어 보세요.

When are you gonna ~?

언제 ~할 겁니까?

잠깐 들르다	stop by
시간을 좀 내주다	give me some time
결심하다	make up your mind
나가서 내게 한턱내다	treat me out
무슨 일이 벌어지고 있는지 내게 말하다	tell me what's going on

STEP 2 원어민 따라잡기 패턴 응용 문장을 다섯 번씩 큰 소리로 말해 보세요.

언제 잠시 들릴 건가요?　　**When are you gonna** stop by?

언제 내게 시간 좀 내줄 건가요?　　**When are you gonna** give me some time?

언제 결심할 건가요?　　**When are you gonna** make up your mind?

언제 나가서 내게 한턱낼 건가요?　　**When are you gonna** treat me out?

무슨 일이 벌어지고 있는지 언제 내게 말할 건가요?　　**When are you gonna** tell me what's going on?

STEP 3 원어민 빠르게 쓰기 확장어를 포함해 앞서 만든 문장을 손으로 직접 써 보세요.

내 말뜻은, 언제 잠시 들릴 거예요?

I mean, _____ ?

내 말뜻은, 언제 내게 시간 좀 내줄 거예요?

I mean, _____ ?

내 말뜻은, 언제 결심할 거예요?

I mean, _____ ?

내 말뜻은, 언제 나가서 내게 한턱낼 거예요?

I mean, _____ ?

내 말뜻은, 무슨 일이 벌어지고 있는지 언제 내게 말할 거예요?

I mean, _____ ?

Practice Speaking 실전 대비 훈련 MP3 파일을 들으며 대화문을 활용한 3가지 훈련을 해 보세요.

· ☐ A·B 섀도우 스피킹
· ☐ A 역할 · ☐ B 역할

A I haven't decided if we should go.

우리가 가야 할지 결정을 못 했어.

B The exhibition is tomorrow, though!

하지만 전시회는 내일이라고!

A I know, but I don't know if I want to go or not.

알아, 하지만 가고 싶은지 아닌지를 모르겠어.

B I mean, when are you gonna make up your mind?

내 말은, 언제 결심을 할 거야?

당신은 왜 그리 ~한가요?

Why are you so ~?

so는 부사로 '너무나, 대단히, 정말로'처럼 강조의 뜻으로 사용되어요. 이 외에도 부사로 쓰일 때 I think so.(그렇게 생각해요.) I hope so.(그러길 바라요.)에서처럼 앞에 언급된 내용을 가리키는 '그렇게'란 뜻도 있어요. 여기서는 형용사 앞에 쓰인 so에 집중해 주세요.

STEP 1 원어민 발음으로 듣기 패턴과 응용어구의 정확한 발음을 들어 보세요.

Why are you so ~?
당신은 왜 그리 ~한가요?

내게 잘해 주는	nice to me
내게 화가 난	angry at me
못되게 구는	mean
부정적인	negative
주의가 산만한	distracted

STEP 2 원어민 따라잡기 패턴 응용 문장을 다섯 번씩 큰 소리로 말해 보세요.

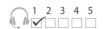

당신은 내게 왜 그리 잘해 주나요? **Why are you so** nice to me?

당신은 내게 왜 그리 화가 났나요? **Why are you so** angry at me?

당신은 왜 그리 못되게 구나요? **Why are you so** mean?

당신은 왜 그리 부정적인가요? **Why are you so** negative?

당신은 왜 그리 주의가 산만하나요? **Why are you so** distracted?

STEP 3 원어민 뺨치게 쓰기 확장어를 포함해 앞서 만든 문장을 손으로 직접 써 보세요.

저기요, 당신은 내게 왜 그리 잘해 주나요?

Hey, _____?

저기요, 당신은 내게 왜 그리 화가 났나요?

Hey, _____?

저기요, 당신은 왜 그리 못되게 구나요?

Hey, _____?

저기요, 당신은 왜 그리 부정적인가요?

Hey, _____?

저기요, 당신은 왜 그리 주의가 산만해요?

Hey, _____?

Practice Speaking 실전 대비 훈련 MP3 파일을 들으며 대화문을 활용한 3가지 훈련을 해 보세요.

· ☐ A·B 섀도우 스피킹
· ☐ A 역할 · ☐ B 역할

A Please leave me alone.

제발 나 좀 혼자 내버려 둬.

B Hey, why are you so angry at me?

저기, 왜 나한테 그렇게 화가 난 건데?

A I'm not. I'm just in a bad mood.

화 안 났어. 그냥 기분이 안 좋은 거야.

B Okay. I'll give you some space.

알았어. 혼자 있게 해 줄게.

You + be동사 · 조동사 **223**

당신이 ~할 수 있었잖아요
You could have p.p.

could have p.p.는 '~했을 수도 있다'라는 추측에도 사용하고 '~할 수 있었는데 못했다'는 후회의 느낌으로도 쓰여요. 반대말은 couldn't have p.p.로 '~하지 않았을 수도 있다'입니다. 많이들 헷갈려하는데 might have p.p.는 '~했었을지도 모른다'이며 가능성의 차이로 구별해 사용합니다. You could have stopped it.(당신은 그걸 그만둘 수 있었는데 (못했잖아요.)는 그 안에 유감을 내포하고 있지만, You might have stopped it.(당신은 그걸 그만둘 수 있었을지도 몰라요.)은 추측의 뜻만 내포해요.

STEP 1 원어민 발음으로 듣기 패턴과 응용어구의 정확한 발음을 들어 보세요.

You could have p.p.
당신이 ~할 수 있었잖아요

내게 알려주다	let me know
나와 나누다	shared with me
적중하다	hit the mark
더 일찍 나에게 전화하다	called me earlier
다르게 처신하다	behaved differently

STEP 2 원어민 따라잡기 패턴 응용 문장을 다섯 번씩 큰 소리로 말해 보세요.

 1 2 3 4 5

당신이 내게 알려 줄 수 있었잖아요.	**You could have** let me know.
당신이 나와 나눌 수 있었잖아요.	**You could have** shared with me.
당신은 적중할 수 있었잖아요.	**You could have** hit the mark.
당신이 나에게 더 일찍 전화할 수 있었잖아요.	**You could have** called me earlier.
당신이 다르게 처신할 수 있었잖아요.	**You could have** behaved differently.

STEP 3 원어민 빰치게 쓰기 확장어를 포함해 앞서 만든 문장을 손으로 직접 써 보세요.

당신이 내게 알려 줄 수 있었으면 좋았을 걸.

I wish _____ .

당신이 나와 나눌 수 있었으면 좋았을 걸.

I wish _____ .

당신이 적중할 수 있었으면 좋았을 걸.

I wish _____ .

당신이 나에게 더 일찍 전화할 수 있었으면 좋았을 걸.

I wish _____ .

당신이 다르게 처신할 수 있었으면 좋았을 걸.

I wish _____ .

Practice Speaking 실전 대비 훈련 MP3 파일을 들으며 대화문을 활용한 3가지 훈련을 해 보세요.

· ☐ A·B 섀도우 스피킹
· ☐ A 역할 · ☐ B 역할

A Do you want to come to the movie? 영화 보러 올래?

B What time is it at? 몇 시에 하는데?

A It starts in 30 minutes. 30분 후에 시작해.

B I wish you could have called me earlier. 더 일찍 전화했으면 좋았을 텐데.

~가 좀 필요한 것 같네요
You could use some

이 패턴을 직역하면 You could use는 '이용할 수 있어요'이고 some help는 '약간의 도움'이에요. 약간의 도움을 이용할 수 있다는 것은 바꿔 말해 '약간의 도움을 받을 수도 있어요' 혹은 '약간의 도움이 필요한 것 같네요'란 뜻이기도 해요. some 뒤에는 필요로 하는 것이 나옵니다.

원어민 발음으로 듣기 패턴과 응용어구의 정확한 발음을 들어 보세요.

You could use some
~가 좀 필요한 것 같네요

도움	help
기지	tact
휴식	rest
신선한 공기	fresh air
동기 부여	motivation

원어민 따라잡기 패턴 응용 문장을 다섯 번씩 큰 소리로 말해 보세요.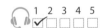

도움이 좀 필요한 것 같네요. **You could use some** help.

기지가 좀 필요한 것 같네요. **You could use some** tact.

휴식이 좀 필요한 것 같네요. **You could use some** rest.

신선한 공기가 좀 필요한 것 같네요. **You could use some** fresh air.

동기 부여가 좀 필요한 것 같네요. **You could use some** motivation.

STEP 3 원어민 뺨치게 쓰기 확장어를 포함해 앞서 만든 문장을 손으로 직접 써 보세요.

도움이 좀 필요하신 것처럼 보여요.

You look like
-- .

기지가 좀 필요한 것처럼 보여요.

You look like
-- .

휴식이 좀 필요한 것처럼 보여요.

You look like
-- .

신선한 공기가 좀 필요한 것처럼 보여요.

You look like
-- .

동기 부여가 좀 필요한 것처럼 보여요.

You look like
-- .

Practice Speaking 실전 대비 훈련 MP3 파일을 들으며 대화문을 활용한 3가지 훈련을 해 보세요.

· ☐ A·B 섀도우 스피킹
· ☐ A 역할 · ☐ B 역할

A You look like you could use some rest. 휴식이 좀 필요한 것처럼 보이네요.

B You're right. I haven't slept well these days. 맞아요. 요즘에 잠을 잘 못 잤어요.

A What's been keeping you up at night? 밤에 무엇 때문에 못 잔 거예요?

B I've been really stressed out. 스트레스를 엄청 받아 왔거든요.

믿을 수 있습니까?

Can you believe ~?

Can you believe ~?(믿을 수 있겠어요?)는 상대가 볼 때 현실이나 사실이 믿을 수 없는 상태란 뉘앙스를 띄어요. I broke up with my boyfriend.(난 남자친구랑 헤어졌어.) Can you believe it?(믿어지니?)라고 했다면 말하는 자신도 실감하지 못하고 있다는 것과 남자친구와의 관계가 더할 나위 없이 좋았다는 식의 뉘앙스를 담고 있는 거예요.

STEP 1 원어민 발음으로 듣기 패턴과 응용어구의 정확한 발음을 들어 보세요.

Can you believe ~?

믿을 수 있습니까?

내가 거기에 가 본 적이 없다	I've never been there
내가 한때는 젊었다	I was once young
그들이 파산했다	they are bankrupt
그녀가 이렇게나 작았다	she was this small
우리가 동갑이다	we are the same age

STEP 2 원어민 따라잡기 패턴 응용 문장을 다섯 번씩 큰 소리로 말해 보세요.

내가 거기에 가 본 적이 없다는 걸 믿을 수 있습니까? **Can you believe** I've never been there?

내가 한때는 젊었었다는 걸 믿을 수 있습니까? **Can you believe** I was once young?

그들이 파산했다는 걸 믿을 수 있습니까? **Can you believe** they are bankrupt?

그녀가 이렇게 작았다는 걸 믿을 수 있습니까? **Can you believe** she was this small?

우리가 동갑이다는 걸 믿을 수 있습니까? **Can you believe** we are the same age?

STEP 3 원어민 뺨치게 쓰기 확장어를 포함해 앞서 만든 문장을 손으로 직접 써 보세요.

그런데 내가 거기에 가 본 적이 없다는 걸 믿을 수 있습니까?

By the way, _____ ?

그런데 내가 한때는 젊었었다는 걸 믿을 수 있습니까?

By the way, _____ ?

그런데 그들이 파산했다는 걸 믿을 수 있습니까?

By the way, _____ ?

그런데 그녀가 이렇게 작았다는 걸 믿을 수 있습니까?

By the way, _____ ?

그런데 우리가 동갑이라는 걸 믿을 수 있습니까?

By the way, _____ ?

Practice Speaking 실전 대비 훈련 MP3 파일을 들으며 대화문을 활용한 3가지 훈련을 해 보세요.
· ☐ A·B 섀도우 스피킹
· ☐ A 역할 · ☐ B 역할

A By the way, can you believe we are the same age?

그런데 우리가 동갑이라는 거 믿을 수 있겠어?

B I thought she was older.

그녀가 나이가 더 많다고 생각했는데.

A Exactly, but we are the same age!

맞아, 그건데 우리가 나이가 같아!

B Maybe she looks older because of the makeup.

아마 화장 때문에 더 나이가 많아 보이나 봐.

~를 제안할 수 있나요?

Can you come up with ~?

come up with는 '(해결책 등)을 내놓다'란 뜻이에요. 비슷한 뜻으로 offer가 있는데, offer는 '제안하다' 혹은 '제공하다'로 offer me 20 dollars(내게 20달러를 내다), offer some advice(충고하다)처럼 사용해요. suggest 또한 '제안하다'의 의미로 suggest a new idea(새로운 의견을 제시하다)처럼 사용합니다.

STEP 1 원어민 발음으로 듣기 패턴과 응용어구의 정확한 발음을 들어 보세요.

Can you come up with ~?

~를 제안할 수 있나요?

더 나은 것	a better one
좋은 아이디어들	good ideas
또 다른 방법	another way
아무것	anything
몇 가지 멋진 이름들	some cool names

STEP 2 원어민 따라잡기 패턴 응용 문장을 다섯 번씩 큰 소리로 말해 보세요.

1 2 3 4 5

더 나은 것을 제안할 수 있나요? **Can you come up with** a better one?

좋은 아이디어를 제안할 수 있나요? **Can you come up with** good ideas?

또 다른 방법을 제안할 수 있나요? **Can you come up with** another way?

아무 거라도 제안할 수 있나요? **Can you come up with** anything?

몇 가지 멋진 이름들을 제안할 수 있나요? **Can you come up with** some cool names?

STEP 3 원어민 뺨치게 쓰기 확장어를 포함해 앞서 만든 문장을 손으로 직접 써 보세요.

혹시 더 나은 것을 제안할 수 있나요?

By any chance --?

혹시 좋은 아이디어를 제안할 수 있나요?

By any chance --?

혹시 또 다른 방법을 제안할 수 있나요?

By any chance --?

혹시 아무 거라도 제안할 수 있나요?

By any chance --?

혹시 몇 가지 멋진 이름들을 제안할 수 있나요?

By any chance --?

Practice Speaking 실전 대비 훈련 MP3 파일을 들으며 대화문을 활용한 3가지 훈련을 해 보세요.
· ☐ A·B 섀도우 스피킹
· ☐ A 역할 · ☐ B 역할

A We're going to open a new restaurant.
우리는 새 식당을 열 거예요.

B Oh that's great news.
아, 정말 좋은 소식이네요.

A By any chance can you come up with some cool names?
혹시 멋진 이름들을 제안할 수 있겠어요?

B Give me a day or two to think about it.
생각해 보게 하루, 이틀 시간을 좀 주세요.

~에 대해 설명할 수 있나요?

Can you describe ~?

describe는 '묘사하다' 혹은 '서술하다'의 의미이며 포괄적으로는 '설명하다'의 뜻으로도 쓰입니다. Can you describe her to me?(내게 그녀의 인상착의를 설명해 줄 수 있어요?), She is described as(그녀는 ~라고 묘사되어요, ~라는 말을 들어요.)처럼 사용하면 됩니다.

STEP 1 원어민 발음으로 듣기 패턴과 응용어구의 정확한 발음을 들어 보세요.

Can you describe ~?
~에 대해 설명할 수 있나요?

당신 자신	yourself
당신의 유년기	your childhood
당신의 고향	your hometown
증상들	the symptoms
상황	the situation

STEP 2 원어민 따라잡기 패턴 응용 문장을 다섯 번씩 큰 소리로 말해 보세요.

당신 자신에 대해 설명할 수 있나요? **Can you describe** yourself?

당신의 유년기에 대해 설명할 수 있나요? **Can you describe** your childhood?

당신의 고향에 대해 설명할 수 있나요? **Can you describe** your hometown?

증상들에 대해 설명할 수 있나요? **Can you describe** the symptoms?

상황에 대해 설명할 수 있나요? **Can you describe** the situation?

당신 자신에 대해 간단히 설명할 수 있나요?

_____ briefly?

당신의 유년기에 대해 간단히 설명할 수 있나요?

_____ briefly?

당신의 고향에 대해 간단히 설명할 수 있나요?

_____ briefly?

증상들에 대해 간단히 설명할 수 있나요?

_____ briefly?

상황에 대해 간단히 설명할 수 있나요?

_____ briefly?

Practice Speaking 실전 대비 훈련 MP3 파일을 들으며 대화문을 활용한 3가지 훈련을 해 보세요.

· ☐ A·B 섀도우 스피킹
· ☐ A 역할 · ☐ B 역할

A I haven't been feeling well lately. 최근에 컨디션이 별로예요.

B Can you describe the symptoms briefly? 증상을 간단히 설명해 줄 수 있어요?

A I have a headache, runny nose, and a cough. 두통이 있고, 콧물이 나고, 그리고 기침을 해요.

B Maybe you should see a doctor. 아마도 병원에 가 봐야겠어요.

~를 이해할 수 있어요? / ~를 알아낼 수 있어요?

Can you figure out ~?

figure out은 '이해하다', '알아내다' 혹은 '짐작하다'의 뜻이에요. 이 뜻 외에 calculate the total amount(총계를 내다)의 뜻도 있어서 figure out a sum(합계를 내다)처럼 사용되기도 해요. 이 figure out은 두 단어로 이뤄진 구동사라서 [주어 + 동사]로 이뤄진 절이 올 수 있습니다.

STEP 1 원어민 발음으로 듣기 패턴과 응용어구의 정확한 발음을 들어 보세요.

Can you figure out ~?
~를 이해할 수 있어요? / ~를 알아낼 수 있어요?

무슨 일이 벌어지고 있다	what is happening
그가 누구인지	who he is
내게 무슨 문제가 있는지	what's wrong with me
그가 어디에 있는지	where he is
내가 몇 살인지	how old I am

STEP 2 원어민 따라잡기 패턴 응용 문장을 다섯 번씩 큰 소리로 말해 보세요.

무슨 일이 벌어지고 있는지 이해할 수 있나요? **Can you figure out** what is happening?

그가 누구인지 알아낼 수 있어요? **Can you figure out** who he is?

내게 무슨 문제가 있는지 알아낼 수 있어요? **Can you figure out** what's wrong with me?

그가 어디에 있는지 알아낼 수 있어요? **Can you figure out** where he is?

내가 몇 살인지 알아낼 수 있어요? **Can you figure out** how old I am?

STEP 3 원어민 뺨치게 쓰기 확장어를 포함해 앞서 만든 문장을 손으로 직접 써 보세요.

무슨 일이 벌어지고 있는지 어떻게 이해할 수 있나요?

How _____ ?

그가 누구인지 어떻게 알아낼 수 있어요?

How _____ ?

내게 무슨 문제가 있는지 어떻게 알아낼 수 있어요?

How _____ ?

그가 어디에 있는지 어떻게 알아낼 수 있어요?

How _____ ?

내가 몇 살인지 어떻게 알아낼 수 있어요?

How _____ ?

Practice Speaking 실전 대비 훈련 MP3 파일을 들으며 대화문을 활용한 3가지 훈련을 해 보세요.
· ☐ A·B 섀도우 스피킹
· ☐ A 역할 · ☐ B 역할

A Don't worry. I will find him.

걱정하지 마세요. 제가 그를 찾아낼 거예요.

B How can you figure out where he is?

그가 어디에 있는지 어떻게 알아낼 수 있나요?

A We have a few mutual friends.

걔도 알고 저도 아는 친구가 몇 있어요.

B Okay. Maybe one of them will know.

알겠어요. 아마 그들 중 한 명이 알겠군요.

~를 설명해 주시겠어요?
Could you explain ~?

explain(설명하다)은 [explain + 목적어 + to + 사람](~를 …에게 설명하다)의 어순으로 쓰입니다. 하지만 목적어가 길면 [explain to + 사람 + 목적어] 순서로 쓰이기도 하고 [to + 사람]은 생략하기도 해요. 하지만 to를 생략하고 explain me처럼은 절대 사용할 수 없으니 꼭 주의하세요. 참고로 Can 대신 Could를 쓴 건 정중하게 물어본다는 걸 나타냅니다.

STEP 1 원어민 발음으로 듣기 패턴과 응용어구의 정확한 발음을 들어 보세요.

Could you explain ~?
~를 설명해 주시겠어요?

그것의 사용법	how to use it
내가 왜 초대받지 않는지	why I am not invited
그게 무슨 뜻인지	what you mean by that
이 결정의 이유	the reason for this decision
내가 왜 뒤처지는지	why I fall behind

STEP 2 원어민 따라잡기 패턴 응용 문장을 다섯 번씩 큰 소리로 말해 보세요.

그것의 사용법을 설명해 주시겠어요?　**Could you explain** how to use it?

내가 왜 초대받지 않은 건지 설명해 주시겠어요?　**Could you explain** why I am not invited?

그게 무슨 뜻인지 설명해 주시겠어요?　**Could you explain** what you mean by that?

이 결정의 이유를 설명해 주시겠어요?　**Could you explain** the reason for this decision?

내가 왜 뒤처지는 건지 설명해 주시겠어요?　**Could you explain** why I fall behind?

STEP 3 원어민 뺨치게 쓰기 확장어를 포함해 앞서 만든 문장을 손으로 직접 써 보세요.

그렇다면, 그것의 사용법을 설명해 주시겠어요?

Then -- ?

그렇다면, 내가 왜 초대받지 않은 건지 설명해 주시겠어요?

Then -- ?

그렇다면, 그게 무슨 뜻인지 설명해 주시겠어요?

Then -- ?

그렇다면, 이 결정의 이유를 설명해 주시겠어요?

Then -- ?

그렇다면, 내가 왜 뒤처진 건지 설명해 주시겠어요?

Then -- ?

Practice Speaking 실전 대비 훈련 MP3 파일을 들으며 대화문을 활용한 3가지 훈련을 해 보세요.

· ☐ A·B 섀도우 스피킹
· ☐ A 역할 · ☐ B 역할

A Of course I want you to come to the party!

물론 당신이 파티에 오길 바라죠!

B Then could you explain why I am not invited?

그럼 내가 왜 초대받지 않은 건지 설명해 볼래요?

A Well, your ex-boyfriend is going to be there.

그게, 당신 전 남자 친구가 거기에 올 거예요.

B Oh. So he told you not to invite me?

아, 그럼 그 사람이 나를 초대하지 말라고 한 건가요?

~해 주시겠어요?

Could you please ~?

앞의 패턴에서도 말했듯이 조동사 can의 과거형인 could(할 수 있었다)는 상대에게 정중한 부탁을 하거나 질문을 할 때에도 쓸 수 있어요. 이때는 과거의 의미가 없는 현재 시제이며, please를 붙여 더욱 정중한 표현으로 만들 수도 있어요. 뒤에는 동사원형이 옵니다.

STEP 1 원어민 발음으로 듣기 패턴과 응용어구의 정확한 발음을 들어 보세요.

Could you please ~?
~해 주시겠어요?

이것을 검토하다	review this
내게 조언하다	advise me
다시 말하다	repeat that
내게 펜을 빌려주다	lend me a pen
나를 도와주다	lend me a hand

STEP 2 원어민 따라잡기 패턴 응용 문장을 다섯 번씩 큰 소리로 말해 보세요.

이것을 검토해 봐 주시겠어요?	**Could you please** review this?
내게 조언을 해 주시겠어요?	**Could you please** advise me?
그것을 다시 한 번 말해 주시겠어요?	**Could you please** repeat that?
내게 볼펜을 빌려 주시겠어요?	**Could you please** lend me a pen?
나를 좀 도와주시겠어요?	**Could you please** lend me a hand?

STEP 3 원어민 뺨치게 쓰기 확장어를 포함해 앞서 만든 문장을 손으로 직접 써 보세요.

괜찮으시다면, 이것을 검토해 봐 주시겠어요?

If you wouldn't mind, _____ ?

괜찮으시다면, 내게 조언을 해 주시겠어요?

If you wouldn't mind, _____ ?

괜찮으시다면, 그것을 다시 한 번 말해 주시겠어요?

If you wouldn't mind, _____ ?

괜찮으시다면, 내게 볼펜을 빌려 주시겠어요?

If you wouldn't mind, _____ ?

괜찮으시다면, 나를 좀 도와주시겠어요?

If you wouldn't mind, _____ ?

Practice Speaking 실전 대비 훈련 MP3 파일을 들으며 대화문을 활용한 3가지 훈련을 해 보세요.

· ☐ A·B 섀도우 스피킹
· ☐ A 역할 · ☐ B 역할

A If you wouldn't mind, could you please lend me a pen?

괜찮으시다면, 펜을 하나 빌려 주시겠어요?

B I only have this one.

이거 하나밖에 없네요.

A Okay, but can I use it when you're done?

좋아요. 다 쓰고 나면 좀 쓸 수 있을까요?

B Yeah, but be sure to give it back.

그래요. 하지만 꼭 돌려 주셔야 해요.

~를 어떻게 견딜 수 있나요?

How can you put up with ~?

put up with는 '~를 참다'란 뜻으로 동사 stand(~를 참다), tolerate(~를 견디다)와 바꿔 쓸 수 있어요. 이들은 모두 힘들고 어려운 일을 참아낸다는 뜻이지요. 하지만 감정이나 충동을 참을 때는 control oneself(제어하다), suppress anger(화를 누르다), 생리 현상을 참을 땐 hold one's breath(숨을 참다), fight back one's tears(눈물을 참다), hold one's pee(소변을 참다)처럼 다른 표현들을 사용해요.

STEP 1 원어민 발음으로 듣기 패턴과 응용어구의 정확한 발음을 들어 보세요.

How can you put up with ~?
~를 어떻게 견딜 수 있나요?

저 소음	the noise
그런 언어 폭력	such verbal abuse
그의 태도	his attitude
그런 사람	such a man
이런 류의 행동	this kind of behavior

STEP 2 원어민 따라잡기 패턴 응용 문장을 다섯 번씩 큰 소리로 말해 보세요.

저 소음을 어떻게 견딜 수 있나요? **How can you put up with** that noise?

그런 언어 폭력을 어떻게 견딜 수 있나요? **How can you put up with** such verbal abuse?

그의 태도를 어떻게 견딜 수 있나요? **How can you put up with** his attitude?

그런 사람을 어떻게 견딜 수 있나요? **How can you put up with** such a man?

이런 류의 행동을 어떻게 견딜 수 있나요? **How can you put up with** this kind of behavior?

STEP 3 원어민 뺨치게 쓰기 확장어를 포함해 앞서 만든 문장을 손으로 직접 써 보세요.

저 소음을 항상 어떻게 견딜 수 있나요?

-- all the time**?**

그런 언어 폭력을 항상 어떻게 견딜 수 있나요?

-- all the time**?**

그의 태도를 항상 어떻게 견딜 수 있나요?

-- all the time**?**

그런 사람을 항상 어떻게 견딜 수 있나요?

-- all the time**?**

이런 류의 행동을 항상 어떻게 견딜 수 있나요?

-- all the time**?**

Practice Speaking 실전 대비 훈련 MP3 파일을 들으며 대화문을 활용한 3가지 훈련을 해 보세요.

· ☐ A·B 섀도우 스피킹
· ☐ A 역할 · ☐ B 역할

A How can you put up with such a man all the time?

그런 사람을 항상 어떻게 견딜 수 있어?

B What do you mean by that?

그게 무슨 말이야?

A I mean he is such a mean person.

내 말은 그 사람이 너무나 비열한 사람이라는 거야.

B He's not that bad, though.

하지만 그렇게 나쁘진 않아.

당신은 ~하는 게 좋을 겁니다
You'd better

had better는 '~하는 게 좋겠다'의 표현이에요. 하지만 실제로는 굉장히 압박감을 많이 주는 뉘앙스라서 어려운 자리나 손윗사람에게는 쓰지 않는 게 좋아요. 구어체에선 주어 다음의 had를 축약해서 I'd, you'd처럼 사용해요. 오히려 가볍게 권유하고 싶을 때는 You should stop worrying.(걱정은 그만하세요.)처럼 should를 쓰면 됩니다.

STEP 1 원어민 발음으로 듣기 패턴과 응용어구의 정확한 발음을 들어 보세요.

You'd better
당신은 ~하는 게 좋을 겁니다

조심하다	watch out
나에게 까불지 않다	not mess with me
택시를 타다	take a taxi
샤워하다	take a shower
종교에 관한 이야기를 피하다	avoid talking about religion

STEP 2 원어민 따라잡기 패턴 응용 문장을 다섯 번씩 큰 소리로 말해 보세요.

조심하는 편이 좋겠네요. **You'd better** watch out.

나에게 까불지 않는 게 좋을 겁니다. **You'd better** not mess with me.

택시를 타는 게 나을 겁니다. **You'd better** take a taxi.

샤워하는 게 좋을 겁니다. **You'd better** take a shower.

종교에 관한 얘기는 피하는 게 좋을 겁니다. **You'd better** avoid talking about religion.

STEP 3 원어민 뺨치게 쓰기 확장어를 포함해 앞서 만든 문장을 손으로 직접 써 보세요.

아마도 조심하는 편이 좋겠네요.

Maybe _____.

아마도 나에게 까불지 않는 게 좋을 겁니다.

Maybe _____.

아마도 택시를 타는 게 나을 겁니다.

Maybe _____.

아마도 샤워하는 게 좋을 겁니다.

Maybe _____.

아마도 종교에 관한 얘기는 피하는 게 좋을 겁니다.

Maybe _____.

Practice Speaking 실전 대비 훈련 MP3 파일을 들으며 대화문을 활용한 3가지 훈련을 해 보세요.

· ☐ A·B 섀도우 스피킹
· ☐ A 역할 · ☐ B 역할

A I don't like driving late at night.

난 밤늦게 운전하는 거 싫어.

B Maybe you'd better take a taxi.

아마도 택시를 타는 게 나을 거야.

A That's an option.

그것도 한 가지 선택 사항이네.

B Yeah. That will be the easiest solution.

그래. 그게 가장 쉬운 해결 방법일 거야.

~를 시작해야 해요

You've got to start

have got to는 must나 have to와 마찬가지로 '~해야 한다'란 현재의 의무를 나타내는 구어체 표현이에요. have got이라고 해서 현재완료를 나타내는 게 아니라 현재 시점이란 걸 유의하세요. 뒤에는 동사원형이 옵니다. 참고로 have got to는 have gotta처럼 축약해 사용할 수 있어요.

STEP 1 원어민 발음으로 듣기 패턴과 응용어구의 정확한 발음을 들어 보세요.

You've got to start
~를 시작해야 해요

운동을 하는 것	doing exercises
결정하는 것	making decisions
돈에 대한 예산을 세우는 것	budgeting your money
계획을 세우는 것	making plans
자신감을 갖다	having confidence

STEP 2 원어민 따라잡기 패턴 응용 문장을 다섯 번씩 큰 소리로 말해 보세요.

운동하기 시작해야 해요.　　**You've got to start** doing exercises.

결정하기 시작해야 해요.　　**You've got to start** making decisions.

돈에 대한 예산을 세우기 시작해야 해요.　　**You've got to start** budgeting your money.

계획을 세우기 시작해야 해요.　　**You've got to start** making plans.

자신감을 갖기 시작해야 해요.　　**You've got to start** having confidence.

STEP 3 원어민 빰치게 쓰기 확장어를 포함해 앞서 만든 문장을 손으로 직접 써 보세요.

먼저 운동하기 시작해야 해요.

_____ first.

먼저 결정하기 시작해야 해요.

_____ first.

먼저 돈에 대한 예산을 세우기 시작해야 해요.

_____ first.

먼저 계획을 세우기 시작해야 해요.

_____ first.

먼저 자신감을 갖기 시작해야 해요.

_____ first.

Practice Speaking 실전 대비 훈련 MP3 파일을 들으며 대화문을 활용한 3가지 훈련을 해 보세요.

· ☐ A·B 섀도우 스피킹
· ☐ A 역할 · ☐ B 역할

A I want to go to America this summer.

이번 여름에 난 미국에 가고 싶어.

B You've got to start budgeting your money first.

먼저 돈에 대해 예산을 세우기 시작해야 해.

A Yeah, I should do that.

알았어. 그렇게 해야겠지.

B Then you can save enough money to go.

그럼 가는 데 충분한 돈을 절약할 수 있어.

~에 대해 생각해 본 적 있어요?

Have you ever thought about ~?

think about은 '~에 대해 생각하다'이며 think of는 '~를 떠올리다', think of Tom Cruise as a serious actor(톰 크루즈를 진지한 배우라고 생각하다)의 think of ~ as …는 '~를 …라고 여기다'의 뜻이에요. Have you ever p.p.?는 '지금껏 ~해 본 적이 있나요?'의 뜻으로 이렇게 ever가 들어가면 십중팔구 '경험'을 뜻합니다.

STEP 1 원어민 발음으로 듣기 패턴과 응용어구의 정확한 발음을 들어 보세요.

Have you ever thought about ~?

~에 대해 생각해 본 적 있어요?

죽음	death
다른 나라에서 사는 것	living in another country
온라인으로 누군가를 만나는 것	meeting someone online
태권도를 배우는 것	learning Taekwondo
교사가 되는 것	becoming a teacher

STEP 2 원어민 따라잡기 패턴 응용 문장을 다섯 번씩 큰 소리로 말해 보세요.

죽음에 대해 생각해 본 적 있어요?
Have you ever thought about death?

다른 나라에서 사는 것에 대해 생각해 본 적 있어요?
Have you ever thought about living in another country?

온라인으로 누군가를 만나는 것에 대해 생각해 본 적 있어요?
Have you ever thought about meeting someone online?

태권도를 배우는 것에 대해 생각해 본 적 있어요?
Have you ever thought about learning Taekwondo?

교사가 되는 것에 대해 생각해 본 적 있어요? **Have you ever thought about** becoming a teacher?

그냥 궁금해서 그러는데요, 죽음에 대해 생각해 본 적 있어요?

Just out of curiosity, _____?

그냥 궁금해서 그러는데요, 다른 나라에서 사는 것에 대해 생각해 본 적 있어요?

Just out of curiosity, _____?

그냥 궁금해서 그러는데요, 온라인으로 누군가를 만나는 것에 대해 생각해 본 적 있어요?

Just out of curiosity, _____?

그냥 궁금해서 그러는데요, 태권도를 배우는 것에 대해 생각해 본 적 있어요?

Just out of curiosity, _____?

그냥 궁금해서 그러는데요, 교사가 되는 것에 대해 생각해 본 적 있어요?

Just out of curiosity, _____?

Practice Speaking 실전 대비 훈련 MP3 파일을 들으며 대화문을 활용한 3가지 훈련을 해 보세요.
· ☐ A·B 섀도우 스피킹
· ☐ A 역할 · ☐ B 역할

A Dating is really tough.

데이트하는 게 정말 힘들어요.

B I just can't meet the right guy.

제대로 된 사람을 만날 수가 없어요.

A Just out of curiosity, have you ever thought about meeting someone online?

그냥 궁금해서 그러는 건데, 온라인으로 누군가를 만나는 걸 생각해 본 적 있어요?

B No, I haven't.

아뇨, 없어요.

이런 ~가 있었던 적이 있습니까?

Have you had such ~?

Have you had에서 앞의 have는 현재완료 형태의 have이며 뒤의 had는 have의 과거분사예요. 즉, Have you had ~?는 '~ 있었던 적이 있나요?'로 역시 경험을 물어보고 있습니다. such는 '이런'의 뜻으로 [such a + 명사 / (such + 복수명사)]의 형태로 쓰이는 것을 알아두세요.

STEP 1 원어민 발음으로 듣기 패턴과 응용어구의 정확한 발음을 들어 보세요.

Have you had such ~?
이런 ~가 있었던 적이 있습니까?

두통	a headache
경험	an experience
재정적인 곤란	financial troubles
고열	a bad fever
순간	a moment

STEP 2 원어민 따라잡기 패턴 응용 문장을 다섯 번씩 큰 소리로 말해 보세요.

이런 두통이 있었던 적이 있습니까? **Have you had such** a headache?

이런 경험이 있었던 적이 있습니까? **Have you had such** an experience?

이런 재정적 곤란이 있었던 적이 있습니까? **Have you had such** financial troubles?

이런 고열이 있었던 적이 있습니까? **Have you had such** a bad fever?

이런 순간이 있었던 적이 있습니까? **Have you had such** a moment?

STEP 3 원어민 빠르게 쓰기 확장어를 포함해 앞서 만든 문장을 손으로 직접 써 보세요.

전에 이런 두통이 있었던 적이 있습니까?

--- before?

전에 이런 경험이 있었던 적이 있습니까?

--- before?

전에 이런 재정적 곤란이 있었던 적이 있습니까?

--- before?

전에 이런 고열이 있었던 적이 있습니까?

--- before?

전에 이런 순간이 있었던 적이 있습니까?

--- before?

Practice Speaking 실전 대비 훈련 MP3 파일을 들으며 대화문을 활용한 3가지 훈련을 해 보세요.

· ☐ A·B 섀도우 스피킹
· ☐ A 역할 · ☐ B 역할

A I was bedridden for 2 weeks.

2주 동안 아파서 누워만 있었어.

B Have you had such a bad fever before?

전에도 이렇게 고열이 난 적이 있어?

A Only once when I was a child.

어렸을 때 딱 한 번.

B Well, I'm glad you are better now.

그래, 이제 나아졌다니 기쁘다.

~에 대해 들어 본 적 있습니까?

Have you heard about ~?

hear about은 '~에 대해 듣다', hear of는 '~의 소식을 듣다', hear from은 '~에게서 연락받다'란 뜻이에요. hear는 듣는 사람이 의도하지 않더라도 타의에 의해, 혹은 자연스럽게 듣는 걸 뜻해요. 하지만 listen to는 '~를 경청하다'로 듣는 사람의 의지가 포함돼 있지요. 그래서 Can you hear me?는 '내 말 들려요?'란 뜻이고 Are you listening to me?는 '내 말 경청하고 있는 거예요?'로 둘 사이에는 뉘앙스 차이가 있어요.

STEP 1 원어민 발음으로 듣기 패턴과 응용어구의 정확한 발음을 들어 보세요.

have you heard about ~?
~에 대해 들어 본 적 있습니까?

그 회사	the company
우리나라	my country
북한	North Korea
내가 좋아하는 가수	my favorite singer
우리 형, 팀	my brother, Tim

STEP 2 원어민 따라잡기 패턴 응용 문장을 다섯 번씩 큰 소리로 말해 보세요.

그 회사에 대해 들어 봤습니까?　　**Have you heard about** the company?

우리나라에 대해 들어 봤습니까?　　**Have you heard about** my country?

북한에 대해 들어 봤습니까?　　**Have you heard about** North Korea?

제가 좋아하는 가수에 대해 들어 봤습니까?　　**Have you heard about** my favorite singer?

우리 형, 팀에 대해 들어 봤습니까?　　**Have you heard about** my brother, Tim?

STEP 3 원어민 뺨치게 쓰기 확장어를 포함해 앞서 만든 문장을 손으로 직접 써 보세요.

114

그 회사에 대해 한번이라도 들어 본 적 있습니까?

_____ ever _____ ?

우리나라에 대해 한번이라도 들어 본 적 있습니까?

_____ ever _____ ?

북한에 대해 한번이라도 들어 본 적 있습니까?

_____ ever _____ ?

내가 좋아하는 가수에 대해 한번이라도 들어 본 적 있습니까?

_____ ever _____ ?

우리 형, 팀에 대해 한번이라도 들어 본 적 있습니까?

_____ ever _____ ?

Practice Speaking 실전 대비 훈련 MP3 파일을 들으며 대화문을 활용한 3가지 훈련을 해 보세요.

· ☐ A·B 섀도우 스피킹
· ☐ A 역할 · ☐ B 역할

A Have you ever heard about North Korea?

북한에 대해 들어 본 적 있나요?

B Well, I know it exists.

그게, 존재한다는 건 압니다.

A Yeah, but have you heard about the problems there?

그렇군요. 하지만 거기의 문제들에 대해서 들어 본 적이 있나요?

B Just a bit, but not too much.

약간은요. 하지만 많지는 않아요.

You + be동사 · 조동사 **251**

언제부터 ~를 해 왔던 겁니까?

Since when have you p.p. ~?

since when은 '언제부터'란 뜻이에요. 이 Since when 뒤에 have you p.p ~?가 붙으면 어떤 상태나 동작이 언제부터 시작되어 현재까지 이르게 되었는지를 물어볼 수 있어요.

STEP 1 원어민 발음으로 듣기 패턴과 응용어구의 정확한 발음을 들어 보세요.

Since when have you p.p. ~?

언제부터 ~를 해 왔던 겁니까?

문신을 가졌다	had a tattoo
여기에 있었다	been here
매우 예뻤다	been so pretty
미술에 관심이 있었다	been interested in art
서울에 살았다	lived in Seoul

STEP 2 원어민 따라잡기 패턴 응용 문장을 다섯 번씩 큰 소리로 말해 보세요.

언제부터 문신이 있었던 겁니까?　**Since when have you** had a tattoo?

언제부터 여기에 있었던 겁니까?　**Since when have you** been here?

언제부터 매우 예뻤던 겁니까?　**Since when have you** been so pretty?

언제부터 미술에 관심이 있었던 겁니까?　**Since when have you** been interested in art?

언제부터 서울에 살았던 겁니까?　**Since when have you** lived in Seoul?

STEP 3 원어민 뺨치게 쓰기 확장어를 포함해 앞서 만든 문장을 손으로 직접 써 보세요.

정확히 언제부터 문신이 있었던 겁니까?

Exactly _____?

정확히 언제부터 여기에 있었던 겁니까?

Exactly _____?

정확히 언제부터 매우 예뻤던 겁니까?

Exactly _____?

정확히 언제부터 미술에 관심이 있었던 겁니까?

Exactly _____?

정확히 언제부터 서울에 살았던 겁니까?

Exactly _____?

Practice Speaking 실전 대비 훈련 MP3 파일을 들으며 대화문을 활용한 3가지 훈련을 해 보세요.

· ☐ A·B 섀도우 스피킹
· ☐ A 역할 · ☐ B 역할

A Exactly since when have you lived in Seoul?

정확히 언제부터 서울에 살았나요?

B I moved here in 2003.

2003년에 여기로 이사했어요.

A Wow! So you must speak Korean by now.

왜! 그럼 지금쯤이면 한국어를 하겠네요.

B No, not too much.

아니요, 별로 못해요.

~할 필요 없습니다
You don't have to

must(~해야 한다)의 부정형은 must not(~하면 안 된다)예요. have to(~해야 한다)의 부정형 don't have to는 '~해서는 안 된다'가 아니라 '~할 필요가 없다'로 뜻이 바뀝니다. must not은 의무의 강도가 변하지 않지만, don't have to는 변한다는 것, 꼭 기억하세요.

STEP 1 원어민 발음으로 듣기 패턴과 응용어구의 정확한 발음을 들어 보세요.

You don't have to
~할 필요 없습니다

미안해하다	be sorry
자책하다	blame yourself
기도하기 위해 종교를 갖다	be religious to pray
변명을 하다	make excuses
당신이 원하는 것을 하기 위해 부자가 되다	be rich to do what you want

STEP 2 원어민 따라잡기 패턴 응용 문장을 다섯 번씩 큰 소리로 말해 보세요.

미안해 할 필요 없습니다.
You don't have to be sorry.

자책할 필요 없습니다.
You don't have to blame yourself.

기도하기 위해 종교를 가질 필요는 없습니다.
You don't have to be religious to pray.

변명할 필요 없습니다.
You don't have to make excuses.

당신이 원하는 것을 하기 위해 부자가 될 필요는 없습니다.
You don't have to be rich to do what you want.

STEP 3 원어민 뺨치게 쓰기 확장어를 포함해 앞서 만든 문장을 손으로 직접 써 보세요.

내 말은, 미안해할 필요 없다는 것입니다.

What I mean is, _____ .

내 말은, 자책할 필요 없다는 것입니다.

What I mean is, _____ .

내 말은, 기도하기 위해 종교를 가질 필요는 없다는 것입니다.

What I mean is, _____ .

내 말은, 변명할 필요 없다는 것입니다.

What I mean is, _____ .

내 말은, 당신이 원하는 것을 하기 위해 부자가 될 필요는 없다는 것입니다.

What I mean is, _____ .

Practice Speaking 실전 대비 훈련 MP3 파일을 들으며 대화문을 활용한 3가지 훈련을 해 보세요.

· ☐ A·B 섀도우 스피킹
· ☐ A 역할 · ☐ B 역할

A I hate religion.

난 종교가 싫어.

B So you don't believe in God?

그럼 하나님을 안 믿어?

A What I mean is, you don't have to be religious to pray.

내 말은, 기도하려고 종교를 가질 필요는 없다는 거야.

B I guess that makes sense.

말이 되는 것 같다.

당신은 ~했던 게 틀림없군요
You must have p.p.

You must be tired.(당신은 피곤하겠군요.)에서처럼 must be는 현재에 대한 확신을 나타내요. must have p.p.는 과거에 대한 강한 확신을 나타내지요. You had worked hard.(열심히 일했었군요.) 다음에 You must have been tired.(피곤했었겠네요.)처럼 활용하면 OK!

STEP 1 원어민 발음으로 듣기 패턴과 응용어구의 정확한 발음을 들어 보세요.

You must have p.p.
당신은 ~했던 게 틀림없군요

피곤했다	been tired
바빴다	been busy
암호를 바꿨다	changed your password
혼란스러웠다	been confused
그를 만났다	met him

STEP 2 원어민 따라잡기 패턴 응용 문장을 다섯 번씩 큰 소리로 말해 보세요.

피곤했었던 게 틀림없군요.　　**You must have** been tired.

바빴던 게 틀림없군요.　　**You must have** been busy.

암호를 바꿨던 게 틀림없군요.　　**You must have** changed your password.

혼란스러웠던 게 틀림없군요.　　**You must have** been confused.

그를 만났던 게 틀림없군요.　　**You must have** met him.

STEP 3 원어민 뺨치게 쓰기 확장어를 포함해 앞서 만든 문장을 손으로 직접 써 보세요.

생각해 보니까, 피곤했었던 게 틀림없군요.

Come to think of it, _____.

생각해 보니까, 바빴던 게 틀림없군요.

Come to think of it, _____.

생각해 보니까, 암호를 바꿨던 게 틀림없군요.

Come to think of it, _____.

생각해 보니까, 혼란스러웠던 게 틀림없군요.

Come to think of it, _____.

생각해 보니까, 그를 만났던 게 틀림없군요.

Come to think of it, _____.

Practice Speaking 실전 대비 훈련 MP3 파일을 들으며 대화문을 활용한 3가지 훈련을 해 보세요.
· ☐ A·B 섀도우 스피킹
· ☐ A 역할 · ☐ B 역할

A Why didn't you come out last night?
어젯밤에 왜 나오지 않았어요?

B Because I just got back from England.
왜냐하면, 막 영국에서 돌아왔으니까요.

A Come to think of it, you must have been tired.
생각해 보니까, 피곤했겠군요.

B Yes, that's why I didn't come.
그래요. 그래서 안 왔어요.

~를 계속 파악해야 해요 / ~을 기억해야 해요
You should keep track of

keep track of는 '~에 대해 계속 파악하다' 혹은 '~를 기록하다, 기억하다'란 뜻인데 우회적으로 '~를 관리하다'란 의미로 사용되기도 해요. should는 '~해야 한다'고 강하게 어필하는 게 아니라 그러면 좋겠다로 '권고'하는 의미로 쓰입니다.

STEP 1 원어민 발음으로 듣기 패턴과 응용어구의 정확한 발음을 들어 보세요.

You should keep track of
~를 계속 파악해야 해요 /
~을 기억해야 해요

당신의 모든 비용	all your expenses
당신의 스케줄	your schedule
현재의 행사들	current events
과제	assignments
고지서 납부일	dates for paying bills

STEP 2 원어민 따라잡기 패턴 응용 문장을 다섯 번씩 큰 소리로 말해 보세요.

당신의 모든 지출을 계속 파악해야 해요. **You should keep track of** all your expenses.

당신의 스케줄을 계속 파악해야 해요. **You should keep track of** your schedule.

현재 행사들을 계속 파악해야 해요. **You should keep track of** current events.

과제들을 계속 파악해야 해요. **You should keep track of** assignments.

고지서 납부일을 기억해야 해요. **You should keep track of** dates for paying bills.

STEP 3 원어민 뺨치게 쓰기 확장어를 포함해 앞서 만든 문장을 손으로 직접 써 보세요.

118

당신의 모든 지출을 항상 계속 파악해야 해요.

------------------------------ always --.

당신의 스케줄을 항상 계속 파악해야 해요.

------------------------------ always --.

현재 행사들을 항상 계속 파악해야 해요.

------------------------------ always --.

과제들을 항상 계속 파악해야 해요.

------------------------------ always --.

고지서 납부일을 항상 기억해야 해요.

------------------------------ always --.

Practice Speaking 실전 대비 훈련 MP3 파일을 들으며 대화문을 활용한 3가지 훈련을 해 보세요.

· ☐ A·B 섀도우 스피킹
· ☐ A 역할 · ☐ B 역할

A I can't remember how much it was.

얼마였는지 기억할 수가 없어.

B You should always keep track of all your expenses.

모든 비용을 항상 계속 파악해야 해.

A That takes too much work.

너무 일이 많아지잖아.

B But being organized can help you budget.

하지만 정리가 돼야 예산을 세우는 데 도움이 돼.

You + be동사·조동사 **259**

당신은 ~를 그만둬야 해요

You should stop ~ing

stop은 동명사를 목적어로 갖는 동사예요. 동명사를 목적어로 갖는 동사로는 stop 외에 enjoy(~하는 것을 즐기다), avoid(~하는 것을 피하다) 등이 있지요. [stop + 동명사]는 현재 혹은 평소 하던 행동을 멈춘다는 뜻이에요.

STEP 1 원어민 발음으로 듣기 패턴과 응용어구의 정확한 발음을 들어 보세요.

You should stop ~ing
당신은 ~를 그만둬야 해요

담배 피우는 것	smoking
술 마시는 것	drinking
그를 만나는 것	seeing him
다른 이들에 대해 불평하는 것	complaining about others
여섯 시 이후에 먹는 것	eating after six

STEP 2 원어민 따라잡기 패턴 응용 문장을 다섯 번씩 큰 소리로 말해 보세요.

당신은 금연해야 해요.　**You should stop** smoking.

당신은 금주해야 해요.　**You should stop** drinking.

당신은 그를 그만 만나야 해요.　**You should stop** seeing him.

다른 이들에 대해 불평하는 걸 그만둬야 해요.　**You should stop** complaining about others.

여섯 시 이후에 먹는 걸 그만둬야 해요.　**You should stop** eating after six.

STEP 3 원어민 빰치게 쓰기 확장어를 포함해 앞서 만든 문장을 손으로 직접 써 보세요.

내 말은 당신은 금연해야 한다는 거예요.

What I am saying is _____.

내 말은 당신은 금주해야 한다는 거예요.

What I am saying is _____.

내 말은 당신은 그를 그만 만나야 한다는 거예요.

What I am saying is _____.

내 말은 다른 이들에 대해 불평하는 걸 그만둬야 한다는 거예요.

What I am saying is _____.

내 말은 여섯 시 이후에 먹는 걸 그만둬야 한다는 거예요.

What I am saying is _____.

Practice Speaking 실전 대비 훈련 MP3 파일을 들으며 대화문을 활용한 3가지 훈련을 해 보세요.
· ☐ A·B 섀도우 스피킹
· ☐ A 역할 · ☐ B 역할

A It's not doing you any good.

그건 당신에게 이롭지 않아요.

B What are you trying to say?

무슨 말을 하려는 건가요?

A What I am saying is you should stop seeing him.

내 말은, 당신이 그를 그만 만나야 한다는 거예요.

B But we were married for 15 years!

하지만 우린 15년간 결혼생활을 했어요!

~해 주시겠어요?
Will you please ~?

Will you ~?는 상대에게 무엇을 해 달라고 부탁할 때 사용하는 표현이에요. 이보다 더 정중하게 요청을 하려면 Would you ~? 를 사용하면 돼요. Will you ~?에 please를 붙이면 would를 쓴 것처럼 정중한 표현이 되어요.

STEP 1 원어민 발음으로 듣기 패턴과 응용어구의 정확한 발음을 들어 보세요.

Will you please ~?
~해 주시겠어요?

내게 차가운 물 한 잔을 주다	give me a glass of cold water
조용히 하다	be quiet
듣다	listen
내게 다른 걸 가져오다	bring me another one
나와 도망치다	run away with me

STEP 2 원어민 따라잡기 패턴 응용 문장을 다섯 번씩 큰 소리로 말해 보세요.

내게 찬물 한 잔 좀 주시겠어요?	**Will you please** give me a glass of cold water?
조용히 좀 해 주시겠어요?	**Will you please** be quiet?
들어 주시겠어요?	**Will you please** listen?
제게 다른 걸 가져다 주시겠어요?	**Will you please** bring me another one?
나랑 도망쳐 주시겠어요?	**Will you please** run away with me?

120

STEP 3 원어민 뺨치게 쓰기 확장어를 포함해 앞서 만든 문장을 손으로 직접 써 보세요.

내게 그냥 찬물 한 잔만 주시겠어요?

just ?

그냥 조용히만 해 주시겠어요?

just ?

그냥 듣기만 해 주시겠어요?

just ?

그냥 제게 다른 걸 가져다 주시겠어요?

just ?

그냥 나와 도망쳐만 주시겠어요?

just ?

Practice Speaking 실전 대비 훈련 MP3 파일을 들으며 대화문을 활용한 3가지 훈련을 해 보세요.

· ☐ A·B 섀도우 스피킹
· ☐ A 역할 · ☐ B 역할

A I'm madly in love with you.

난 당신과 깊은 사랑에 빠졌어요.

B I know, but our parents won't approve.

알아요, 하지만 우리 부모님이 허락하지 않을 거예요.

A Will you please just run away with me?

그냥 나와 도망쳐만 주시겠어요?

B I think you're being a little dramatic.

당신은 좀 극적인 것 같네요.

You + be동사·조동사 **263**

몇 시에 ~할 겁니까?
What time will you ~?

미래의 예정을 나타내는 조동사 will(~일 것이다) 앞에 what time(몇 시에)을 붙이면 어떤 행동이 미래의 '언제'에 발생할 것인가를 묻는 거예요. what time 외에 when(언제)이라고 물을 수도 있고 about what time(몇 시쯤에), around what time(몇 시쯤에) 등으로 물을 수도 있어요.

패턴과 응용어구의 정확한 발음을 들어 보세요.

What time will you ~?
몇 시에 ~할 겁니까?

집에 있다	be home
일을 마치다	finish work
시간이 나다	be available
도착하다	arrive
거기에 있다	be there

패턴 응용 문장을 다섯 번씩 큰 소리로 말해 보세요.

몇 시에 집에 있을 겁니까?　　**What time will you** be home?

몇 시에 일을 마칠 겁니까?　　**What time will you** finish work?

몇 시에 시간이 날 겁니까?　　**What time will you** be available?

몇 시에 도착할 겁니까?　　**What time will you** arrive?

몇 시에 거기에 있을 겁니까?　　**What time will you** be there?

STEP 3 원어민 빰치게 쓰기 확장어를 포함해 앞서 만든 문장을 손으로 직접 써 보세요.

오늘 밤 몇 시에 집에 있을 겁니까?

-- tonight?

오늘 밤 몇 시에 일을 마칠 겁니까?

-- tonight?

오늘 밤 몇 시에 시간이 날 겁니까?

-- tonight?

오늘 밤 몇 시에 도착할 겁니까?

-- tonight?

오늘 밤 몇 시에 거기에 있을 겁니까?

-- tonight?

Practice Speaking 실전 대비 훈련 MP3 파일을 들으며 대화문을 활용한 3가지 훈련을 해 보세요.

· ☐ A·B 섀도우 스피킹
· ☐ A 역할 · ☐ B 역할

A You will arrive tomorrow morning, right?

내일 오전에 도착하지?

B No, I actually arrive tonight.

아니. 사실 오늘 밤에 도착해.

A What time will you arrive tonight?

오늘 밤 몇 시에 도착해?

B I think it lands at 10:30 pm.

오후 10시 30분에 착륙하는 것 같아.

Pattern Closure

이번 패턴에서 훈련한 표현들을 마지막으로 체크하고 마무리합니다.

☑ If you don't listen to me, _____ regret. 내 말 안 들으면 반드시 후회할 겁니다.

☐ _____, don't you know? 당신은 내게 꿈과 같아요, 모르세요?

☐ You will realize _____ a kid. 당신이 더 이상 어린아이가 아니라는 것을 깨달을 겁니다.

☐ Actually, _____ be here. 사실, 당신이 여기 있기로 했잖아요.

☐ _____ your homework? 과제를 마쳤습니까?

☐ When _____ have a drink? 언제 한잔할 시간 있으세요?

☐ Why _____ it's okay? 왜 괜찮다고 말하는 건가요?

☐ _____ a bit disappointed? 약간 실망하지 않았나요?

☐ I mean, _____ stop by? 내 말뜻은, 언제 잠시 들릴 거예요?

☐ _____ angry at me? 당신은 내게 왜 그리 화가 났나요?

☐ I wish _____ let me know. 당신이 내게 알려줄 수 있었으면 좋았을걸.

☐ You look like _____ help. 도움이 좀 필요하신 것처럼 보여요.

☐ _____ I've never been there? 내가 거기에 가 본 적이 없다는 것을 믿을 수 있습니까?

☐ By any chance _____ a better one? 혹시라도 더 나은 것을 제안할 수 있나요?

☐ _____ yourself briefly? 당신 자신에 대해 간단히 설명할 수 있나요?

☐ How _____ who he is? 그가 누구인지 어떻게 알아낼 수 있어요?

☐ Then _____ how to use it? 그렇다면, 그것의 사용법을 설명해 주시겠어요?

☐ _____ lend me a hand? 나를 좀 도와주시겠어요?

☐ _____ this kind of behavior? 이런 류의 행동을 어떻게 견딜 수 있나요?

☐ _____ avoid talking about religion. 종교에 관한 얘기는 피하는 게 좋을 겁니다.

☐ _____ doing exercises first. 먼저 운동하기 시작해야 해요.

☐ _____ living in another country? 다른 나라에서 사는 것에 대해 생각해 본 적 있어요?

☐ _____ a headache before? 전에 이런 두통이 있었던 적이 있습니까?

☐ _____ my favorite singer? 내가 좋아하는 가수에 대해 들어 본 적 있습니까?

☐ Exactly _____ lived in Seoul? 정확히 언제부터 서울에 살았던 겁니까?

☐ _____ make excuses. 변명할 필요 없습니다.

☐ _____ changed your password. 암호를 바꿨던 게 틀림없군요.

☐ _____ all your expenses. 당신의 모든 지출을 항상 계속 파악해야 해요.

☐ _____ complaining about others. 다른 이들에 대해 불평하는 걸 그만둬야 해요.

☐ _____ give me a glass of cold water? 내게 찬물 한 잔 좀 주시겠어요?

☐ _____ be home tonight? 오늘 밤 몇 시에 집에 있을 겁니까?

의문문

우리나라 사람들이 영어를 배우기 어려워하는 것은 영어 어순이 우리말과 많이 다르기 때문이에요. 특히, 어순을 바꾸는 것으로 의문문을 만들 수 있는 영어와 달리 우리말은 사용에 따라 의문문이 되기도 하고 평서문이 되기도 합니다. 하지만 어순을 바꾸는 게 헷갈리는 의문문도 자주 쓰이는 의문문 덩어리들만 골라서 집중적으로 외우면 얼마든지 상대방에게 물어보고 싶은 건 다 물어볼 수 있어요.

Why didn't you practice chunk patterns last night?

(어떤) ~가 있습니까?
Do you have any ~?

Do you have는 '~를 갖고 있나요?'의 뜻이에요. [any + 셀 수 있는 명사/셀 수 없는 명사]는 '어떤 ~'이고요. 하지만 이 패턴은 관련 명사에 해당하는 게 아무라도 있는지 물어보는 거라서 해석할 때 굳이 '어떤'으로 할 필요는 없어요.

STEP 1 원어민 발음으로 듣기 패턴과 응용어구의 정확한 발음을 들어 보세요.

Do you have any ~?
(어떤) ~가 있습니까?

형제자매	siblings
다른 계획들	other plans
빈 방	vacancies
전문분야	specialty
담배	cigarettes

STEP 2 원어민 따라잡기 패턴 응용 문장을 다섯 번씩 큰 소리로 말해 보세요.

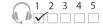

형제자매가 있습니까?	**Do you have any** siblings?
다른 계획이 있습니까?	**Do you have any** other plans?
빈 방이 있습니까?	**Do you have any** vacancies?
전문분야가 있습니까?	**Do you have any** specialty?
담배가 있습니까?	**Do you have any** cigarettes?

형제자매가 있는지 물어봐도 될까요?

Can I ask if --- ?

다른 계획이 있는지 물어봐도 될까요?

Can I ask if --- ?

빈 방이 있는지 물어봐도 될까요?

Can I ask if --- ?

전문분야가 있는지 물어봐도 될까요?

Can I ask if --- ?

담배가 있는지 물어봐도 될까요?

Can I ask if --- ?

Practice Speaking 실전 대비 훈련 MP3 파일을 들으며 대화문을 활용한 3가지 훈련을 해 보세요.

· ☐ A·B 섀도우 스피킹
· ☐ A 역할 · ☐ B 역할

A Can I ask you if you have any vacancies?
빈 방이 있는지 물어봐도 될까요?

B We do, but only for front desk help.
있지만, 프런트 데스크에서만 도와드릴 수 있어요.

A Can I fill out an application?
신청서를 작성할 수 있을까요?

B Sure. Let me get one for you.
그럼요. 하나 가져다 드릴게요.

~를 아세요?
Do you have any idea ~?

It's a good idea.(좋은 생각이야.), I have an idea.(내게 계획이 있어.), What is the idea behind it?(그 이면의 목적은 뭐니?)
처럼 idea는 '생각, 계획, 착상, 목적' 등의 다양한 의미로 쓰여요. Do you have any idea?는 '좋은 생각 있어요?'란 뜻으로도
쓰이고 뒤에 절이나 전치사 구가 와서 '~를 알아요?'의 뜻으로도 쓰입니다.

STEP 1 원어민 발음으로 듣기 패턴과 응용어구의 정확한 발음을 들어 보세요.

Do you have any idea ~?
~를 아세요?

몇 시인지	what time it is
내가 얼마나 바쁜지	how busy I am
그것에 대해	about it
그것이 어떻게 작동하는지	how it works
내가 돈을 얼마나 버는지	how much money I make

STEP 2 원어민 따라잡기 패턴 응용 문장을 다섯 번씩 큰 소리로 말해 보세요.

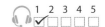

몇 시인지 아세요? **Do you have any idea** what time it is?

내가 얼마나 바쁜지 아세요? **Do you have any idea** how busy I am?

그것에 대해 아세요? **Do you have any idea** about it ?

그것이 어떻게 작동하는지 아세요? **Do you have any idea** how it works?

내가 돈을 얼마나 버는지 아세요? **Do you have any idea** how much money I make?

몇 시인지 혹시 아세요?

_____ happen to _____ ?

내가 얼마나 바쁜지 혹시 아세요?

_____ happen to _____ ?

그것에 대해 혹시 아세요?

_____ happen to _____ ?

그것이 어떻게 작동하는지 혹시 아세요?

_____ happen to _____ ?

내가 돈을 얼마나 버는지 혹시 아세요?

_____ happen to _____ ?

Practice Speaking 실전 대비 훈련 MP3 파일을 들으며 대화문을 활용한 3가지 훈련을 해 보세요.
· ☐ A·B 섀도우 스피킹
· ☐ A 역할 · ☐ B 역할

A Do you happen to have any idea what time it is? 몇 시인지 혹시 알아요?

B I guess it is midnight. 자정인 것 같은데요.

A Then why are you calling so late? 그럼 왜 이리 늦게 전화를 거는 건데요?

B Sorry, it won't happen again. 미안해요, 다시는 안 그럴게요.

덜/더 ~한 게 있나요?

Do you have anything less/more ~?

something, anything은 특이하게 형용사가 뒤에 놓여 수식을 해 줘요. 그 형용사에 less를 붙이면 '덜 ~한'이고 more를 붙이면 '더 ~한'이 되지요. This is expensive.(이것은 비싸네요.), Do you have anything less expensive?(덜 비싼 게 있나요?)처럼 활용할 수 있어요. 참고로 1음절로 된 형용사 앞에는 less/more를 붙이지 않고 단어 뒤에 -er을 붙입니다.

STEP 1 원어민 발음으로 듣기 패턴과 응용어구의 정확한 발음을 들어 보세요.

Do you have anything less/more ~?

덜/더 ~한 게 있나요?

비싼	expensive
복잡한	complicated
색채가 화려한	colorful
싼	cheap
알맞은 가격의	affordable

STEP 2 원어민 따라잡기 패턴 응용 문장을 다섯 번씩 큰 소리로 말해 보세요.　

덜 비싼 게 있나요?	**Do you have anything less** expensive?
덜 복잡한 게 있나요?	**Do you have anything less** complicated?
더 화려한 게 있나요?	**Do you have anything more** colorful?
더 싼 게 있나요?	**Do you have anything** cheaper?
더 알맞은 가격의 것이 있나요?	**Do you have anything more** affordable?

STEP 3 원어민 빰치게 쓰기 확장어를 포함해 앞서 만든 문장을 손으로 직접 써 보세요.

그것들 외에 덜 비싼 게 있나요?

_____ besides those?

그것들 외에 덜 복잡한 게 있나요?

_____ besides those?

그것들 외에 더 화려한 게 있나요?

_____ besides those?

그것들 외에 더 싼 게 있나요?

_____ besides those?

그것들 외에 더 알맞은 가격의 것이 있나요?

_____ besides those?

Practice Speaking 실전 대비 훈련 MP3 파일을 들으며 대화문을 활용한 3가지 훈련을 해 보세요.

· ☐ A·B 섀도우 스피킹
· ☐ A 역할 · ☐ B 역할

A I'm looking for a new scarf.

새 스카프를 하나 찾고 있어요.

B Here's our selection.

여기 저희 각종 제품이 있습니다.

A Do you have anything cheaper besides those?

그것들 말고 더 싼 게 있나요?

B No, that's our entire selection.

아니요, 그게 저희 전체 제품입니다.

~해도 / ~라도 괜찮겠어요?

Do you mind ~ing / if ~?

mind는 원래 '꺼리다', '개의하다'의 뜻이에요. 그래서 Do you mind ~?는 '꺼려집니까? / 개의합니까'의 뜻이지만, 실제 회화에서는 정중하게 '~해도 괜찮겠습니까?'로 쓰여요. 주의할 것은 '괜찮다'고 대답할 때는 Of course not.처럼 부정어 표현이 들어가고 '괜찮지 않다 즉, 하지 말아라' 라고 대답할 때는 Of course.처럼 답합니다. 이 패턴 뒤에는 동명사나 if 절이 올 수 있어요.

STEP 1 원어민 발음으로 듣기 패턴과 응용어구의 정확한 발음을 들어 보세요.

Do you mind ~ing / if ~?

~해도 / ~라도 괜찮겠어요?

나를 기다리는 것	waiting for me
문을 여는 것	opening the door
내가 담배를 피우면	if I smoke
내 의자를 젖히면	if I put my seat back
내가 들어가다	if I come in

STEP 2 원어민 따라잡기 패턴 응용 문장을 다섯 번씩 큰 소리로 말해 보세요.

저를 기다려도 괜찮겠어요?	**Do you mind** waiting for me?
문을 열어도 괜찮겠어요?	**Do you mind** opening the door?
제가 담배를 피워도 괜찮겠어요?	**Do you mind** if I smoke?
제가 의자를 젖혀도 괜찮겠어요?	**Do you mind** if I put my seat back?
제가 들어가도 괜찮겠어요?	**Do you mind** if I come in?

STEP 3 원어민 뺨치게 쓰기 확장어를 포함해 앞서 만든 문장을 손으로 직접 써 보세요.

실례지만, 저를 기다려도 괜찮겠어요?

Excuse me, _____ ?

실례지만, 문을 열어도 괜찮겠어요?

Excuse me, _____ ?

실례지만, 제가 담배를 피워도 괜찮겠어요?

Excuse me, _____ ?

실례지만, 제가 의자를 젖혀도 괜찮겠어요?

Excuse me, _____ ?

실례지만, 제가 들어가도 괜찮겠어요?

Excuse me, _____ ?

Practice Speaking 실전 대비 훈련 MP3 파일을 들으며 대화문을 활용한 3가지 훈련을 해 보세요.
· ☐ A·B 섀도우 스피킹
· ☐ A 역할 · ☐ B 역할

A Excuse me, do you mind if I smoke? 실례지만, 담배 피워도 괜찮을까요?

B Yes, actually I do. 아니요, 사실 싫습니다.

A Okay, I'll go outside. 좋아요. 밖으로 나갈게요.

B Thanks. Sorry for the inconvenience. 감사해요. 불편을 끼쳐 미안해요.

당신은 생각합니까?

Do you think ~?

think 다음에 절이 오면 그 앞에 접속사 that이 생략된 거예요. 이때의 절은 동사 think의 목적어로 쓰인 거지요. 이 외에 Do you think so?(그렇게 생각해?)처럼 절 대신 앞서 말한 문장을 재확인하려고 부사 so만 오기도 합니다.

STEP 1 원어민 발음으로 듣기 패턴과 응용어구의 정확한 발음을 들어 보세요.

Do you think ~?
당신은 생각합니까?

당신은 다르다	you are different
당신이 남의 말을 잘 들어 준다	you are a good listener
당신이 다른 사람들보다 낫다	you are better than others
당신 친구들을 믿을 수 있다	you can trust your friends
당신이 올 수 있다	you can come

STEP 2 원어민 따라잡기 패턴 응용 문장을 다섯 번씩 큰 소리로 말해 보세요.

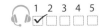
1 2 3 4 5

당신은 다르다고 생각합니까?　**Do you think** you are different?

당신이 남의 말을 잘 들어 준다고 생각합니까?　**Do you think** you are a good listener?

당신이 다른 사람들보다 낫다고 생각합니까?　**Do you think** you are better than others?

당신 친구들을 믿을 수 있다고 생각합니까?　**Do you think** you can trust your friends?

당신이 올 수 있다고 생각합니까?　**Do you think** you can come?

STEP 3 원어민 뺨치게 쓰기 확장어를 포함해 앞서 만든 문장을 손으로 직접 써 보세요.

왜 당신은 다르다고 생각합니까?

Why _____ ?

왜 당신이 남의 말을 잘 들어 준다고 생각합니까?

Why _____ ?

왜 당신이 다른 사람들보다 낫다고 생각합니까?

Why _____ ?

왜 당신 친구들을 믿을 수 있다고 생각합니까?

Why _____ ?

왜 당신이 올 수 있다고 생각합니까?

Why _____ ?

Practice Speaking 실전 대비 훈련 MP3 파일을 들으며 대화문을 활용한 3가지 훈련을 해 보세요.

· ☐ A·B 섀도우 스피킹
· ☐ A 역할 ·☐ B 역할

A You can tell me anything!   내게 뭐든 말해도 돼!

B Why do you think you are a good listener?   왜 네가 남의 말을 잘 들어 주는 사람이라고 생각하니?

A It's because people feel comfortable around me.   왜냐하면, 사람들이 내 옆에 있으면 편안해 하니까.

B That's a good characteristic to have.   그런 성격을 지니면 좋지.

Do you want to ~?

~하길 원합니까? / ~하고 싶습니까?

want to는 '~를 원하다, ~를 하고 싶다'란 뜻으로 구어체에선 wanna라고 발음해요. '원하다'란 의미의 그 외 표현으론 would like to(~하고 싶다), feel like ~ing(~하고픈 기분이 들다), can't wait to(얼른 ~하고 싶어 죽겠다) 등이 있어요. 이 패턴의 to 뒤에는 동사원형이 옵니다.

STEP 1 원어민 발음으로 듣기 패턴과 응용어구의 정확한 발음을 들어 보세요.

Do you want to ~?
~하길 원합니까? / ~하고 싶습니까?

쇼핑 가다	go shopping
외출하다	go out
정기구독을 취소하다	cancel the subscription
어딘가에 가다	go somewhere
개에 목줄을 하고 산책시키다	walk your dog on a leash

STEP 2 원어민 따라잡기 패턴 응용 문장을 다섯 번씩 큰 소리로 말해 보세요.

쇼핑 가고 싶습니까? **Do you want to** go shopping?

외출하고 싶습니까? **Do you want to** go out?

정기구독을 취소하고 싶습니까? **Do you want to** cancel the subscription?

어딘가에 가고 싶습니까? **Do you want to** go somewhere?

개에 목줄을 매고 산책시키고 싶습니까? **Do you want to** walk your dog on a leash?

STEP 3 원어민 빰치게 쓰기 확장어를 포함해 앞서 만든 문장을 손으로 직접 써 보세요.

내가 쇼핑 가길 원합니까?

---------------------------------- me --- ?

내가 외출하길 원합니까?

---------------------------------- me --- ?

내가 정기구독을 취소하길 원합니까?

---------------------------------- me --- ?

내가 어딘가에 가길 원합니까?

---------------------------------- me --- ?

내가 개에 목줄을 매고 산책시키길 원합니까?

---------------------------------- me --- ?

Practice Speaking 실전 대비 훈련 MP3 파일을 들으며 대화문을 활용한 3가지 훈련을 해 보세요.

· □ A·B 섀도우 스피킹
· □ A 역할 · □ B 역할

A What are you doing here?
여기에서 뭐하세요?

B I'm just finishing some work.
일을 좀 끝마치는 중이에요.

A Do you want me to go somewhere?
제가 어딘가에 가 있을까요?

B Yes, I can't concentrate with you around.
그래요, 곁에 있으면 집중할 수가 없어요.

당신은 몇 번이나 ~했나요?

How many times did you ~?

time은 '시간'이란 셀 수 없는 명사 외에 '차례'란 셀 수 있는 명사로도 쓰여요. How many times는 '몇 번이나'이며 그 다음에 [조동사 + 주어 + 동사원형 ~?]의 어순이 나와요. How many times did I tell you!(내가 너한테 몇 번이나 말했니?)처럼 말이에요.

STEP 1 원어민 발음으로 듣기 패턴과 응용어구의 정확한 발음을 들어 보세요.

How many times did you ~?

당신은 몇 번이나 ~했나요?

운전면허 시험을 보다	take your driving test
전화기를 잃어버리다	lose your phone
그 영화를 보다	see the movie
복권을 사다	buy lotto tickets
병원을 방문하다	visit a doctor's office

STEP 2 원어민 따라잡기 패턴 응용 문장을 다섯 번씩 큰 소리로 말해 보세요.

몇 번이나 운전면허 시험을 보았습니까?　**How many times did you** take your driving test?

몇 번이나 전화기를 잃어 버렸습니까?　**How many times did you** lose your phone?

몇 번이나 그 영화를 보았습니까?　**How many times did you** see the movie?

몇 번이나 복권을 샀습니까?　**How many times did you** buy lotto tickets?

몇 번이나 병원을 방문했습니까?　**How many times did you** visit a doctor's office?

128

STEP 3 원어민 뺨치게 쓰기 확장어를 포함해 앞서 만든 문장을 손으로 직접 써 보세요.

올해에 몇 번이나 운전면허 시험을 보았습니까?

-- this year?

올해에 몇 번이나 전화기를 잃어 버렸습니까?

-- this year?

올해에 몇 번이나 그 영화를 보았습니까?

-- this year?

올해에 몇 번이나 복권을 샀습니까?

-- this year?

올해에 몇 번이나 병원을 방문했습니까?

-- this year?

Practice Speaking 실전 대비 훈련 MP3 파일을 들으며 대화문을 활용한 3가지 훈련을 해 보세요.
· ☐ A·B 섀도우 스피킹
· ☐ A 역할 · ☐ B 역할

A I like to gamble every once in a while.   아주 가끔 도박하는 걸 좋아해요.

B I didn't know that.   그건 몰랐네요.

A I don't mean big money. Just lotto tickets.   큰돈 말고요. 그냥 복권 말이에요.

B How many times did you buy lotto tickets this year?   올해 복권을 몇 번이나 샀어요?

의문문 **281**

당신은 얼마나 자주 ~합니까?

How often do you ~?

How often은 '얼마나 자주'라는 빈도를 묻는 표현이에요. 이외에도 how는 how many times(몇 번이나), how many years(몇 년이나), how long(얼마나 오랫동안), how far(얼마나 멀리), how fast(얼마나 빨리), how hard(얼마나 열심히), how much(얼마나 많이), how many(몇 개나) 등 여러 구문과 결합하여 사용할 수 있어요.

STEP 1 원어민 발음으로 듣기 패턴과 응용어구의 정확한 발음을 들어 보세요.

How often do you ~?

당신은 얼마나 자주 ~합니까?

극장에 가다	go to the movies
친구들에게 문자 보내다	text your friends
외식하다	eat out
늦잠 자다	sleep in
운동하다	work out

STEP 2 원어민 따라잡기 패턴 응용 문장을 다섯 번씩 큰 소리로 말해 보세요.

얼마나 자주 극장에 가세요?	**How often do you** go to the movies?
얼마나 자주 친구들에게 문자를 보내세요?	**How often do you** text your friends?
얼마나 자주 외식하세요?	**How often do you** eat out?
얼마나 자주 늦잠 자세요?	**How often do you** sleep in?
얼마나 자주 운동하세요?	**How often do you** work out?

STEP 3 원어민 빰치게 쓰기 확장어를 포함해 앞서 만든 문장을 손으로 직접 써 보세요.

일주일에 얼마나 자주 극장에 가세요?

-- a week?

일주일에 얼마나 자주 친구들에게 문자를 보내세요?

-- a week?

일주일에 얼마나 자주 외식하세요?

-- a week?

일주일에 얼마나 자주 늦잠 자세요?

-- a week?

일주일에 얼마나 자주 운동하세요?

-- a week?

Practice Speaking 실전 대비 훈련 MP3 파일을 들으며 대화문을 활용한 3가지 훈련을 해 보세요.

· ☐ A·B 섀도우 스피킹
· ☐ A 역할 · ☐ B 역할

A I don't like to cook.   난 요리하는 것 싫어해.

B So you normally eat out?   그럼 보통 외식하니?

A Not every night.   매일 밤은 아니고.

B How often do you eat out a week?   일주일에 얼마나 자주 외식해?

~에 대해 어떻게 생각하나요?

What do you think of ~?

What do you think of ~?는 '~는 어떻게 생각하세요?'란 뜻으로 상대방의 의견을 물어요. 그 뒤에는 명사구나 동명사구가 오지요. How do you like ~?(~은 어떻게 생각해요?)와 유사한 표현입니다. 더 공식적인 자리에서 쓸 수 있는 표현으로 What's your opinion on ~?(~에 대한 당신 의견은 뭔가요?) 등이 있습니다.

STEP 1 원어민 발음으로 듣기 패턴과 응용어구의 정확한 발음을 들어 보세요.

What do you think of ~?
~에 대해 어떻게 생각하나요?

내 머리 스타일	my hairstyle
내 웹사이트	my website
내 친구	my friend
내 제안	my suggestion
내 새 차	my new car

STEP 2 원어민 따라잡기 패턴 응용 문장을 다섯 번씩 큰 소리로 말해 보세요.

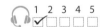

내 머리 스타일 어떻게 생각하나요?	**What do you think of** my hairstyle?
내 웹사이트에 대해 어떻게 생각하나요?	**What do you think of** my website?
내 친구를 어떻게 생각하나요?	**What do you think of** my friend?
내 제안을 어떻게 생각하나요?	**What do you think of** my suggestion?
내 새 차를 어떻게 생각하나요?	**What do you think of** my new car?

130

STEP 3 원어민 뺨치게 쓰기 확장어를 포함해 앞서 만든 문장을 손으로 직접 써 보세요.

말해 보세요, 내 머리 스타일 어떻게 생각하나요?

Tell me, _____ ?

말해 보세요, 내 웹사이트에 대해 어떻게 생각하나요?

Tell me, _____ ?

말해 보세요, 내 친구를 어떻게 생각하나요?

Tell me, _____ ?

말해 보세요, 내 제안을 어떻게 생각하나요?

Tell me, _____ ?

말해 보세요, 내 새 차를 어떻게 생각하나요?

Tell me, _____ ?

Practice Speaking 실전 대비 훈련 MP3 파일을 들으며 대화문을 활용한 3가지 훈련을 해 보세요.

· ☐ A·B 섀도우 스피킹
· ☐ A 역할 · ☐ B 역할

A Tell me, what do you think of my hair style?

말해 봐, 내 머리스타일 어때?

B It looks the same as it always does.

여느 때와 같아 보이는데.

A No, it doesn't!

아니야, 그렇지 않아!

B I'm a guy. Don't ask me such questions.

난 남자잖아. 내게 그런 질문하지 마.

의문문 285

어떤 종류의 ~를 좋아하세요?
What kind of ~ do you like?

two kinds of movies(두 종류의 영화), all kinds of music(온갖 종류의 음악), the first of its kind(그런 유형 중 최초)에서
처럼 kind가 명사로 쓰일 때는 '종류, 유형'의 뜻으로 사용되어요. kind of 뒤에는 셀 수 있는 명사, 셀 수 없는 명사 모두 올 수 있
고요. 참고로 형용사 앞에 kind of가 붙으면 kind of surprised(좀 놀란), kind of busy(좀 바쁜)에서처럼 '좀'이나 '~인 편인'
의 뜻이에요.

STEP 1 원어민 발음으로 듣기 패턴과 응용어구의 정확한 발음을 들어 보세요.

What kind of ~ do you like?
어떤 종류의 ~를 좋아하세요?

음악	music
영화	movies
책들	books
음식	food
와인	wine

STEP 2 원어민 따라잡기 패턴 응용 문장을 다섯 번씩 큰 소리로 말해 보세요.

어떤 종류의 음악을 좋아하세요?	**What kind of** music **do you like?**
어떤 종류의 영화를 좋아하세요?	**What kind of** movies **do you like?**
어떤 종류의 책을 좋아하세요?	**What kind of** books **do you like?**
어떤 종류의 음식을 좋아하세요?	**What kind of** food **do you like?**
어떤 종류의 와인을 좋아하세요?	**What kind of** wine **do you like?**

STEP 3 원어민 뺨치게 쓰기 확장어를 포함해 앞서 만든 문장을 손으로 직접 써 보세요.

어떤 종류의 음악을 가장 좋아하세요?

-- most?

어떤 종류의 영화를 가장 좋아하세요?

-- most?

어떤 종류의 책을 가장 좋아하세요?

-- most?

어떤 종류의 음식을 가장 좋아하세요?

-- most?

어떤 종류의 와인을 가장 좋아하세요?

-- most?

Practice Speaking 실전 대비 훈련 MP3 파일을 들으며 대화문을 활용한 3가지 훈련을 해 보세요.

· ☐ A·B 섀도우 스피킹
· ☐ A 역할 · ☐ B 역할

A Did you see the new *Spiderman* movie?

새로 나온 〈스파이더맨〉 영화 봤어요?

B No. I hate action movies.

아니요, 난 액션 영화 싫어해요.

A What kind of movies do you like most?

어떤 종류의 영화를 가장 좋아해요?

B Mostly, I watch romantic comedies.

주로 로맨틱 코미디를 봐요.

당신은 언제, 어디에서 ~하나요?

When and where do you ~?

시간 부사 when과 장소 부사 where를 결합하여 when and where로 물으면 '언제 어디서'란 뜻이에요. 따라서 답을 할 때는 시간과 장소 둘 다를 답해야 해요. 이렇게 do you ~?처럼 현재 시제를 쓸 때는 평소에 ~을 하는지가 궁금해 물어보기 위해서예요.

STEP 1 원어민 발음으로 듣기 패턴과 응용어구의 정확한 발음을 들어 보세요.

When and where do you ~?

당신은 언제, 어디에서 ~하나요?

독서를 하다	do your reading
라디오를 듣다	listen to the radio
명상하다	meditate
나를 만나길 원하다	want to meet me
이메일을 확인하다	check your emails

STEP 2 원어민 따라잡기 패턴 응용 문장을 다섯 번씩 큰 소리로 말해 보세요.

언제, 어디에서 독서를 합니까? **When and where do you** do your reading?

언제, 어디에서 라디오를 듣습니까? **When and where do you** listen to the radio?

언제, 어디에서 명상합니까? **When and where do you** meditate?

언제, 어디에서 나를 만나길 원합니까? **When and where do you** want to meet me?

언제, 어디에서 이메일을 확인합니까? **When and where do you** check your emails?

STEP 3 원어민 빠르게 쓰기 확장어를 포함해 앞서 만든 문장을 손으로 직접 써 보세요.

주로 언제, 어디에서 독서를 합니까?

Mostly, -- ?

주로 언제, 어디에서 라디오를 듣습니까?

Mostly, -- ?

주로 언제, 어디에서 명상합니까?

Mostly, -- ?

주로 언제, 어디에서 나를 만나길 원합니까?

Mostly, -- ?

주로 언제, 어디에서 이메일을 확인합니까?

Mostly, -- ?

Practice Speaking 실전 대비 훈련 MP3 파일을 들으며 대화문을 활용한 3가지 훈련을 해 보세요.

· ☐ A·B 섀도우 스피킹
· ☐ A 역할 · ☐ B 역할

A Check your email when you get home.
집에 가면 이메일을 확인해 봐.

B I don't have the Internet at my house.
집에 인터넷이 없어.

A Mostly, when and where do you check your emails?
주로 언제, 어디에서 이메일을 확인하니?

B I usually check it at the library every morning.
대개는 매일 아침 도서관에서 확인하지.

당신은 누구와(에게, 를) ~했습니까?

Who did you ~?

주어는 you(당신은)이며 앞의 의문사 who(누구)는 동사나 전치사의 목적어 구실을 해요. 즉 speak to whom(누구와 얘기하다), go out with whom(누구와 외출하다), meet whom(누구를 만나다), bump into whom(누구와 우연히 만나다), yell at whom(누구에게 소리치다)에서처럼 말이에요. 하지만 회화 의문문에서 whom은 모두 who로 대체해서 쓰입니다.

STEP 1 원어민 발음으로 듣기 패턴과 응용어구의 정확한 발음을 들어 보세요.

Who did you ~?
당신은 누구와(에게, 를) ~했습니까?

~와 얘기하다	speak to
~와 함께 외출하다	go out with
만나다	meet
~와 우연히 만나다	bump into
~에게 소리치다	yell at

STEP 2 원어민 따라잡기 패턴 응용 문장을 다섯 번씩 큰 소리로 말해 보세요.

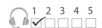

누구와 이야기했습니까?	**Who did you** speak to?
누구와 함께 외출했습니까?	**Who did you** go out with?
누구를 만났습니까?	**Who did you** meet?
누구와 우연히 만났습니까?	**Who did you** bump into?
누구에게 소리 질렀습니까?	**Who did you** yell at?

STEP 3 원어민 뺨치게 쓰기 확장어를 포함해 앞서 만든 문장을 손으로 직접 써 보세요.

한 시간 전에 누구와 이야기했습니까?

-- an hour ago?

한 시간 전에 누구와 함께 외출했습니까?

-- an hour ago?

한 시간 전에 누구를 만났습니까?

-- an hour ago?

한 시간 전에 누구와 우연히 만났습니까?

-- an hour ago?

한 시간 전에 누구에게 소리 질렀습니까?

-- an hour ago?

Practice Speaking 실전 대비 훈련 MP3 파일을 들으며 대화문을 활용한 3가지 훈련을 해 보세요.

· ☐ A·B 섀도우 스피킹
· ☐ A 역할 · ☐ B 역할

A Who did you meet an hour ago?

한 시간 전에 누구를 만났어?

B How did you know I met someone?

내가 누구를 만난 것은 어떻게 알았어?

A Someone told me he saw you at a coffee shop.

커피숍에서 당신을 봤다는 사람이 있었어.

B Oh! That was my boyfriend.

야! 그건 내 남자친구였어.

~하는 게 어때요?
Why don't you ~?

Why don't you ~?는 '~하는 게 어때요?'란 제안의 표현으로 그 다음에 동사원형이 와요. 비슷한 표현의 How about도 '~ 하는 게 어때?'란 뜻인데 뒤에 동명사 ~ing가 오지요. 제안의 표현이 아니라 어떤 것에 대한 상대의 느낌을 물을 때는 How was it?(그건 어땠어요?)처럼 사용합니다.

STEP 1 원어민 발음으로 듣기 패턴과 응용어구의 정확한 발음을 들어 보세요.

Why don't you ~?
~하는 게 어때요?

와인 한 병을 사다	pick up a bottle of wine
우리와 함께 저녁 식사를 하다	join us for dinner
나를 기다리다	wait for me
내 집에 방문하다	come over to my house
여기에 머물다	stay here

STEP 2 원어민 따라잡기 패턴 응용 문장을 다섯 번씩 큰 소리로 말해 보세요.

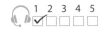

1 2 3 4 5

와인 한 병을 사 오는 게 어때요?	**Why don't you** pick up a bottle of wine?
우리와 함께 저녁 식사를 하는 게 어때요?	**Why don't you** join us for dinner?
날 기다리는 게 어때요?	**Why don't you** wait for me?
내 집에 방문하는 게 어때요?	**Why don't you** come over to my house?
여기에 머무는 게 어때요?	**Why don't you** stay here?

134

STEP 3 원어민 뺨치게 쓰기 확장어를 포함해 앞서 만든 문장을 손으로 직접 써 보세요.

괜찮다면, 와인 한 병을 사 오는 게 어때요?

If you don't mind, _____ ?

괜찮다면, 우리와 함께 저녁 식사를 하는 게 어때요?

If you don't mind, _____ ?

괜찮다면, 날 기다리는 게 어때요?

If you don't mind, _____ ?

괜찮다면, 내 집에 방문하는 게 어때요?

If you don't mind, _____ ?

괜찮다면, 여기에 머무는 게 어때요?

If you don't mind, _____ ?

Practice Speaking 실전 대비 훈련 MP3 파일을 들으며 대화문을 활용한 3가지 훈련을 해 보세요.
· ☐ A·B 섀도우 스피킹
· ☐ A 역할 · ☐ B 역할

A **We're going to John's house for dinner.** 우리 저녁 먹으러 존의 집에 갈 거야.

B **Should I pick up anything?** 뭐 좀 사 갈까?

A **If you don't mind, why don't you pick up a bottle of wine?** 괜찮다면, 와인 한 병 사 오는 게 어때?

B **Okay, I'll get it on the way.** 알겠어, 가는 길에 살게.

의문문 293

왜 ~하지 않았죠?
Why didn't you ~?

Why don't you ~?는 '~하는 게 어때?'라는 제안의 뜻 외에 '왜 ~하지 않니?'의 이유를 묻는 뜻도 있어요. 이 이유를 묻는 뜻일 때의 과거형은 Why didn't you~?(왜 ~하지 않았나요?)예요. 따라서 대답할 때에는 '~하지 않은 이유'를 말해야 해요. I totally forgot.(완전히 깜빡했어요.), I was too busy.(너무 바빴어요.), I was not at home.(집에 없었어요.) 등 이에 대한 답을 생각해 봐요.

STEP 1 원어민 발음으로 듣기 패턴과 응용어구의 정확한 발음을 들어 보세요.

Why didn't you ~?
왜 ~하지 않았죠?

오다	come
내게 말하다	tell me
내게 전화하다	call me
전화를 받다	answer the phone
나를 태우러 오다	pick me up

STEP 2 원어민 따라잡기 패턴 응용 문장을 다섯 번씩 큰 소리로 말해 보세요.

왜 오지 않았죠?	**Why didn't you** come?
왜 내게 말하지 않았죠?	**Why didn't you** tell me?
왜 내게 전화하지 않았죠?	**Why didn't you** call me?
왜 전화를 받지 않았죠?	**Why didn't you** answer the phone?
왜 나를 태우러 오지 않았죠?	**Why didn't you** pick me up?

STEP 3 원어민 뺨치게 쓰기 확장어를 포함해 앞서 만든 문장을 손으로 직접 써 보세요.

지난밤에 왜 오지 않았죠?

-- last night?

지난밤에 왜 내게 말하지 않았죠?

-- last night?

지난밤에 왜 내게 전화하지 않았죠?

-- last night?

지난밤에 왜 전화를 받지 않았죠?

-- last night?

지난밤에 왜 나를 태우러 오지 않았죠?

-- last night?

Practice Speaking 실전 대비 훈련 MP3 파일을 들으며 대화문을 활용한 3가지 훈련을 해 보세요

· ☐ A·B 섀도우 스피킹
· ☐ A 역할 · ☐ B 역할

A Why didn't you come last night?

지난밤에 왜 오지 않았어요?

B Oh, I got really busy at work.

아, 회사에서 너무 바빴어요.

A You always find an excuse!

언제나 핑계를 찾아내는 군요!

B No. I just have a lot of work.

아니에요. 단지 일이 많았을 뿐이에요.

Pattern Closure

이번 패턴에서 훈련한 표현들을 마지막으로 체크하고 마무리합니다.

☑ _____ other plans? 다른 계획이 있습니까?

☐ _____ what time it is? 몇 시인지 아세요?

☐ _____ expensive besides those? 그것들 외에 덜 비싼 게 있나요?

☐ Excuse me, _____ I smoke? 실례지만 제가 담배를 피워도 괜찮겠어요?

☐ _____ you can trust your friends? 당신 친구들을 믿을 수 있다고 생각합니까?

☐ _____ cancel the subscription? 정기구독을 취소하고 싶습니까?

☐ _____ lose your phone this year? 올해에 몇 번이나 전화를 잃어 버렸습니까?

☐ _____ eat out a week? 일주일에 얼마나 자주 외식하세요?

☐ Tell me, _____ my website? 내게 말해 보세요. 내 웹사이트에 대해 어떻게 생각하나요?

☐ _____ movies _____? 어떤 종류의 영화를 가장 좋아하세요?

☐ Mostly, _____ listen to the radio? 주로 언제, 어디에서 라디오를 듣습니까?

☐ _____ go out with an hour ago? 한 시간 전에 누구와 함께 외출했습니까?

☐ If you don't mind, _____ join us for dinner? 괜찮다면, 우리와 함께 저녁 식사를 하는 게 어때요?

☐ _____ answer the phone last night? 지난밤에 왜 전화를 받지 않았죠?

청유·권유·명령

주어와 동사가 자주 생략되는 우리말과 다르게 영어는 문장에서 '주어'와 '동사'가 빠지지 않아요. 그런데 여기에도 예외가 있어요. '주어'가 빠져야 하는 경우인데, 바로 상대방에게 내가 바라는 바를 전달하는 청유·권유·명령의 표현들일 때예요. 굳이 You라고 언급하지 않아도 상대방이 자기한테 하는 말임을 알 수 있기 때문입니다. 자주 쓰는 스타일들을 중심으로 암기한 후 동사 자리만 교체해서 활용해 보세요. 궁극적으로 내가 원하는 바를 상대방이 하도록 설득할 수 있게 대화가 진행될 겁니다.

Promise me you won't give up!

PATTERN 136

~하지 않도록 조심하세요
Be careful not to

be careful에 to부정사를 붙여 사용하면 '~하도록 조심해'이며 to부정사 앞에 not이 붙으면 '~하지 않도록 조심해'란 뜻이에요. 조심해야 할 대상이 명사인 경우에는 Be careful of the dog.(개를 조심해요.)에서처럼 of와 함께 써요. 참고로 Watch out!(조심해!)도 비슷한 의미의 표현입니다.

STEP 1 원어민 발음으로 듣기 패턴과 응용어구의 정확한 발음을 들어 보세요.

Be careful not to
~하지 않도록 조심하세요

감기에 걸리다	catch a cold
어떤 것을 만지다	touch anything
네 여자친구를 울리다	make your girlfriend cry
떨어지다	fall
바가지를 쓰다	get ripped off

STEP 2 원어민 따라잡기 패턴 응용 문장을 다섯 번씩 큰 소리로 말해 보세요.

감기에 걸리지 않도록 조심하세요. **Be careful not to** catch a cold.

아무것도 만지지 않도록 조심하세요. **Be careful not to** touch anything.

당신 여자친구를 울리지 않도록 조심하세요. **Be careful not to** make your girlfriend cry.

떨어지지 않도록 조심하세요. **Be careful not to** fall.

바가지를 쓰지 않도록 조심하세요. **Be careful not to** get ripped off.

298 의미 단위 영어 회화 패턴 훈련

STEP 3 원어민 뺨치게 쓰기 확장어를 포함해 앞서 만든 문장을 손으로 직접 써 보세요.

그래도 감기에 걸리지 않도록 조심해야만 합니다.

You still have to _____.

그래도 아무것도 만지지 않도록 조심해야만 합니다.

You still have to _____.

그래도 당신 여자친구를 울리지 않도록 조심해야만 합니다.

You still have to _____.

그래도 떨어지지 않도록 조심해야만 합니다.

You still have to _____.

그래도 바가지를 쓰지 않도록 조심해야만 합니다.

You still have to _____.

Practice Speaking 실전 대비 훈련 MP3 파일을 들으며 대화문을 활용한 3가지 훈련을 해 보세요.
· ☐ A·B 섀도우 스피킹
· ☐ A 역할 · ☐ B 역할

A I know how to bargain in the market.   난 시장에서 흥정하는 법을 알아.

B You still have to be careful not to get ripped off.   그래도 바가지 쓰지 않게 조심해야 해.

A Yeah. The sellers always sell fake stuff.   그래. 상인들이 항상 가짜 물건들을 팔지.

B That's true. Like fake gold and jewelry.   사실이야. 가짜 금과 보석 같은 것 말이지.

~일 때 언제라도 전화하세요
Call me anytime when

anytime은 '언제라도'인데 뒤에 시간을 한정하는 when 절이 오면 '~일 땐 언제라도'란 뜻이에요. call은 '전화하다'이며 '내게 전화해'라고 할 때 call to me.라고 하지 않는 것에 주의하세요. 참고로 I will call you back.의 call back은 '회신 전화하다' 입니다.

STEP 1 원어민 발음으로 듣기 패턴과 응용어구의 정확한 발음을 들어 보세요.

Call me anytime when
~일 때 언제라도 전화하세요

당신이 준비되다	you are ready
당신이 시간이 있다	you are free
무슨 문제가 있다	there is any problem
당신이 질문이 있다	you have any questions
당신이 돌아오다	you are back

STEP 2 원어민 따라잡기 패턴 응용 문장을 다섯 번씩 큰 소리로 말해 보세요.

당신이 준비되면 언제라도 전화하세요. **Call me anytime when** you are ready.

당신이 시간이 될 때 언제라도 전화하세요. **Call me anytime when** you are free.

무슨 문제가 있으면 언제라도 전화하세요. **Call me anytime when** there is any problem.

질문이 있으면 언제라도 전화하세요. **Call me anytime when** you have any questions.

돌아오면 언제라도 전화하세요. **Call me anytime when** you are back.

STEP 3 원어민 뺨치게 쓰기 확장어를 포함해 앞서 만든 문장을 손으로 직접 써 보세요.

당신이 준비되면 언제라도 들르거나 전화하세요.

Stop by or _____ .

당신이 시간이 될 때 언제라도 들르거나 전화하세요.

Stop by or _____ .

무슨 문제가 있으면 언제라도 들르거나 전화하세요.

Stop by or _____ .

질문이 있으면 언제라도 들르거나 전화하세요.

Stop by or _____ .

돌아오면 언제라도 들르거나 전화하세요.

Stop by or _____ .

Practice Speaking 실전 대비 훈련 MP3 파일을 들으며 대화문을 활용한 3가지 훈련을 해 보세요.
· ☐ A·B 섀도우 스피킹
· ☐ A 역할 · ☐ B 역할

A I'll finish the work by the end of the week.

주말까지는 일을 끝낼 거예요.

B Stop by or call me anytime when you have any questions.

질문이 있으면 언제라도 들르거나 전화하세요.

A I will, but it looks pretty simple.

그럴게요. 하지만 정말 간단해 보여요.

B Alright. Then I'll wait for the final product.

맞아요. 그럼 최종 작품을 기다릴게요.

~를 위해 최선을 다하세요
Do your best for

do one's best는 '최선을 다하다'예요. 뒤에 for가 붙으면 '~을 위해 최선을 다하다'의 뜻이 되지요. for 뒤에는 명사(구)가 옵니다. 이 패턴은 아랫사람에게 격려하거나 충고할 때 쓸 수 있습니다.

STEP 1 원어민 발음으로 듣기 패턴과 응용어구의 정확한 발음을 들어 보세요.

Do your best for
~를 위해 최선을 다하세요

나	me
당신 가족	your family
팀	the team
당신 자신	yourself
당신 주변 사람들	those around you

STEP 2 원어민 따라잡기 패턴 응용 문장을 다섯 번씩 큰 소리로 말해 보세요.

나를 위해서 최선을 다하세요	**Do your best for** me.
당신 가족을 위해서 최선을 다하세요	**Do your best for** your family.
팀을 위해서 최선을 다하세요	**Do your best for** the team.
당신 자신을 위해서 최선을 다하세요	**Do your best for** yourself.
당신 주변 사람들을 위해서 최선을 다하세요	**Do your best for** those around you.

나를 위해서 언제나 최선을 다하세요.

Always _____ .

당신 가족을 위해서 언제나 최선을 다하세요.

Always _____ .

팀을 위해서 언제나 최선을 다하세요.

Always _____ .

당신 자신을 위해서 언제나 최선을 다하세요.

Always _____ .

당신 주변 사람들을 위해서 언제나 최선을 다하세요.

Always _____ .

Practice Speaking 실전 대비 훈련 MP3 파일을 들으며 대화문을 활용한 3가지 훈련을 해 보세요.

· ☐ A·B 섀도우 스피킹
· ☐ A 역할 · ☐ B 역할

A My mom wants me to clean the house.

엄마는 내가 집을 청소하길 원하셔.

B Then you should do it.

그럼 해야지.

A But why?

하지만 왜?

B Always do your best for your family.

네 가족을 위해서 언제나 최선을 다하라고.

일부러 ~할 필요 없어요
Don't bother to/~ing

bother는 '신경 쓰다', '괴롭히다'의 뜻입니다. [Don't bother to부정사/~ing]는 '일부러 ~하지 말아라'의 뜻으로 '해주면 좋지만 굳이 ~하지 않아도 된다'는 뉘앙스를 포함해요.

STEP 1 원어민 발음으로 듣기 패턴과 응용어구의 정확한 발음을 들어 보세요.

Don't bother to/~ing
일부러 ~할 필요 없어요

답하다	to answer
요리하다	doing the cooking
나에게 전화하다	calling me
이것 전부를 읽다	to read all of this
내게 이메일을 보내다	to email me

STEP 2 원어민 따라잡기 패턴 응용 문장을 다섯 번씩 큰 소리로 말해 보세요.

일부러 대답할 필요 없어요.　　　**Don't bother** to answer.

일부러 요리할 필요 없어요.　　　**Don't bother** doing the cooking.

일부러 전화할 필요 없어요.　　　**Don't bother** calling me.

일부러 이 모든 걸 읽을 필요 없어요.　　**Don't bother** to read all of this.

일부러 이메일 보낼 필요 없어요.　　**Don't bother** to email me.

STEP 3 **원어민 뺨치게 쓰기** 확장어를 포함해 앞서 만든 문장을 손으로 직접 써 보세요.

고맙긴 하지만 일부러 대답할 필요 없어요.

Thanks but _____.

고맙긴 하지만 일부러 요리할 필요 없어요.

Thanks but _____.

고맙긴 하지만 일부러 전화할 필요 없어요.

Thanks but _____.

고맙긴 하지만 일부러 이 모든 걸 읽을 필요 없어요.

Thanks but _____.

고맙긴 하지만 일부러 내게 이메일 보낼 필요 없어요.

Thanks but _____.

Practice Speaking **실전 대비 훈련** MP3 파일을 들으며 대화문을 활용한 3가지 훈련을 해 보세요.
· ☐ A·B 섀도우 스피킹
· ☐ A 역할 · ☐ B 역할

A I won't get home until late.

난 늦게나 돼서야 집에 도착할 거야.

B What should I make for dinner, then?

그럼, 저녁으로 무엇을 만들까?

A Thanks but don't bother doing the cooking.

고맙긴 하지만 일부러 요리할 필요는 없어.

B Okay. We'll just order a pizza, then.

알았어. 그럼 그냥 피자 한 판 시킬게.

~에 의지하지 마세요

Don't count on

count는 원래 '(숫자 등을) 세다, 헤아리다'의 뜻이에요. 이 count 뒤에 on을 쓰면 '~을 믿다, 의지하다'로 뜻이 바뀌어요. 이때는 depend on과 같은 뜻입니다.

STEP 1 원어민 발음으로 듣기 패턴과 응용어구의 정확한 발음을 들어 보세요.

Don't count on
~에 의지하지 마세요

운	luck
나	me
당신의 변호사	your lawyer
당신의 본능	your instincts
당신의 부모님	your parents

STEP 2 원어민 따라잡기 패턴 응용 문장을 다섯 번씩 큰 소리로 말해 보세요.

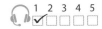

운에 의지하지 마세요.	**Don't count on** luck.
나에게 의지하지 마세요.	**Don't count on** me.
당신 변호사에게 의지하지 마세요.	**Don't count on** your lawyer.
당신 본능에 의지하지 마세요.	**Don't count on** your instincts.
당신 부모님께 의지하지 마세요.	**Don't count on** your parents.

STEP 3 원어민 빰치게 쓰기 확장어를 포함해 앞서 만든 문장을 손으로 직접 써 보세요.

어떤 것에 대해서도 운에 의지하지 마세요.

-- for anything.

어떤 것에 대해서도 나에게 의지하지 마세요.

-- for anything.

어떤 것에 대해서도 당신 변호사에게 의지하지 마세요.

-- for anything.

어떤 것에 대해서도 당신 본능에 의지하지 마세요.

-- for anything.

어떤 것에 대해서도 당신 부모님께 의지하지 마세요.

-- for anything.

Practice Speaking 실전 대비 훈련 MP3 파일을 들으며 대화문을 활용한 3가지 훈련을 해 보세요.

· ☐ A·B 섀도우 스피킹
· ☐ A 역할 · ☐ B 역할

A I'm so tired. I'll sleep until noon tomorrow.

나 너무 피곤해. 내일 정오까지 잘 거다.

B But we have that school bake sale.

하지만 우리 그 학교 비스킷 판매가 있잖아요.

A Don't count on me for anything.

아무것도 나에게 기대하지 마라.

B But you promised you would be there!

하지만 거기에 오겠다고 약속했잖아요!

~라고 말하지 마세요

Don't say that

He didn't say anything.(그는 아무 말도 하지 않았어요.)에서처럼 say는 명사 / 대명사를 목적어로 갖기도 하고 [that + 주어 + 동사]의 절을 목적어로 갖기도 해요. 참고로 The clock says twenty past two.(시계가 2시 20분을 가리켜요.)처럼 say는 '~를 나타내다'란 뜻으로 쓰이기도 합니다.

STEP 1 원어민 발음으로 듣기 패턴과 응용어구의 정확한 발음을 들어 보세요.

Don't say that
~라고 말하지 마세요

당신이 이해한다	you understand
당신이 잊어버렸다	you forgot
영어 배우기가 쉽다	learning English is easy
당신이 그를 안다	you know him
당신이 돌아올 것이다	you will come back

STEP 2 원어민 따라잡기 패턴 응용 문장을 다섯 번씩 큰 소리로 말해 보세요.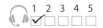

당신이 이해한다고 말하지 마세요   **Don't say that** you understand.

당신이 잊어버렸다고 말하지 마세요   **Don't say that** you forgot.

영어 배우기가 쉽다고 말하지 마세요   **Don't say that** learning English is easy.

당신이 그를 안다고 말하지 마세요   **Don't say that** you know him.

당신이 돌아올 거라고 말하지 마세요   **Don't say that** you will come back.

STEP 3 원어민 뺨치게 쓰기 확장어를 포함해 앞서 만든 문장을 손으로 직접 써 보세요.

당신이 이해하지 못한다고 말하지 마세요.

---- don't ----.

당신이 잊어버리지 않았다고 말하지 마세요.

---- didn't ----.

영어 배우기가 쉽지 않다고 말하지 마세요.

---- isn't ----.

당신이 그를 알지 못한다고 말하지 마세요.

---- don't ----.

당신이 돌아오지 않을 거라고 말하지 마세요.

---- won't ----.

Practice Speaking 실전 대비 훈련 MP3 파일을 들으며 대화문을 활용한 3가지 훈련을 해 보세요.
· ☐ A·B 섀도우 스피킹
· ☐ A 역할 · ☐ B 역할

A Look! There's Robert Redford!

저기에 로버트 레드퍼드가 있어!

B Who is that?

그 사람이 누군데?

A Don't say that you don't know him.

그 사람 모른다고 말하지 마.

B Why? Is he famous?

왜? 유명한 사람인가?

~에 대해 생각하지 마세요
Don't think about

think는 I can't think what her name was.(그녀의 이름이 뭐였는지 생각이 안 나요.)에서처럼 그 뒤에 목적어가 바로 올 수도 있고 think about(~에 대해 생각하다)에서처럼 의미를 한정해 주는 전치사를 동반할 수도 있어요.

STEP 1 원어민 발음으로 듣기 패턴과 응용어구의 정확한 발음을 들어 보세요.

Don't think about
~에 대해 생각하지 마세요

당신의 나이	your age
과거	the past
미래	the future
그 사고	the accident
어떤 것(아무것)	anything

STEP 2 원어민 따라잡기 패턴 응용 문장을 다섯 번씩 큰 소리로 말해 보세요.

당신 나이에 대해 생각하지 마세요.　**Don't think about** your age.

과거에 대해 생각하지 마세요.　**Don't think about** the past.

미래에 대해 생각하지 마세요.　**Don't think about** the future.

그 사고에 대해 생각하지 마세요.　**Don't think about** the accident.

아무것도 생각하지 마세요.　**Don't think about** anything.

당신 나이에 대해 생각조차 하지 마세요.

------------------ even --- .

과거에 대해 생각조차 하지 마세요.

------------------ even --- .

미래에 대해 생각조차 하지 마세요.

------------------ even --- .

그 사고에 대해 생각조차 하지 마세요.

------------------ even --- .

아무것도 생각조차 하지 마세요.

------------------ even --- .

Practice Speaking 실전 대비 훈련 MP3 파일을 들으며 대화문을 활용한 3가지 훈련을 해 보세요.

· ☐ A·B 섀도우 스피킹
· ☐ A 역할 · ☐ B 역할

A I have so many wrinkles around my eyes!

내 눈 주변에 주름들이 너무 많아.

B Don't even think about your age.

네 나이에 대해선 생각도 말아.

A I have to! I'm getting old.

해야 해. 나이를 먹어 가고 있으니까!

B You aren't even 30 yet!

아직 서른 살도 안 되었잖아!

마음껏 ~하세요
Feel free to

....

상대에게 뭔가 요청을 했는데 상대가 Feel free to ~라고 말했다면 '신경 쓰지 말고 마음껏 ~하라'고 허락한 겁니다. to 다음에는 동사원형이 옵니다.

STEP 1 원어민 발음으로 듣기 패턴과 응용어구의 정확한 발음을 들어 보세요.

Feel free to
마음껏 ~하세요

내게 전화하다	call me
편히 있다	make yourself at home
마음껏 가져다 먹다	help yourself
"아니"라고 말하다	say no
잠시 들르다	drop by

STEP 2 원어민 따라잡기 패턴 응용 문장을 다섯 번씩 큰 소리로 말해 보세요.

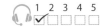

마음껏 저에게 전화하세요.   **Feel free to** call me.

마음껏 편히 있어요.   **Feel free to** make yourself at home.

마음껏 가져다 드세요.   **Feel free to** help yourself.

마음껏 "안 된다"라고 말하세요.   **Feel free to** say no.

언제라도 잠시 들르세요.   **Feel free to** drop by.

STEP 3 원어민 빠르게 쓰기 확장어를 포함해 앞서 만든 문장을 손으로 직접 써 보세요.

부디 마음껏 저에게 전화하세요.

--- please.

부디 마음껏 편히 있어요.

--- please.

부디 마음껏 가져다 드세요.

--- please.

부디 마음껏 "안 된다"라고 말하세요.

--- please.

부디 언제라도 잠시 들르세요.

--- please.

Practice Speaking 실전 대비 훈련 MP3 파일을 들으며 대화문을 활용한 3가지 훈련을 해 보세요.

· ☐ A·B 섀도우 스피킹
· ☐ A 역할 · ☐ B 역할

A Can I have a glass of ice tea?

B Yes. Feel free to help yourself, please.

A Oh thanks. Where are the glasses?

B They are in the cupboard.

아이스티 한 잔 마실 수 있을까요?

그럼요. 마음껏 가져다 드세요.

아, 감사합니다. 잔은 어디에 있나요?

찬장에 있어요.

청유·권유·명령 **313**

~할 시간을 좀 줘요

Give me some time to

give는 '주다'의 뜻이며 [give + ~에게 + …을]의 구조로 쓰여요. some time 뒤에 to부정사가 오는데, 이것은 '~할 약간의 시간'의 뜻이죠. 참고로 [time for + 명사]도 '~할 시간'의 의미를 나타낼 수 있습니다.

STEP 1 원어민 발음으로 듣기 패턴과 응용어구의 정확한 발음을 들어 보세요.

Give me some time to
~할 시간을 좀 줘요

숨을 쉬다	breathe
작별인사하다	say goodbye
그것에 대해 생각하다	think about it
따라잡다	catch up
그것을 파악하다	figure it out

STEP 2 원어민 따라잡기 패턴 응용 문장을 다섯 번씩 큰 소리로 말해 보세요.

숨 쉴 시간을 좀 줘요.　　**Give me some time to** breathe.

작별인사할 시간을 좀 줘요.　　**Give me some time to** say goodbye.

그것에 대해 생각할 시간을 좀 줘요.　　**Give me some time to** think about it.

따라잡을 수 있는 시간을 좀 줘요.　　**Give me some time to** catch up.

그것을 파악할 시간을 좀 줘요.　　**Give me some time to** figure it out.

STEP 3 원어민 뺨치게 쓰기 확장어를 포함해 앞서 만든 문장을 손으로 직접 써 보세요.

바라건대 이것이 숨 쉴 시간을 좀 주면 좋겠어요.

Hopefully this will _____ .

바라건대 이것이 작별인사할 시간을 좀 주면 좋겠어요.

Hopefully this will _____ .

바라건대 이것이 따라잡을 수 있는 시간을 좀 주면 좋겠어요.

Hopefully this will _____ .

바라건대 이것이 그것에 대해 생각할 시간을 좀 주면 좋겠어요.

Hopefully this will _____ .

바라건대 이것이 그것을 파악할 시간을 좀 주면 좋겠어요.

Hopefully this will _____ .

Practice Speaking 실전 대비 훈련 MP3 파일을 들으며 대화문을 활용한 3가지 훈련을 해 보세요.

· ☐ A·B 섀도우 스피킹
· ☐ A 역할 · ☐ B 역할

A I'm taking some time off work.

직장에서 휴가를 좀 낼 거야.

B That's a good idea. You need it.

좋은 생각이네. 당신은 휴식이 필요해.

A Hopefully this will give me some time to breathe.

바라건대 이게 숨 좀 쉴 수 있는 시간이 되면 좋겠어.

B Time-off will do you good.

휴식이 효과가 있을 거야.

~인지 봅시다

Let me see if

'Let me see'가 단독으로 쓰이면 '글쎄요', '어디 봅시다', '가만있자'의 뜻이에요. 원래 let은 '~가 ...하게 놔두다'의 뜻입니다. 그래서 Let me see if는 '~일지 내가 보게 놔 둬' 즉, '~인지 어디 봅시다'의 뜻으로 쓰여요.

STEP 1 원어민 발음으로 듣기 패턴과 응용어구의 정확한 발음을 들어 보세요.

Let me see if
~인지 봅시다

내가 이것을 제대로 이해했다	I've got this right
내가 다른 자리를 찾을 수 있다	I can find another seat
내게 충분한 돈이 있다	I have enough money
내가 이것을 설명할 수 있다	I can explain this
내가 그것을 할 수 있다	I can do it

STEP 2 원어민 따라잡기 패턴 응용 문장을 다섯 번씩 큰 소리로 말해 보세요.

내가 이것을 제대로 이해했는지 봅시다.　**Let me see if** I've got this right.

내가 다른 자리를 찾을 수 있는지 봅시다.　**Let me see if** I can find another seat.

내게 충분한 돈이 있는지 봅시다.　**Let me see if** I have enough money.

내가 이것을 설명할 수 있는지 봅시다.　**Let me see if** I can explain this.

내가 그것을 할 수 있는지 봅시다.　**Let me see if** I can do it.

STEP 3 원어민 뺨치게 쓰기 확장어를 포함해 앞서 만든 문장을 손으로 직접 써 보세요.

먼저, 내가 이것을 제대로 이해했는지 봅시다.

First,　　　　　　　　　　　　　　　　　　　　　　　　　　　　　　　　　.

먼저, 내가 다른 자리를 찾을 수 있는지 봅시다.

First,　　　　　　　　　　　　　　　　　　　　　　　　　　　　　　　　　.

먼저, 내게 충분한 돈이 있는지 봅시다.

First,　　　　　　　　　　　　　　　　　　　　　　　　　　　　　　　　　.

먼저, 내가 이것을 설명할 수 있는지 봅시다.

First,　　　　　　　　　　　　　　　　　　　　　　　　　　　　　　　　　.

먼저, 내가 그것을 할 수 있는지 봅시다.

First,　　　　　　　　　　　　　　　　　　　　　　　　　　　　　　　　　.

Practice Speaking 실전 대비 훈련 MP3 파일을 들으며 대화문을 활용한 3가지 훈련을 해 보세요.

· ☐ A·B 섀도우 스피킹
· ☐ A 역할 · ☐ B 역할

A Do you want to go to the movies?　　　　영화 보러 가고 싶니?

B First, let me see if I have enough money.　　　　먼저, 내게 돈이 충분한지 볼게.

A Aren't you getting paid on Friday?　　　　금요일에 월급을 받지 않나?

B Yeah, so let's just go then.　　　　그래, 그럼 그냥 가자.

만나서 ~합시다
Let's get together to

get together는 '만나다'란 meet의 구어체 표현이에요. 뒤에 [with + 사람]이 붙으면 '~와 만나다'란 뜻이고 get a team together(팀을 모으다)처럼 목적어가 중간에 있으면 '~를 모으다'란 뜻이 되어요. 이 패턴의 to 뒤에는 동사원형이 오는데, 이때는 '(만나서) ~을 하자'는 의미로 쓰입니다.

STEP 1 원어민 발음으로 듣기 패턴과 응용어구의 정확한 발음을 들어 보세요.

Let's get together to
만나서 ~합시다

영화 한 편 보다	watch a movie
커피 한잔 마시다	have a cup of coffee
그 문제를 의논하다	discuss the matter
그것에 관해 이야기하다	talk about it
축하하다	celebrate

STEP 2 원어민 따라잡기 패턴 응용 문장을 다섯 번씩 큰 소리로 말해 보세요.

만나서 영화 한 편 봅시다. **Let's get together to** watch a movie.

만나서 커피 한잔합시다. **Let's get together to** have a cup of coffee.

만나서 그 문제를 의논합시다. **Let's get together to** discuss the matter.

만나서 그것에 관해 이야기합시다. **Let's get together to** talk about it.

만나서 축하합시다. **Let's get together to** celebrate.

STEP 3 원어민 뺨치게 쓰기 확장어를 포함해 앞서 만든 문장을 손으로 직접 써 보세요.

당신이 돌아오는 대로 만나서 영화 한 편 봅시다.

--- as soon as you get back.

당신이 돌아오는 대로 만나서 커피 한잔합시다.

--- as soon as you get back.

당신이 돌아오는 대로 만나서 그 문제를 의논합시다.

--- as soon as you get back.

당신이 돌아오는 대로 만나서 그것에 관해 이야기합시다.

--- as soon as you get back.

당신이 돌아오는 대로 만나서 축하합시다.

--- as soon as you get back.

Practice Speaking 실전 대비 훈련 MP3 파일을 들으며 대화문을 활용한 3가지 훈련을 해 보세요.

· ☐ A·B 섀도우 스피킹
· ☐ A 역할 · ☐ B 역할

A Are you free on Friday?

금요일에 시간 있어?

B No. I'm going to Paris for the weekend.

아니, 주말에 파리에 가.

A Let's get together to have a cup of coffee as soon as you get back.

돌아오는 대로 커피 한잔하게 만나.

B Sure. I will be home on Sunday night.

물론이야. 일요일 밤에는 집에 돌아와.

~를 검토합시다
Let's go over

go over는 '~를 검토하다' 혹은 '거듭 살피다'의 뜻이에요. 비슷한 뜻으로 go through가 있는데 '~를 면밀히 살펴보다'와 '경험하다' 뜻 모두로 자주 사용돼요.

STEP 1 원어민 발음으로 듣기 패턴과 응용어구의 정확한 발음을 들어 보세요.

Let's go over
~를 검토합시다

제안서	the proposal
사안들	the issues
계약서	the contract
안건	the agenda
우리가 해야 하는 것	what we need to do

STEP 2 원어민 따라잡기 패턴 응용 문장을 다섯 번씩 큰 소리로 말해 보세요.

제안서를 검토합시다.
Let's go over the proposal.

사안들을 검토해 봅시다.
Let's go over the issues.

계약서를 검토해 봅시다.
Let's go over the contract.

안건을 검토해 봅시다.
Let's go over the agenda.

우리가 해야 할 것을 검토합시다.
Let's go over what we need to do.

STEP 3 원어민 뺨치게 쓰기 확장어를 포함해 앞서 만든 문장을 손으로 직접 써 보세요.

제안서를 미리 검토합시다.

-- in advance.

사안들을 미리 검토해 봅시다.

-- in advance.

계약서를 미리 검토해 봅시다.

-- in advance.

안건을 미리 검토해 봅시다.

-- in advance.

우리가 해야 할 것을 미리 검토합시다.

-- in advance.

Practice Speaking 실전 대비 훈련 MP3 파일을 들으며 대화문을 활용한 3가지 훈련을 해 보세요.
· ☐ A·B 섀도우 스피킹
· ☐ A 역할 · ☐ B 역할

A We have to meet the client on Friday.   우리 금요일에 그 고객 만나야 해요.

B I know. We have that big proposal.   알아요. 우리에게는 큰 제안할 게 있잖아요.

A Let's go over the proposal in advance.   제안서를 미리 검토해 봅시다.

B Ok. We'll do it on Thursday.   좋아요. 목요일에 해요.

~하는 동안 편히 계세요
Make yourself comfortable while

make oneself comfortable은 make oneself at home과 같은 말로 '내 집처럼 편히 있다'란 뜻이에요. Please come in and make yourself at home.(들어와서 편히 있으세요.)처럼 쓰이지요. comfortable을 at home으로 바꿔서 말해 보는 연습도 해 보세요.

STEP 1 원어민 발음으로 듣기 패턴과 응용어구의 정확한 발음을 들어 보세요.

Make yourself comfortable while
~하는 동안 편히 계세요

내가 커피를 가져오다	I get some coffee
내가 당신에게 마실 것을 가져오다	I fetch you a drink
내가 끝마치다	I finish up
내가 당신에게 차를 타 주다	I fix you tea
내가 가서 그를 깨우다	I go wake him

STEP 2 원어민 따라잡기 패턴 응용 문장을 다섯 번씩 큰 소리로 말해 보세요.

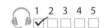
1 2 3 4 5

내가 커피를 가져오는 동안 편히 계세요.
Make yourself comfortable while I get some coffee.

내가 당신에게 마실 것을 가져오는 동안 편히 계세요.
Make yourself comfortable while I fetch you a drink.

내가 끝마치는 동안 편히 계세요.
Make yourself comfortable while I finish up.

내가 당신에게 차를 타 주는 동안 편히 계세요.
Make yourself comfortable while I fix you tea.

내가 가서 그를 깨우는 동안 편히 계세요.
Make yourself comfortable while I go wake him.

STEP 3 원어민 뺨치게 쓰기 확장어를 포함해 앞서 만든 문장을 손으로 직접 써 보세요.

내가 커피를 가져오는 동안 편히 있는 게 어때요?

Why don't you -- ?

내가 당신에게 마실 것을 가져오는 동안 편히 있는 게 어때요?

Why don't you -- ?

내가 끝마치는 동안 편히 있는 게 어때요?

Why don't you -- ?

내가 당신에게 차를 타 주는 동안 편히 있는 게 어때요?

Why don't you -- ?

내가 가서 그를 깨우는 동안 편히 있는 게 어때요?

Why don't you -- ?

Practice Speaking 실전 대비 훈련 MP3 파일을 들으며 대화문을 활용한 3가지 훈련을 해 보세요.

· ☐ A·B 섀도우 스피킹
· ☐ A 역할 · ☐ B 역할

A Sorry for dropping by unexpectedly.

갑자기 들러서 죄송해요.

B It's no problem at all.

괜찮아요.

A Thanks for being so hospitable.

정말 환대해 줘서 감사해요.

B Why don't you make yourself comfortable while I fetch you a drink?

제가 음료수 한잔 가져오는 동안 편안히 있는 게 어때요?

다른 사람들이 절대 ~하지 않게 하세요
Never let others

let's는 '~합시다'란 청유의 뜻이고 동사로 사용될 때의 let은 '~하도록 허용하다'의 뜻이에요. [let + 목적어 + 동사원형]의 구조로 쓰이죠. Let me go.(나를 보내 줘요.), Let the dog in.(개를 들여보내 줘요.)처럼 사용할 수 있고요. 이 let 앞에 Don't가 아니라 Never가 붙으면 아주 강력하게 '~하지 말라'고 명령하는 의미랍니다.

STEP 1 원어민 발음으로 듣기 패턴과 응용어구의 정확한 발음을 들어 보세요.

Never let others
다른 사람들이 절대 ~하지 않게 하세요

당신을 규정하다	define you
당신의 암호를 알다	know your password
당신을 과소평가하다	underestimate you
당신의 카드를 사용하다	use your card
당신에게 상처를 입히다	hurt you

STEP 2 원어민 따라잡기 패턴 응용 문장을 다섯 번씩 큰 소리로 말해 보세요.

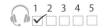

다른 사람들이 절대 당신을 규정하지 않게 하세요.　**Never let others** define you.

다른 사람들이 절대 당신의 암호를 알지 않게 하세요.　**Never let others** know your password.

다른 사람들이 절대 당신을 과소평가하지 않게 하세요.　**Never let others** underestimate you.

다른 사람들이 절대 당신 카드를 쓰지 않게 하세요.　**Never let others** use your card.

다른 사람들이 절대 당신에게 상처 주지 않게 하세요.　**Never let others** hurt you.

STEP 3 원어민 빰치게 쓰기 확장어를 포함해 앞서 만든 문장을 손으로 직접 써 보세요.

난 다른 사람들이 절대 당신을 규정하지 않게 할 겁니다.

I'll

난 다른 사람들이 절대 당신의 암호를 알지 못하게 할 겁니다.

I'll

난 다른 사람들이 절대 당신을 과소평가하지 못하게 할 겁니다.

I'll

난 다른 사람들이 절대 당신 카드를 쓰지 못하게 할 겁니다.

I'll

난 다른 사람들이 절대 당신을 상처 입히지 못하게 할 겁니다.

I'll

Practice Speaking 실전 대비 훈련 MP3 파일을 들으며 대화문을 활용한 3가지 훈련을 해 보세요.

· ☐ A·B 섀도우 스피킹
· ☐ A 역할 · ☐ B 역할

A Can I use your computer?

네 컴퓨터를 좀 사용할 수 있을까?

B Yeah, but I don't give out my password.

그래, 하지만 비밀번호는 알려주지 않는다.

A I'll never let others know your password.

다른 사람들이 절대 네 암호 모르게 할게.

B I know, but I still don't like to give it out.

알아, 하지만 그래도 알려주고 싶진 않아.

반드시 ~하세요
Please be sure to

be sure to는 '반드시 ~하세요'로 to 뒤에는 동사원형이 옵니다. '반드시 ~하다'의 뜻으로 [make sure + 주어 + 동사]의 make sure가 있어요. for sure는 '확실히'란 뜻의 부사로 You will win for sure.(당신이 반드시 이길 거예요.)처럼 쓰입니다.

STEP 1 원어민 발음으로 듣기 패턴과 응용어구의 정확한 발음을 들어 보세요.

Please be sure to
반드시 ~하세요

이름을 쓰다	put your name
문을 잠그다	lock the door
전자제품을 끄다	turn off electrical appliances
안전벨트를 매다	fasten your seatbelt
내게 이메일로 연락하다	contact me by email

STEP 2 원어민 따라잡기 패턴 응용 문장을 다섯 번씩 큰 소리로 말해 보세요.

이름을 반드시 기재하세요.
Please be sure to put your name.

문을 반드시 잠그세요.
Please be sure to lock the door.

전자제품을 반드시 끄세요.
Please be sure to turn off electrical appliances.

반드시 안전벨트를 매세요.
Please be sure to fasten your seatbelt.

내게 반드시 이메일로 연락하세요.
Please be sure to contact me by email.

STEP 3 원어민 빰치게 쓰기 확장어를 포함해 앞서 만든 문장을 손으로 직접 써 보세요.

평상시처럼 이름을 반드시 기재하세요.

-- as usual.

평상시처럼 문을 반드시 잠그세요.

-- as usual.

평상시처럼 전자제품을 반드시 끄세요.

-- as usual.

평상시처럼 반드시 안전벨트를 매세요.

-- as usual.

평상시처럼 내게 반드시 이메일로 연락하세요.

-- as usual.

Practice Speaking 실전 대비 훈련 MP3 파일을 들으며 대화문을 활용한 3가지 훈련을 해 보세요. · ☐ A·B 섀도우 스피킹
· ☐ A 역할 · ☐ B 역할

A Here is the test paper. I hope you are ready.

여기 시험지가 있다. 준비가 되었길 바라.

B Thank you, Teacher.

감사합니다, 선생님.

A Please be sure to put your name as usual.

여느 때처럼 이름을 꼭 기입하고.

B I already did it.

벌써 했어요.

~를 명심하세요 / ~를 염두에 둬요
Please keep in mind ~

Keep your family in mind.(당신의 가족을 생각하세요.)에서처럼 keep in mind는 명사구를 중간에 넣을 수도 있고 뒤로 뺄 수도 있어요. 하지만 접속사 that을 이용한 명사절이 올 경우엔 항상 mind 뒤에 놓입니다. keep 대신 동사 bear를 사용할 수도 있어요.

STEP 1 원어민 발음으로 듣기 패턴과 응용어구의 정확한 발음을 들어 보세요.

Please keep in mind ~

~를 명심하세요 / ~를 염두에 둬요

당신의 시간	your time frame
내 충고	my advice
당신은 혼자가 아니다	that you are not alone
당신이 자신에 대한 책임이 있다	that you are responsible for yourself
당신이 팀의 일원이다	that you are a part of a team

STEP 2 원어민 따라잡기 패턴 응용 문장을 다섯 번씩 큰 소리로 말해 보세요.

당신의 시간을 염두에 둬요.
Please keep in mind your time frame.

내 충고를 명심하세요.
Please keep in mind my advice.

당신은 혼자가 아니라는 것을 명심하세요.
Please keep in mind that you are not alone.

당신이 자신에 대한 책임이 있다는 것을 명심하세요.
Please keep in mind that you are responsible for yourself.

당신이 팀의 일원이라는 것을 명심하세요.
Please keep in mind that you are a part of a team.

STEP 3 원어민 뺨치게 쓰기 확장어를 포함해 앞서 만든 문장을 손으로 직접 써 보세요.

지금부터는, 당신의 시간을 염두에 둬요.

From now on,

지금부터는, 내 충고를 명심하세요.

From now on,

지금부터는, 당신은 혼자가 아니라는 것을 명심하세요.

From now on,

지금부터는, 당신이 자신에 대한 책임이 있다는 것을 명심하세요.

From now on,

지금부터는, 당신이 팀의 일원이라는 것을 명심하세요.

From now on,

Practice Speaking 실전 대비 훈련 MP3 파일을 들으며 대화문을 활용한 3가지 훈련을 해 보세요.

· ☐ A·B 섀도우 스피킹
· ☐ A 역할 · ☐ B 역할

A I'm sorry I missed the deadline.

죄송한데 마감일을 놓쳤어요.

B From now on, please keep in mind your time frame.

지금부턴, 시간을 염두에 둬요.

A I usually do, but this time I got really busy.

보통 그러는데, 이번엔 제가 정말 바빴어요.

B Don't make excuses.

변명하지 말아요.

내게 ~를 건네주세요
Please pass me ~

pass에는 '통하다', '합격하다'란 뜻 외에 '건네주다'의 뜻도 있어요. Pass me over that cup.(그 컵 좀 내게 건네줘.)처럼 over와 함께 쓰이기도 하죠. 명령문은 듣는 사람 입장에서 굉장히 고압적인 느낌이므로 문장 앞뒤에 please를 꼭 넣어 주세요.

STEP 1 원어민 발음으로 듣기 패턴과 응용어구의 정확한 발음을 들어 보세요.

소금	the salt
병	the bottle
설탕	the sugar
맥주 한 병	a beer
치즈 약간	some cheese

Please pass me ~
내게 ~를 건네주세요

STEP 2 원어민 따라잡기 패턴 응용 문장을 다섯 번씩 큰 소리로 말해 보세요.

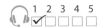

내게 소금을 건네주세요.	**Please pass me** the salt.
내게 병을 건네주세요.	**Please pass me** the bottle.
내게 설탕을 건네주세요.	**Please pass me** the sugar.
내게 맥주 한 병을 건네주세요.	**Please pass me** a beer.
내게 치즈 좀 건네주세요.	**Please pass me** some cheese.

STEP 3 원어민 뺨치게 쓰기 확장어를 포함해 앞서 만든 문장을 손으로 직접 써 보세요.

누구 내게 소금을 건네주겠어요?

Will someone _____ ?

누구 내게 병을 건네주겠어요?

Will someone _____ ?

누구 내게 설탕을 건네주겠어요?

Will someone _____ ?

누구 내게 맥주 한 병을 건네주겠어요?

Will someone _____ ?

누구 내게 치즈 좀 건네주겠어요?

Will someone _____ ?

Practice Speaking 실전 대비 훈련 MP3 파일을 들으며 대화문을 활용한 3가지 훈련을 해 보세요.
· ☐ A·B 섀도우 스피킹
· ☐ A 역할 · ☐ B 역할

A This steak is really good.

이 스테이크는 정말 맛있네요.

B Yeah, but it tastes so much better with ketchup.

맞아요, 하지만 케첩을 곁들이면 훨씬 더 맛있어요.

A Oh! I'll try that. Will someone please pass me the bottle?

야! 그렇게 해 볼게요. 누구 내게 (케첩) 병 좀 건네주겠어요?

B Here you go.

여기 있어요.

당신이 ~할/하지 않을 거라고 약속하세요
Promise me you will/won't

promise는 '약속하다', '약속'의 뜻이에요. 이때의 약속은 뭔가를 해내겠다고 다른 사람 또는 자신에게 하는 '다짐'에 가까워요. promise가 동사로 쓰일 때는 뒤에 바로 명사구가 나오기도 하고, [~에게 + …를 약속하다 (주어 + 동사)]의 형태로 오기도 합니다.

STEP 1 원어민 발음으로 듣기 패턴과 응용어구의 정확한 발음을 들어 보세요.

Promise me you will/won't
당신이 ~할/하지 않을 거라고 약속하세요

나를 기억하다	remember me
포기하다	give up
나를 떠나다	leave me
더 열심히 공부하다	study harder
머물다	stay

STEP 2 원어민 따라잡기 패턴 응용 문장을 다섯 번씩 큰 소리로 말해 보세요.

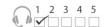

나를 기억할 거라고 약속하세요.	**Promise me you will** remember me.
포기하지 않을 거라고 약속하세요.	**Promise me you won't** give up.
나를 떠나지 않을 거라고 약속하세요.	**Promise me you won't** leave me.
더 열심히 공부할 거라고 약속하세요.	**Promise me you will** study harder.
머물 거라고 약속하세요.	**Promise me you will** stay.

STEP 3 원어민 뺨치게 쓰기 확장어를 포함해 앞서 만든 문장을 손으로 직접 써 보세요.

당신, 나를 기억할 거라고 약속해야 해요.

You must --- .

당신, 포기하지 않을 거라고 약속해야 해요.

You must --- .

당신, 나를 떠나지 않을 거라고 약속해야 해요.

You must --- .

당신, 더 열심히 공부할 거라고 약속해야 해요.

You must --- .

당신, 머물 거라고 약속해야 해요.

You must --- .

Practice Speaking 실전 대비 훈련 MP3 파일을 들으며 대화문을 활용한 3가지 훈련을 해 보세요.

· ☐ A·B 섀도우 스피킹
· ☐ A 역할 · ☐ B 역할

A I am starting to hate my project.

내 프로젝트가 맘에 안 들기 시작했어요.

B I know it's hard, but stick with it.

힘든 건 알지만, 꾸준히 해 봐요.

A I don't know if I have the strength.

그럴 힘이 있는지 모르겠어요.

B You must promise me you won't give up.

당신, 포기하지 않겠다고 나랑 약속해야 해요.

~를 멀리하세요
Stay away from

stay away from은 '~로부터 멀리 떨어지다'란 뜻이에요. Stay away from the fire!(불에서 멀리 떨어져!)처럼 거리상으로 멀리하라는 뜻도 있고 본문에서처럼 사용하지 말라는 뜻도 내포하고 있어요. 후자의 뜻으로 쓰일 때는 abstain from drinking(금주하다)의 abstain from(~를 삼가다)으로 바꿔 쓸 수 있어요.

STEP 1 원어민 발음으로 듣기 패턴과 응용어구의 정확한 발음을 들어 보세요.

Stay away from
~를 멀리하세요

그	him
트랜스 지방	trans fats
에너지 음료	energy drinks
인터넷	the Internet
붉은색 고기	red meat

STEP 2 원어민 따라잡기 패턴 응용 문장을 다섯 번씩 큰 소리로 말해 보세요.

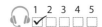

그를 멀리하세요.	**Stay away from** him.
트랜스 지방을 멀리하세요.	**Stay away from** trans fats.
에너지 음료를 멀리하세요.	**Stay away from** energy drinks.
인터넷을 멀리하세요.	**Stay away from** the Internet.
붉은색 고기를 멀리하세요.	**Stay away from** red meat.

STEP 3 원어민 빰치게 쓰기 확장어를 포함해 앞서 만든 문장을 손으로 직접 써 보세요.

당신은 그를 멀리해야 합니다.

You should _____.

당신은 트랜스 지방을 멀리해야 합니다.

You should _____.

당신은 에너지 음료를 멀리해야 합니다.

You should _____.

당신은 인터넷을 멀리해야 합니다.

You should _____.

당신은 붉은색 고기를 멀리해야 합니다.

You should _____.

Practice Speaking 실전 대비 훈련 MP3 파일을 들으며 대화문을 활용한 3가지 훈련을 해 보세요.

· ☐ A·B 섀도우 스피킹
· ☐ A 역할 ·☐ B 역할

A That guy always harasses me.

개는 언제나 나를 괴롭혀.

B You should stay away from him.

너, 개 멀리해야 해.

A I know, but he's in my class.

알아, 하지만 개가 우리 반이잖아.

B Then you should tell your teacher.

그럼 선생님께 말씀드려.

~를 이용해 보세요
Take advantage of

take advantage of는 '~를 백분 활용하다'란 뜻인데 take advantage of consumers(소비자들에게 사기치다)처럼 '~에게 사기치다'의 뜻으로 쓰이는 경우도 있어요. 유사 표현인 make the most of는 안 좋은 상황이나 오래 가지 않을 상황을 이용한다는 뜻이어서 Make the most of the weather.(날씨를 최대한 활용하세요.)처럼 사용해요.

STEP 1 원어민 발음으로 듣기 패턴과 응용어구의 정확한 발음을 들어 보세요.

Take advantage of
~를 이용해 보세요

우리의 경험	our experience
화창한 날씨	the nice weather
우리 상황들	our circumstances
이번 기회	this opportunity
이 상황	this situation

STEP 2 원어민 따라잡기 패턴 응용 문장을 다섯 번씩 큰 소리로 말해 보세요.

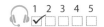

우리의 경험을 이용해 보세요.　　**Take advantage of** our experience.

화창한 날씨를 이용해 보세요.　　**Take advantage of** the nice weather.

우리 상황들을 이용해 보세요.　　**Take advantage of** our circumstances.

이번 기회를 이용해 보세요.　　**Take advantage of** this opportunity.

이 상황을 이용해 보세요.　　**Take advantage of** this situation.

STEP 3 원어민 빰치게 쓰기 확장어를 포함해 앞서 만든 문장을 손으로 직접 써 보세요.

당신은 우리의 경험을 이용할 수 있습니다.

You can _____.

당신은 화창한 날씨를 이용할 수 있습니다.

You can _____.

당신은 우리 상황들을 이용할 수 있습니다.

You can _____.

당신은 이번 기회를 이용할 수 있습니다.

You can _____.

당신은 이 상황을 이용할 수 있습니다.

You can _____.

Practice Speaking 실전 대비 훈련 MP3 파일을 들으며 대화문을 활용한 3가지 훈련을 해 보세요.

· ☐ A·B 섀도우 스피킹
· ☐ A 역할 · ☐ B 역할

A **The sun is so bright today!**　　　　　오늘 햇살이 매우 화창하네!

B **I know. I want to do something outside.**　　알아. 밖에서 뭔가를 하고 싶다.

A You can take advantage of the nice weather.　　화창한 날씨를 활용할 수 있잖아.

B **Maybe I will go rock climbing.**　　　아마 암벽 등반을 갈까 봐.

Pattern Closure

이번 패턴에서 훈련한 표현들을 마지막으로 체크하고 마무리합니다.

☑ _____ make your girlfriend cry. 당신 여자친구를 울리지 않도록 조심하세요.

☐ _____ you have any questions. 질문이 있으면 언제라도 전화하세요.

☐ Always _____ those around you. 당신 주변 사람들을 위해서 언제나 최선을 다하세요.

☐ Thanks but _____ answer. 고맙긴 하지만 일부러 대답할 필요 없어요.

☐ _____ luck for anything. 어떤 것에 대해서도 운에 의지하지 마세요.

☐ _____ learning English isn't easy. 영어 배우기가 쉽지 않다고 말하지 마세요.

☐ _____ the future. 미래에 대해 생각조차 하지 마세요.

☐ _____ make yourself at home. 마음껏 편히 있어요.

☐ _____ say goodbye. 작별인사할 시간을 좀 줘요.

☐ First, _____ I can find another seat. 먼저, 내가 다른 자리를 찾을 수 있는지 봅시다.

☐ _____ have a cup of coffee. 만나서 커피 한잔합시다.

☐ _____ the contract in advance. 계약서를 미리 검토해 봅시다.

☐ _____ I fetch you a drink. 내가 당신에게 마실 것을 가져오는 동안 편히 계세요.

☐ _____ underestimate you. 다른 사람들이 절대 당신을 과소평가하게 하지 마세요.

☐ _____ put your name as usual. 평상시처럼 이름을 반드시 기재하세요.

☐ From now on, _____ my advice. 지금부터는, 내 충고를 명심하세요.

☐ _____ some cheese. 내게 치즈 좀 건네주세요.

☐ _____ remember me. 나를 기억할 거라고 약속하세요.

☐ _____ energy drinks. 에너지 음료를 멀리하세요.

☐ _____ this opportunity. 이번 기회를 이용해 보세요.

It·There

영어 문장들을 우리말로 옮겨 놓을 때, 도무지 해결 안 되는 경우가 종종 발생해요. 특히 빈번한 경우가 it과 there를 포함한 구문들이죠. It's cold outdoor! There was a car accident.에서 밖이 춥다는데 it은 뭐고, 차 사고가 있었는데 there를 '거기에'로 해석해야 하는지 난감하죠. 또, 뒤집어서 '밖이 춥다'는 말을 영어로 하면 그냥 Outdoor is cold!일 텐데, 이렇게는 말하지 않아요. 비인칭 주어, 유도부사, 진주어 + 가주어 등의 복잡한 문법 용어는 잊어 버리자고요. 그냥 이것들이 들어간 자주 쓰이는 패턴만 집중적으로 암기하고 다른 의미 구문들과 적절히 연결하면 끝이에요.

It's up to you whether you believe or not.

~하는 건 좋은 생각입니다

It is a good idea to

idea는 '생각, 착상, 계획' 등을 의미해요. 셀 수 있는 명사이므로 I have an idea.(내게 생각이 있어.)에서처럼 단수로 쓰일 때에는 반드시 부정관사 an을 붙여 줘야 합니다. 여기서 it은 의미 없이 주어 자리에 놓인 것으로 idea 뒤의 to부정사 구문이 실질적인 주어 역할을 합니다.

STEP 1 원어민 발음으로 듣기 패턴과 응용어구의 정확한 발음을 들어 보세요.

It is a good idea to
~하는 건 좋은 생각입니다

폭넓게 읽다	read widely
단체로 여행하다	travel in groups
행동하기 전에 생각하다	think before you act
하루에 물 여섯 잔을 마시다	drink 6 glasses of water a day
외국어 하나를 공부하다	study a foreign language

STEP 2 원어민 따라잡기 패턴 응용 문장을 다섯 번씩 큰 소리로 말해 보세요.

폭넓게 읽는 건 좋은 생각입니다.　　**It is a good idea to** read widely.

단체로 여행하는 건 좋은 생각입니다.　　**It is a good idea to** travel in groups.

행동하기 전에 생각하는 건 좋은 생각입니다.　　**It is a good idea to** think before you act.

하루에 물 여섯 잔을 마시는 건 좋은 생각입니다.　　**It is a good idea to** drink 6 glasses of water a day.

외국어 하나를 공부하는 건 좋은 생각입니다.　　**It is a good idea to** study a foreign language.

STEP 3 원어민 뺨치게 쓰기 확장어를 포함해 앞서 만든 문장을 손으로 직접 써 보세요.

대체로 폭넓게 읽는 건 좋은 생각입니다.

- in general.

대체로 단체로 여행하는 건 좋은 생각입니다.

- in general.

대체로 행동하기 전에 생각하는 건 좋은 생각입니다.

- in general.

대체로 하루에 물 여섯 잔을 마시는 건 좋은 생각입니다.

- in general.

대체로 외국어 하나를 공부하는 건 좋은 생각입니다.

- in general.

Practice Speaking 실전 대비 훈련 MP3 파일을 들으며 대화문을 활용한 3가지 훈련을 해 보세요.

· ☐ A·B 섀도우 스피킹
· ☐ A 역할 · ☐ B 역할

A Why should I learn French?

내가 왜 불어를 배워야 하지?

B Why not?

배우면 안 될 건 뭐지?

A I'm never going to go to France, though.

하지만 난 파리에 절대 안 갈 건데.

B It is a good idea to study a foreign language in general.

대체로 외국어를 하나 배우는 건 좋은 생각이니까.

It is always difficult to

~는 항상 어렵습니다

difficult는 '어려운', always는 '언제나'란 뜻이니까 it is always difficult to는 '~하는 건 언제나 어려운 일이다'란 의미예요. 이건 it's not easy to로 바꿔 써도 되어요. to 뒤에 동사원형이 오고요, 참고로 '힘이 드는'은 strenuous란 형용사로도 표현합니다.

STEP 1 원어민 발음으로 듣기 패턴과 응용어구의 정확한 발음을 들어 보세요.

It is always difficult to
~는 항상 어렵습니다

결정을 내리다	make a decision
지출을 줄이다	reduce spending
습관을 바꾸다	change habits
까다로운 사람들을 위해 요리하다	cook for fussy people
아이들을 다루다	deal with children

STEP 2 원어민 따라잡기 패턴 응용 문장을 다섯 번씩 큰 소리로 말해 보세요.

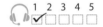
1 2 3 4 5

결정을 내리는 것은 항상 어렵습니다.　　**It is always difficult to** make a decision.

지출을 줄이는 것은 항상 어렵습니다.　　**It is always difficult to** reduce spending.

습관을 바꾸는 것은 항상 어렵습니다.　　**It is always difficult to** change habits.

까다로운 사람들을 위해 요리하는 건 항상 어렵습니다.　　**It is always difficult to** cook for fussy people.

아이들을 다루는 것은 항상 어렵습니다.　　**It is always difficult to** deal with children.

STEP 3 원어민 뺨치게 쓰기 확장어를 포함해 앞서 만든 문장을 손으로 직접 써 보세요.

사람들은 결정을 내리는 것은 항상 어렵다고 말합니다.

People say --.

사람들은 지출을 줄이는 것은 항상 어렵다고 말합니다.

People say --.

사람들은 습관을 바꾸는 것은 항상 어렵다고 말합니다.

People say --.

사람들은 까다로운 사람들을 위해 요리하는 건 항상 어렵다고 말합니다.

People say --.

사람들은 아이들을 다루는 것은 항상 어렵다고 말합니다.

People say --.

Practice Speaking 실전 대비 훈련 MP3 파일을 들으며 대화문을 활용한 3가지 훈련을 해 보세요.
· ☐ A·B 섀도우 스피킹
· ☐ A 역할 · ☐ B 역할

A I keep trying to stop smoking, but can't.

담배를 끊으려고 계속 노력하는데 안 돼요.

B People say it is always difficult to change habits.

사람들이 습관을 바꾸는 건 언제나 힘든 일이라고 말하잖아요.

A It's not hard, it's impossible!

힘든 게 아니라, 불가능해요!

B That's not true. Just be determined.

그건 사실이 아니에요. 그냥 단호해져 봐요.

~하는 게 가장 좋습니다
It is best to

best는 '가장 좋은' 혹은 '최선의'의 뜻이니까 it is best to는 '~하는 것이 최선이다'란 뜻이 되어요. to 이하가 '은, 는, 이, 가'가 붙는 진주어 역할을 하게 되니까 가주어 it은 해석할 필요가 없어요. it is a good idea to(~하는 것이 좋은 생각이다), it is nice to(~하는 게 좋다), it is legal to(~하는 게 합법적이다), it is necessary to(~하는 게 필요하다) 등 여러 형용사를 넣어 다양하게 만들어 봐요.

STEP 1 원어민 발음으로 듣기 패턴과 응용어구의 정확한 발음을 들어 보세요.

It is best to
~하는 게 가장 좋습니다

잠을 충분히 자다	have enough sleep
가능한 한 빨리 우리에게 알리다	let us know as early as possible
공복에 운동하다	work out on an empty stomach
정시에 도착하다	arrive on time
한 번에 조금씩 먹다	eat a little bit at a time

STEP 2 원어민 따라잡기 패턴 응용 문장을 다섯 번씩 큰 소리로 말해 보세요.

잠을 충분히 자는 게 가장 좋습니다.	**It is best to** have enough sleep.
가능한 한 빨리 우리에게 알려 주는 게 가장 좋습니다.	**It is best to** let us know as early as possible.
공복에 운동하는 게 가장 좋습니다.	**It is best to** work out on an empty stomach.
정시에 도착하는 게 가장 좋습니다.	**It is best to** arrive on time.
한 번에 조금씩 먹는 게 가장 좋습니다.	**It is best to** eat a little bit at a time.

STEP 3 원어민 뺨치게 쓰기 확장어를 포함해 앞서 만든 문장을 손으로 직접 써 보세요.

사실, 잠을 충분히 자는 게 가장 좋습니다.

In fact, _____.

사실, 가능한 한 빨리 우리에게 알려 주는 게 가장 좋습니다.

In fact, _____.

사실, 공복에 운동하는 게 가장 좋습니다.

In fact, _____.

사실, 정시에 도착하는 게 가장 좋습니다.

In fact, _____.

사실, 한 번에 조금씩 먹는 게 가장 좋습니다.

In fact, _____.

Practice Speaking 실전 대비 훈련 MP3 파일을 들으며 대화문을 활용한 3가지 훈련을 해 보세요.
· ☐ A·B 섀도우 스피킹
· ☐ A 역할 · ☐ B 역할

A Try to reach a decision by tomorrow.

내일까지 결정을 내리도록 해 봐요.

B I will. I'm just still deciding.

그러겠습니다. 아직도 결정 중이에요.

A In fact, it is best to let us know as early as possible.

사실, 가능한 한 빨리 우리에게 알려 주는 게 가장 좋아요.

B I know. I'm sure other people want to buy it, too.

알아요. 확신하는데 다른 사람들도 그것을 사고 싶어 해요.

그것은 ~의 가치가 있습니다

It is worth

worth는 드물게도 뒤에 전치사 없이 바로 목적어를 가지는 형용사예요. be worth ten thousand won(만 원짜리이다), be worth the trouble(수고할 가치가 있다) 등과 같은 형태로 사용되지요. be worthy of 역시 '~할 만한 가치가 있다'의 뜻이 있어서 be worthy of one's reputation(명성에 걸맞은 가치를 지니다)처럼 쓰입니다.

STEP 1 원어민 발음으로 듣기 패턴과 응용어구의 정확한 발음을 들어 보세요.

시청하기	watching
구매하기	buying
그 가격	its price
최소한 한 번은 방문하기	visiting at least once
다시 시도하기	trying again

It is worth
그것은 ~의 가치가 있습니다

STEP 2 원어민 따라잡기 패턴 응용 문장을 다섯 번씩 큰 소리로 말해 보세요.

그것은 시청할 만합니다.　　　　　**It is worth** watching.

그것은 살 만한 가치가 있습니다.　　**It is worth** buying.

그것은 제값을 합니다.　　　　　　**It is worth** its price.

그것은 최소한 한 번은 방문할 가치가 있습니다.　**It is worth** visiting at least once.

그것은 다시 시도해 볼 가치가 있습니다.　**It is worth** trying again.

STEP 3 원어민 빠르게 쓰기 확장어를 포함해 앞서 만든 문장을 손으로 직접 써 보세요.

내 생각에 그것은 시청할 만합니다.

I think _____ .

내 생각에 그것은 살 만한 가치가 있습니다.

I think _____ .

내 생각에 그것은 제값을 합니다.

I think _____ .

내 생각에 그것은 최소한 한 번은 방문할 가치가 있습니다.

I think _____ .

내 생각에 그것은 다시 시도해 볼 가치가 있습니다.

I think _____ .

Practice Speaking 실전 대비 훈련 MP3 파일을 들으며 대화문을 활용한 3가지 훈련을 해 보세요.
· ☐ A·B 섀도우 스피킹
· ☐ A 역할 · ☐ B 역할

A He said the necklace is $400.

그가 목걸이가 400달러라고 했어요.

B I think it is worth buying.

살 만한 가치가 있는 것 같네요.

A You don't think I'll find a better one for cheaper?

더 싼 가격에 더 나은 걸 찾을 순 없을까요?

B No. You won't find one as good as this.

없어요. 이만큼 좋은 건 찾을 수 없을 거예요.

~는 우연이 아니었습니다
It was no accident that

it was no accident that은 '~한 것은 우연이 아니었다'란 뜻으로 it was not by chance that으로 바꿔 말할 수 있어요. 참고로 두 가지 사건이 동시에 발생한 게 우연의 일치가 아니었다라고 말하고 싶을 때엔 It was no coincidence that ~(~는 우연의 일치가 아니었다)처럼 말하면 되어요.

STEP 1 원어민 발음으로 듣기 패턴과 응용어구의 정확한 발음을 들어 보세요.

It was no accident that
~는 우연이 아니었습니다

내가 거기 있었다	I was there
테러리스트 공격이 발생했다	the terrorist attack took place
내가 결국 여기에 왔다	I ended up here
내가 파티에 있었다	I was at the party
내가 당신을 만나다	I met you

STEP 2 원어민 따라잡기 패턴 응용 문장을 다섯 번씩 큰 소리로 말해 보세요.

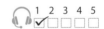

내가 거기에 있었던 것은 우연이 아니었습니다.
It was no accident that I was there.

테러리스트 공격이 발생했던 것은 우연이 아니었습니다.
It was no accident that the terrorist attack took place.

내가 결국 여기에 오게 된 것은 우연이 아니었습니다.
It was no accident that I ended up here.

내가 파티에 있었던 것은 우연이 아니었습니다.
It was no accident that I was at the party.

내가 당신을 만난 것은 우연이 아니었습니다. **It was no accident that** I met you.

내가 거기에 있었던 것은 우연이 아니었다라는 느낌이 갑자기 들었습니다.

I had a sudden feeling that --- .

테러리스트 공격이 발생했던 것은 우연이 아니었다라는 느낌이 갑자기 들었습니다.

I had a sudden feeling that --- .

내가 결국 여기에 오게 된 것은 우연이 아니었다라는 느낌이 갑자기 들었습니다.

I had a sudden feeling that --- .

내가 파티에 있었던 것은 우연이 아니었다라는 느낌이 갑자기 들었습니다.

I had a sudden feeling that --- .

내가 당신을 만난 것은 우연이 아니었다라는 느낌이 갑자기 들었습니다.

I had a sudden feeling that --- .

Practice Speaking 실전 대비 훈련 MP3 파일을 들으며 대화문을 활용한 3가지 훈련을 해 보세요.
· ☐ A·B 섀도우 스피킹
· ☐ A 역할 · ☐ B 역할

A He didn't tell me she would be there.

그녀가 거기 올 거라는 걸 그가 내게 얘기하지 않았어.

B Oh gosh. You must've been surprised then.

저런. 그럼 놀랐겠다.

A Yes. I had a sudden feeling that it was no accident that I was there.

그래. 내가 거기에 있었던 게 우연이 아니라는 느낌이 갑자기 팍 들었어.

B You think he planned it that way?

걔가 그렇게 꾸몄다고 생각하는 거야?

~할 겁니다

It's gonna

is going to(~할 것이다)의 구어체 표현이 is gonna예요. 미래에 예정된 일을 나타내는 표현으로 이것 외에도 be supposed to(~하기로 되어 있다), be expected to(~일 것으로 기대되다), intend to(~할 작정이다) 등이 있어요. 이 모든 패턴 뒤에는 동사 원형이 옵니다.

STEP 1 원어민 발음으로 듣기 패턴과 응용어구의 정확한 발음을 들어 보세요.

It's gonna
~할 겁니다

비가 오다	rain
긴 밤이 되다	be a long night
괜찮다	be alright
폭우가 내리다	pour down
매우 덥다	be very hot

STEP 2 원어민 따라잡기 패턴 응용 문장을 다섯 번씩 큰 소리로 말해 보세요.

비가 올 겁니다.	**It's gonna** rain.
긴 밤이 될 겁니다.	**It's gonna** be a long night.
괜찮을 겁니다.	**It's gonna** be alright.
폭우가 내릴 겁니다.	**It's gonna** pour down.
매우 더울 겁니다.	**It's gonna** be very hot.

STEP 3 원어민 뺨치게 쓰기 확장어를 포함해 앞서 만든 문장을 손으로 직접 써 보세요.

비가 올 거라는 게 안 보이나요?

Can't you see _____?

긴 밤이 될 거라는 게 안 보이나요?

Can't you see _____?

괜찮을 거라는 게 안 보이나요?

Can't you see _____?

폭우가 내릴 거라는 게 안 보이나요?

Can't you see _____?

매우 더울 거라는 게 안 보이나요?

Can't you see _____?

Practice Speaking 실전 대비 훈련 MP3 파일을 들으며 대화문을 활용한 3가지 훈련을 해 보세요.

· ☐ A·B 섀도우 스피킹
· ☐ A 역할 · ☐ B 역할

A Let's go to the beach!

해변에 가자!

B Can't you see it's gonna rain?

비가 올 거라는 게 안 보이니?

A So what? I love dancing in the rain!

그래서? 난 빗속에서 춤추는 걸 아주 좋아하거든!

B Sometimes I think you are crazy.

가끔 보면 너 제정신이 아닌 것 같아.

~일지도 몰라요
It's likely that

likely는 '~일 것 같은' 혹은 '~할 공산이 큰'의 뜻이에요. 이 likely는 He is very likely to be late.(그는 지각할 가능성이 커.)에 서처럼 to부정사와 같이 사용할 수도 있고 여기에서처럼 접속사 that이 이끄는 명사절과 같이 사용할 수도 있어요. 비슷한 의미의 표현으로 there is a good chance that ~(~일 가능성이 크다)가 있습니다.

STEP 1 원어민 발음으로 듣기 패턴과 응용어구의 정확한 발음을 들어 보세요.

It's likely that
~일지도 몰라요

그가 게이이다	he is gay
그녀가 임신했다	she is pregnant
당신은 조언이 필요하다	you need advice
내가 들어갈 자격이 없다	I am not eligible to enter
그들이 그것을 알고 있다	they are aware of it

STEP 2 원어민 따라잡기 패턴 응용 문장을 다섯 번씩 큰 소리로 말해 보세요.

그는 게이일지도 몰라요.	**It's likely that** he is gay.
그녀는 임신했을지도 몰라요.	**It's likely that** she is pregnant.
당신에겐 조언이 필요할지도 몰라요.	**It's likely that** you need advice.
내가 입장할 자격이 없는지도 몰라요.	**It's likely that** I am not eligible to enter.
그들이 그것을 알고 있을지도 몰라요.	**It's likely that** they are aware of it.

그런 경우라면, 그는 게이일지도 몰라요.

In that case,

_____.

그런 경우라면, 그녀는 임신했을지도 몰라요.

In that case,

_____.

그런 경우라면, 당신에겐 조언이 필요할지도 몰라요.

In that case,

_____.

그런 경우라면, 내가 입장할 자격이 없는지도 몰라요.

In that case,

_____.

그런 경우라면, 그들이 그것을 알고 있을지도 몰라요.

In that case,

_____.

Practice Speaking 실전 대비 훈련 MP3 파일을 들으며 대화문을 활용한 3가지 훈련을 해 보세요.
· ☐ A·B 섀도우 스피킹
· ☐ A 역할 · ☐ B 역할

A She's getting a bit fat.

그녀는 살이 좀 찌고 있어.

B Maybe she's been eating too much.

아마 너무 많이 먹나 보다.

A But she doesn't seem to eat that often.

하지만 그렇게 자주 먹는 것 같지는 않아.

B In that case, it's likely that she is pregnant.

그런 경우라면, 걔가 임신했을지도 몰라.

~할 때입니다

It's time to

it's time to는 '~할 때이다'의 뜻으로 뒤에는 동사원형이 와요. It's time to eat.(식사할 때가 되었어.), It's time to wrap it up.(그걸 마무리할 때가 됐어.)처럼 쓰이지요. 참고로 it's time for는 '~할 때이다'로 뜻은 같지만 for 다음엔 명사구가 온다는 차이점이 있어요. It's time for dinner.(저녁 식사할 때가 되었어.), It's time for bed.(잠잘 때가 되었어.)처럼 활용합니다.

STEP 1 원어민 발음으로 듣기 패턴과 응용어구의 정확한 발음을 들어 보세요.

It's time to
~할 때입니다

행동을 취하다	take action
잠자리에 들다	go to bed
떠나다	leave
담배를 끊다	stop smoking
작별하다	say good-bye

STEP 2 원어민 따라잡기 패턴 응용 문장을 다섯 번씩 큰 소리로 말해 보세요.

행동을 취할 때입니다.	**It's time to** take action.
잠자리에 들 때입니다.	**It's time to** go to bed.
떠날 때입니다.	**It's time to** leave.
담배를 끊을 때입니다.	**It's time to** stop smoking.
작별할 때입니다.	**It's time to** say good-bye.

163

STEP 3 원어민 뺨치게 쓰기 확장어를 포함해 앞서 만든 문장을 손으로 직접 써 보세요.

행동을 취할 때라고 생각하지 않습니까?

Don't you think --- ?

잠자리에 들 때라고 생각하지 않습니까?

Don't you think --- ?

떠날 때라고 생각하지 않습니까?

Don't you think --- ?

담배를 끊을 때라고 생각하지 않습니까?

Don't you think --- ?

작별할 때라고 생각하지 않습니까?

Don't you think --- ?

Practice Speaking 실전 대비 훈련 MP3 파일을 들으며 대화문을 활용한 3가지 훈련을 해 보세요.

· ☐ A·B 섀도우 스피킹
· ☐ A 역할 · ☐ B 역할

A When did you start?

언제 시작했어?

B When I was 15, I guess.

내 생각엔 15살 때였어.

A Don't you think it's time to stop smoking?

담배를 끊을 때라고 생각하지 않니?

B I'll stop when I turn 35.

35세 되면 끊을 거야.

~는 당신에게 달려 있습니다

It's up to you

[up to +사람]은 '~에게 달린'으로 It's up to you to leave or not.(떠나든 안 떠나든 네게 달려 있어.)처럼 쓰여요. [up to +사람] 뒤에는 절, to부정사, 명사구 등이 올 수 있습니다.

STEP 1 원어민 발음으로 듣기 패턴과 응용어구의 정확한 발음을 들어 보세요.

It's up to you
~는 당신에게 달려 있습니다

우리가 무엇을 먹는지	what we eat
당신이 무엇을 할지	what you are going to do
당신이 당신의 삶을 어떻게 살지	how you live your life
당신이 갈지 안 갈지	whether you go or not
무엇을 살지	what to buy

STEP 2 원어민 따라잡기 패턴 응용 문장을 다섯 번씩 큰 소리로 말해 보세요.

우리가 무엇을 먹을지는 당신에게 달려 있습니다. **It's up to you** what we eat.

당신이 무엇을 할지는 당신에게 달려 있습니다. **It's up to you** what you are going to do.

당신 인생을 어떻게 살지는 당신에게 달려 있습니다. **It's up to you** how you live your life.

당신이 갈지 안 갈지는 당신에게 달려 있습니다. **It's up to you** whether you go or not.

무엇을 살지는 당신에게 달려 있습니다. **It's up to you** what to buy.

STEP 3 원어민 뺨치게 쓰기 확장어를 포함해 앞서 만든 문장을 손으로 직접 써 보세요.

결국, 우리가 무엇을 먹을지는 당신에게 달려 있습니다.

_____ in the end.

결국, 당신이 무엇을 할지는 당신에게 달려 있습니다.

_____ in the end.

결국, 당신 인생을 어떻게 살지는 당신에게 달려 있습니다.

_____ in the end.

결국, 당신이 갈지 안 갈지는 당신에게 달려 있습니다.

_____ in the end.

결국, 무엇을 살지는 당신에게 달려 있습니다.

_____ in the end.

Practice Speaking 실전 대비 훈련 MP3 파일을 들으며 대화문을 활용한 3가지 훈련을 해 보세요.

· ☐ A·B 섀도우 스피킹
· ☐ A 역할 · ☐ B 역할

A I can give you my opinion, but it doesn't matter.

내 의견을 얘기할 순 있지만, 그건 중요하진 않아.

B Why do you say that?

왜 그런 말을 하는 거야?

A It's up to you how you live your life in the end.

결국, 네 인생을 어떻게 사는가는 너에게 달린 거니까.

B But I would still like your opinion.

하지만 그래도 난 네 의견을 듣고 싶어.

인연이라면 / 운명이라면
If it's meant to be,

be meant to be는 '~이기로 되어 있다' 혹은 '~일 예정이다'라는 미래에 예정된 상황을 말할 때 써요. 앞에서 배운 표현 중 be supposed to도 '~하기로 되어 있다'의 뜻인데 be meant to는 이보다 더 필연적인 예정을 나타낼 때 사용하지요. 그래서 If it's meant to be,는 독립절로 '인연이라면, 운명이라면'의 뜻으로 꼭 외워 두세요.

STEP 1 원어민 발음으로 듣기 패턴과 응용어구의 정확한 발음을 들어 보세요.

If it's meant to be
인연이라면 / 운명이라면

발생할 것이다	it will happen
우리는 다시 만날 것이다	we will meet again
그는 그걸 극복할 것이다	he will overcome it
당신이 돌아올 것이다	you will come back
걱정하지 않아도 된다	you don't have to worry

STEP 2 원어민 따라잡기 패턴 응용 문장을 다섯 번씩 큰 소리로 말해 보세요.

운명이라면 일어나겠지요.	**If it's meant to be**, it will happen.
인연이라면 우린 다시 만날 겁니다.	**If it's meant to be**, we will meet again.
운명이라면, 그는 그걸 극복해 낼 겁니다.	**If it's meant to be**, he will overcome it.
인연이라면, 당신이 돌아올 것입니다.	**If it's meant to be**, you will come back.
운명이라면, 걱정하지 않아도 됩니다.	**If it's meant to be**, you don't have to worry.

운명이라면 일어날 거라는 것을 기억해 두세요.

Just remember that _____.

인연이라면 우리가 다시 만날 거라는 것을 기억해 두세요.

Just remember that _____.

운명이라면, 그가 그것을 극복해 낼 거라는 것을 기억해 두세요.

Just remember that _____.

인연이라면, 당신이 돌아올 거라는 것을 기억해 두세요.

Just remember that _____.

운명이라면, 걱정하지 않아도 된다는 것을 기억해 두세요.

Just remember that _____.

Practice Speaking 실전 대비 훈련 MP3 파일을 들으며 대화문을 활용한 3가지 훈련을 해 보세요.

· ☐ A·B 섀도우 스피킹
· ☐ A 역할 · ☐ B 역할

A I am so worried.

나 너무 걱정돼.

B About what?

뭐가?

A I'm waiting to hear back from Harvard.

하버드에서 소식이 오길 기다리고 있거든.

B Just remember that if it's meant to be, it will happen.

운명이라면, 일어날 거라는 걸 기억해 둬.

~할 필요가 있나요?

Is it necessary to ~?

necessary는 '필요한'의 뜻이라서 it is necessary to가 되면 '~하는 것이 필요하다'란 뜻이 되어요. 이것의 의문형이 바로 위의 패턴이지요. 행동이나 상태의 주체를 밝히고 싶으면 it is necessary for you to(당신이 ~하는 게 필요해요)처럼 for 다음에 행위자를 넣어 주면 되는데 간단히 you should나 you need to로 바꿔 표현해도 됩니다.

STEP 1 원어민 발음으로 듣기 패턴과 응용어구의 정확한 발음을 들어 보세요.

Is it necessary to ~?
~할 필요가 있나요?

치실을 사용하다	floss
다이어트를 하다	go on a diet
변호사를 고용하다	hire a lawyer
내 여권을 가져오다	bring my passport
유언장을 만들다	make a will

STEP 2 원어민 따라잡기 패턴 응용 문장을 다섯 번씩 큰 소리로 말해 보세요.

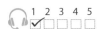

치실을 사용할 필요가 있나요? **Is it necessary to** floss?

다이어트를 할 필요가 있나요? **Is it necessary to** go on a diet?

변호사를 고용할 필요가 있나요? **Is it necessary to** hire a lawyer?

제 여권을 가져올 필요가 있나요? **Is it necessary to** bring my passport?

유언장을 작성할 필요가 있나요? **Is it necessary to** make a will?

STEP 3 원어민 빨치게 쓰기 확장어를 포함해 앞서 만든 문장을 손으로 직접 써 보세요.

제가 치실을 사용할 필요가 있나요?

-------------------------------------- for me --------------------------------------- ?

제가 다이어트를 할 필요가 있나요?

-------------------------------------- for me --------------------------------------- ?

제가 변호사를 고용할 필요가 있나요?

-------------------------------------- for me --------------------------------------- ?

제가 제 여권을 가져올 필요가 있나요?

-------------------------------------- for me --------------------------------------- ?

제가 유언장을 작성할 필요가 있나요?

-------------------------------------- for me --------------------------------------- ?

Practice Speaking 실전 대비 훈련 MP3 파일을 들으며 대화문을 활용한 3가지 훈련을 해 보세요.
· ☐ A·B 섀도우 스피킹
· ☐ A 역할 · ☐ B 역할

A Do you want to go to Mexico with me?

저랑 멕시코에 가고 싶으세요?

B Is it necessary for me to bring my passport?

제가 여권을 가져올 필요가 있나요?

A No, because you are an American.

아니요, 당신은 미국인이니까요.

B Oh that's pretty cool.

아, 그거 정말 괜찮은데요.

~가 가능한가요?
Is it possible to ~?

possible은 '가능한'의 뜻이며 it is possible to는 '~하는 게 가능하다'란 뜻이에요. 이렇게 가능성을 나타낼 때엔 간단하게 조동사 can으로 해결할 수도 있어요. 즉, It is possible to get a refund?(환불받는 게 가능한가요?)는 Can I get a refund?로 대체할 수 있습니다.

STEP 1 원어민 발음으로 듣기 패턴과 응용어구의 정확한 발음을 들어 보세요.

Is it possible to ~?
~가 가능한가요?

환불받다	get a refund
내 배우자를 데려오다	bring my spouse
예약을 하다	make a reservation
내 이메일 주소를 변경하다	change my email address
온라인으로 세금을 내다	pay taxes online

STEP 2 원어민 따라잡기 패턴 응용 문장을 다섯 번씩 큰 소리로 말해 보세요.

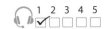

환불받는 게 가능한가요?
Is it possible to get a refund?

제 배우자를 데려오는 게 가능한가요?
Is it possible to bring my spouse?

예약하는 게 가능한가요?
Is it possible to make a reservation?

이메일 주소를 바꾸는 게 가능한가요?
Is it possible to change my email address?

세금을 온라인으로 내는 게 가능한가요?
Is it possible to pay taxes online?

167

STEP 3 원어민 뺨치게 쓰기 확장어를 포함해 앞서 만든 문장을 손으로 직접 써 보세요.

환불받는 게 언제 가능한가요?

When _____?

제 배우자를 데려오는 게 언제 가능한가요?

When _____?

예약하는 게 언제 가능한가요?

When _____?

이메일 주소를 바꾸는 게 언제 가능한가요?

When _____?

세금을 온라인으로 내는 게 언제 가능한가요?

When _____?

Practice Speaking 실전 대비 훈련 MP3 파일을 들으며 대화문을 활용한 3가지 훈련을 해 보세요.
· ☐ A·B 섀도우 스피킹
· ☐ A 역할 · ☐ B 역할

A Tonight we don't have any tables free, sir.

손님, 오늘 밤에는 빈 테이블이 하나도 없습니다.

B When is it possible to make a reservation?

언제 예약을 할 수 있나요?

A Our first opening is on Sunday evening.

처음으로 비는 자리는 일요일 저녁에 있습니다.

B Okay. Then make a reservation for four.

좋습니다. 그럼 네 명으로 예약해 주세요.

It · There 363

~하는 건 어떤 걸까요?

What is it like to ~?

what ~ like는 how(어떤, 어떻게)와 같은 의미로 쓰여요. What is it like to live in Africa?(아프리카에서 사는 건 어떨까요?) 나 What is it like being famous?(유명해진다는 건 어떤 걸까요?)처럼 What is it like 뒤에는 to부정사와 동명사가 모두 나 올 수 있습니다.

STEP 1 원어민 발음으로 듣기 패턴과 응용어구의 정확한 발음을 들어 보세요.

What is it like to ~?

~하는 건 어떤 걸까요?

사랑에 빠지다	be in love
노숙자가 되다	be homeless
우울하다	feel depressed
자신감이 있다	feel confident
엄마가 되다	become a mother

STEP 2 원어민 따라잡기 패턴 응용 문장을 다섯 번씩 큰 소리로 말해 보세요.

사랑에 빠진다는 건 어떤 걸까요?　　**What is it like to** be in love?

노숙자가 된다는 건 어떤 걸까요?　　**What is it like to** be homeless?

우울하다는 건 어떤 걸까요?　　**What is it like to** feel depressed?

자신감이 있다는 건 어떤 걸까요?　　**What is it like to** feel confident?

엄마가 된다는 건 어떤 걸까요?　　**What is it like to** become a mother?

STEP 3 원어민 빰치게 쓰기 확장어를 포함해 앞서 만든 문장을 손으로 직접 써 보세요.

사랑에 빠진다는 건 어떤 건지 말해 주겠어요?

Can you tell me _____ ?

노숙자가 된다는 건 어떤 건지 말해 주겠어요?

Can you tell me _____ ?

우울하다는 건 어떤 건지 말해 주겠어요?

Can you tell me _____ ?

자신감이 있다는 건 어떤 건지 말해 주겠어요?

Can you tell me _____ ?

엄마가 된다는 건 어떤 건지 말해 주겠어요?

Can you tell me _____ ?

Practice Speaking 실전 대비 훈련 MP3 파일을 들으며 대화문을 활용한 3가지 훈련을 해 보세요.

· ☐ A·B 섀도우 스피킹
· ☐ A 역할 · ☐ B 역할

A Congratulations on your beautiful, new baby!
아름다운 아기의 탄생을 축하해요.

B Thanks. It means a lot to me.
감사해요. 제겐 많은 의미가 있네요.

A Can you tell me what it is like to become a mother?
엄마가 되는 게 어떤 건지 말해 줄래요?

B It is the biggest joy you'll ever have in life.
인생에서 가져 볼 수 있는 최대의 기쁨이에요.

~해도 괜찮을 겁니다

It would be all right to

미래를 나타내는 will의 과거형인 would는 상상한 일에 관한 결과를 나타내는 '~일 것이다'란 의미로도 쓰여요. It would be a shame.(애석한 일일 것이다.), It would be okay.(괜찮을 것이다.)처럼 말이지요. all right은 '괜찮은'이란 뜻으로 alright은 격식을 차리지 않을 때 사용한답니다.

STEP 1 원어민 발음으로 듣기 패턴과 응용어구의 정확한 발음을 들어 보세요.

It would be all right to
~해도 괜찮을 겁니다

수돗물을 마시다	drink water from the tap
아침을 준비하다	prepare breakfast
분노를 표출하다	express anger
외식하다	dine out
그녀에게 다시 연락하다	contact her again

STEP 2 원어민 따라잡기 패턴 응용 문장을 다섯 번씩 큰 소리로 말해 보세요.

수돗물을 마셔도 괜찮을 겁니다.
It would be all right to drink water from the tap.

아침을 준비해도 괜찮을 겁니다.
It would be all right to prepare breakfast.

분노를 표출해도 괜찮을 겁니다.
It would be all right to express anger.

외식해도 괜찮을 겁니다.
It would be all right to dine out.

그녀에게 다시 연락해도 괜찮을 겁니다.
It would be all right to contact her again.

STEP 3 원어민 뺨치게 쓰기 확장어를 포함해 앞서 만든 문장을 손으로 직접 써 보세요.

수돗물을 마셔도 괜찮은지 궁금합니다.

I was wondering if _____.

아침을 준비해도 괜찮은지 궁금합니다.

I was wondering if _____.

분노를 표출해도 괜찮은지 궁금합니다.

I was wondering if _____.

외식해도 괜찮은지 궁금합니다.

I was wondering if _____.

그녀에게 다시 연락해도 괜찮은지 궁금합니다.

I was wondering if _____.

Practice Speaking 실전 대비 훈련 MP3 파일을 들으며 대화문을 활용한 3가지 훈련을 해 보세요.

· ☐ A·B 섀도우 스피킹
· ☐ A 역할 · ☐ B 역할

A You're cooking dinner tonight, right?

당신이 오늘 밤에 저녁 요리하지?

B I was wondering if it would be all right to dine out.

외식해도 괜찮을지 궁금해.

A But I want to eat a home-cooked meal.

하지만 집에서 요리한 식사를 하고 싶어.

B I'll cook for you tomorrow night.

내일 밤엔 요리해 줄게.

~하는 게 타당합니다
It makes sense to

우리말에 '그거 말 되네.'라는 표현을 영어식으로 옮겨 놓은 것이 It makes sense.예요. make sense는 '말이 되다', '타당하다'란 뜻 외에 '의미가 통하다', '이해가 되다'란 뜻도 있어요. I can't make sense of what he says.는 '난 그가 말하는 게 이해가 안 돼.'란 뜻이에요.

STEP 1 원어민 발음으로 듣기 패턴과 응용어구의 정확한 발음을 들어 보세요.

It makes sense to
~하는 게 타당합니다

자전거로 출퇴근하다	commute by bike
약속을 정하다	set up an appointment
우리가 아는 것을 검토하다	go over what we know
집을 사다	buy a house
낡은 것을 버리다	get rid of old stuff

STEP 2 원어민 따라잡기 패턴 응용 문장을 다섯 번씩 큰 소리로 말해 보세요.

1 2 3 4 5

자전거로 통근하는 것이 타당합니다.	**It makes sense to** commute by bike.
약속을 정하는 것이 타당합니다.	**It makes sense to** set up an appointment.
우리가 아는 것을 되짚어 보는 것이 타당합니다.	**It makes sense to** go over what we know.
집을 사는 것이 타당합니다.	**It makes sense to** buy a house.
낡은 것을 버리는 것이 타당합니다.	**It makes sense to** get rid of old stuff.

STEP 3 원어민 빰치게 쓰기 확장어를 포함해 앞서 만든 문장을 손으로 직접 써 보세요.

이런 경우엔 자전거로 통근하는 것이 타당합니다.

-- in this case.

이런 경우엔 약속을 정하는 것이 타당합니다.

-- in this case.

이런 경우엔 우리가 아는 것을 되짚어 보는 것이 타당합니다.

-- in this case.

이런 경우엔 집을 사는 것이 타당합니다.

-- in this case.

이런 경우엔 낡은 것을 버리는 것이 타당합니다.

-- in this case.

Practice Speaking 실전 대비 훈련 MP3 파일을 들으며 대화문을 활용한 3가지 훈련을 해 보세요.

· ☐ A·B 섀도우 스피킹
· ☐ A 역할 · ☐ B 역할

A The prices of rent keep going up.

임대료가 계속 오르고 있어요.

B Do you plan on staying in London for a long time?

오랫동안 런던에 머물 계획인가요?

A Yes. I think we'll settle here.

예. 여기에 정착하려고요.

B It makes sense to buy a house in this case.

이런 경우라면 집을 사는 게 타당하죠.

~하려면 시간이 걸려요
It takes time to

동사 take는 여러 뜻이 있지만 여기에서는 '~가 걸리다'로 take time은 '시간이 걸리다'의 의미예요. it takes time to는 '~하는 데 시간이 걸리다'로 가주어 it은 굳이 해석하지 마세요. to 뒤에는 동사원형이 옵니다.

STEP 1 원어민 발음으로 듣기 패턴과 응용어구의 정확한 발음을 들어 보세요.

It takes time to
~하려면 시간이 걸려요

뭐라도 더 잘하게 되다	get better at anything
가치를 형성하다	build value
나에 대해 좀 더 알다	know more about me
차를 내리다	brew tea
거기에 도착하다	get there

STEP 2 원어민 따라잡기 패턴 응용 문장을 다섯 번씩 큰 소리로 말해 보세요.

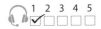

뭐라도 더 잘하게 되려면 시간이 걸려요. **It takes time to** get better at anything.

가치를 형성하려면 시간이 걸려요. **It takes time to** build value.

나에 대해 좀 더 알려면 시간이 걸려요. **It takes time to** know more about me.

차를 내리려면 시간이 걸려요. **It takes time to** brew tea.

거기에 도착하려면 시간이 걸려요. **It takes time to** get there.

STEP 3 원어민 빰치게 쓰기 확장어를 포함해 앞서 만든 문장을 손으로 직접 써 보세요.

뭐라도 더 잘하게 되려면 많은 시간이 걸려요.

_____ a lot of _____.

가치를 형성하려면 많은 시간이 걸려요.

_____ a lot of _____.

나에 대해 좀 더 알리면 많은 시간이 걸려요.

_____ a lot of _____.

차를 내리려면 많은 시간이 걸려요.

_____ a lot of _____.

거기에 도착하려면 많은 시간이 걸려요.

_____ a lot of _____.

Practice Speaking 실전 대비 훈련 MP3 파일을 들으며 대화문을 활용한 3가지 훈련을 해 보세요.

· ☐ A·B 섀도우 스피킹
· ☐ A 역할 · ☐ B 역할

A I don't know why my tea is so weak.

내 차는 왜 이리 싱거운지 모르겠어요.

B You only let it brew for a few minutes.

몇 분 동안 내리도록 놔 둬 보세요.

A So what's your point?

그러니까 당신의 요점은 뭐죠?

B It takes a lot of time to brew tea.

차를 내리는 데는 시간이 오래 걸려요.

~처럼 들리지 않는군요 / ~인 것 같지가 않군요
It doesn't sound like

sound는 동사로 '~처럼 들리다'의 뜻이에요. [sound + 형용사], [sound like + 명사], [sound like + 주어 + 동사] 형태로 활용됩니다. 이것의 현재 부정형이 바로 위의 패턴입니다. seem(~인 것 같다), look(~처럼 보이다)도 함께 알아두세요.

STEP 1 원어민 발음으로 듣기 패턴과 응용어구의 정확한 발음을 들어 보세요.

It doesn't sound like
~처럼 들리지 않는군요 / ~인 것 같지가 않군요

내게 선택권이 있다	I have a choice
당신이 철이 들었다	you are grown up
당신이 더 나아졌다	you have gotten better
당신이 그것을 잘 안다	you are familiar with it
당신이 하고 싶어 하다	you want to

STEP 2 원어민 따라잡기 패턴 응용 문장을 다섯 번씩 큰 소리로 말해 보세요.

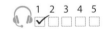

내게 선택권이 있는 것처럼 들리지 않는군요.
It doesn't sound like I have a choice.

당신이 철이 든 것처럼 들리지 않는군요.
It doesn't sound like you are grown up.

당신이 더 나아진 것처럼 들리지 않는군요.
It doesn't sound like you have gotten better.

당신이 그걸 잘 아는 것처럼 들리지 않는군요.
It doesn't sound like you are familiar with it.

당신이 (그렇게) 하고 싶어 하는 것처럼 들리지
않는군요.
It doesn't sound like you want to.

내게 선택권이 있는 것 같지 않다고 말해야겠네요.

I should say,

당신이 철이 든 것 같지 않다고 말해야겠네요.

I should say,

당신이 더 나아진 것 같지 않다고 말해야겠네요.

I should say,

당신이 그걸 잘 아는 것 같지 않다고 말해야겠네요.

I should say,

당신이 (그렇게) 하고 싶어 하는 것 같지 않다고 말해야겠네요.

I should say,

Practice Speaking 실전 대비 훈련 MP3 파일을 들으며 대화문을 활용한 3가지 훈련을 해 보세요.

· ☐ A·B 섀도우 스피킹
· ☐ A 역할 · ☐ B 역할

A I'm feeling a lot better.

기분이 훨씬 나아졌어.

B I should say, it doesn't sound like you have gotten better.

네가 더 나아진 것 같지 않다고 해야겠어.

A Well, my throats still a bit sore.

그게, 내 목이 아직 좀 아프긴 해.

B Yeah, I can tell.

그래, 나도 알겠다.

~가 중요한가요? / ~가 문제가 되나요?

Does it matter ~?

What's the matter?(무슨 일이야?)에서처럼 matter는 '문제'나 '일'이란 명사로 사용되기도 하고 It doesn't matter.(중요하지 않아.)처럼 '중요하다'의 동사로 사용되기도 해요. 동사로 쓰일 때는 be important because it has an effect on the situation or someone(상황이나 누군가에게 영향을 미치기 때문에 중요하다)의 의미입니다.

STEP 1 원어민 발음으로 듣기 패턴과 응용어구의 정확한 발음을 들어 보세요.

Does it matter ~?

~가 중요한가요? / ~가 문제가 되나요?

내가 어느 대학에 가는지	what university I go to
내 차에 어떤 휘발유를 넣는지	what kind of gas I put in my car
내가 채식주의자가 되면	if I become a vegetarian
내가 만일 약간 늦으면	if I am a little late
당신이 어떤 차를 모는지	which car you drive

STEP 2 원어민 따라잡기 패턴 응용 문장을 다섯 번씩 큰 소리로 말해 보세요.

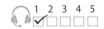

내가 어느 대학에 가는지가 중요한가요?　**Does it matter** what university I go to?

내 차에 어떤 휘발유를 넣는지가 중요한가요?　**Does it matter** what kind of gas I put in my car?

내가 채식주의자가 된다면 문제가 되나요?　**Does it matter** if I become a vegetarian?

내가 만일 약간 늦으면 문제가 되나요?　**Does it matter** if I am a little late?

당신이 어떤 차를 모는지가 중요한가요?　**Does it matter** which car you drive?

STEP 3 원어민 뺨치게 쓰기 확장어를 포함해 앞서 만든 문장을 손으로 직접 써 보세요.

내가 어느 대학에 가는지가 정말 중요한가요?

_____ really _____?

내 차에 어떤 휘발유를 넣는지가 정말 중요한가요?

_____ really _____?

내가 채식주의자가 된다면 정말 문제가 되나요?

_____ really _____?

내가 만일 약간 늦으면 정말 문제가 되나요?

_____ really _____?

당신이 어떤 차를 모는지가 정말 중요한가요?

_____ really _____?

Practice Speaking 실전 대비 훈련 MP3 파일을 들으며 대화문을 활용한 3가지 훈련을 해 보세요.

· ☐ A·B 섀도우 스피킹
· ☐ A 역할 · ☐ B 역할

A I hate my car. I want a new one.   난 내 차가 싫어요. 새 차를 한 대 원해요.

B You have a great car!   아주 멋진 차를 갖고 계시는 데요!

A But it's not classy or expensive.   하지만 고급스럽지도 않고 비싸지도 않아요.

B Does it really matter which car you drive?   어떤 차를 모는지가 정말 중요한가요?

~하는 데 얼마나 걸려요?

How long does it take to ~?

how long은 '얼마나 오래'의 뜻이고 it은 의미가 없는 가주어, take는 시간 표현과 함께 쓰여 '~만큼 걸리다'를 의미하는 동사예요. 이렇게 현재형으로 물어보면 보통 어떤 것을 하는 데 시간이 얼마나 걸리는지를 알고 싶어 한다는 뜻이에요

STEP 1 원어민 발음으로 듣기 패턴과 응용어구의 정확한 발음을 들어 보세요.

How long does it take to ~?

~하는 데 얼마나 걸려요?

계란을 완숙하다	hard-boil an egg
회복하다	recover
습관을 버리다	break a habit
비자를 받다	get a visa
도쿄에 비행기로 가다	fly to Tokyo

STEP 2 원어민 따라잡기 패턴 응용 문장을 다섯 번씩 큰 소리로 말해 보세요.

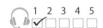

계란을 완숙하는 데 얼마나 걸려요?   **How long does it take to** hard-boil an egg?

회복하는 데 얼마나 걸려요?   **How long does it take to** recover?

습관을 버리는 데 얼마나 걸려요?   **How long does it take to** break a habit?

비자를 받는 데 얼마나 걸려요?   **How long does it take to** get a visa?

도쿄에 비행기로 가는 데 얼마나 걸려요?   **How long does it take to** fly to Tokyo?

STEP 3 원어민 빠르게 쓰기 확장어를 포함해 앞서 만든 문장을 손으로 직접 써 보세요.

계란을 완숙하는 데 대략 얼마나 걸려요?

Approximately --- ?

회복하는 데 대략 얼마나 걸려요?

Approximately --- ?

습관을 버리는 데 대략 얼마나 걸려요?

Approximately --- ?

비자를 받는 데 대략 얼마나 걸려요?

Approximately --- ?

도쿄에 비행기로 가는 데 대략 얼마나 걸려요?

Approximately --- ?

Practice Speaking 실전 대비 훈련 MP3 파일을 들으며 대화문을 활용한 3가지 훈련을 해 보세요.
· ☐ A·B 섀도우 스피킹
· ☐ A 역할 · ☐ B 역할

A Approximately how long does it take to hard-boil an egg? 계란을 완숙하려면 대략 얼마나 걸리지?

B I have absolutely no idea. 전혀 모르겠어.

A Really? I thought you liked to cook. 정말? 요리를 좋아하는 줄 알았는데.

B No way. I can't even make toast. 전혀. 심지어 토스트도 만들 줄 몰라.

~할 방법은 많아요
There are many ways to

way는 '길' 외에 '쪽, 방향, 면, 방식' 등의 여러 가지 뜻이 있어요. 위의 패턴에서는 '방식, 방법'의 의미로 쓰였습니다. [There are + 복수명사]는 '~들이 있다'의 뜻으로 뒤의 to부정사가 앞의 ways를 꾸며 주는 구조예요.

STEP 1 원어민 발음으로 듣기 패턴과 응용어구의 정확한 발음을 들어 보세요.

There are many ways to
~할 방법은 많아요

내가 당신을 사랑한다고 말하다	say I love you
돈을 벌다	make money
친구들을 사귀다	make friends
시간을 절약하다	save time
살을 빼다	lose weight

STEP 2 원어민 따라잡기 패턴 응용 문장을 다섯 번씩 큰 소리로 말해 보세요.

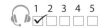

'난 당신을 사랑해요'라고 말하는 방법은 많아요. **There are many ways to** say I love you.

돈을 벌 방법은 많아요. **There are many ways to** make money.

친구들을 사귈 방법은 많아요. **There are many ways to** make friends.

시간을 절약할 방법은 많아요. **There are many ways to** save time.

살을 뺄 방법은 많아요. **There are many ways to** lose weight.

STEP 3 원어민 뺨치게 쓰기 확장어를 포함해 앞서 만든 문장을 손으로 직접 써 보세요.

'난 당신을 사랑해요'라고 말하는 방법은 많은 것 같아요.

It seems like _____.

돈을 벌 방법은 많은 것 같아요.

It seems like _____.

친구들을 사귈 방법은 많은 것 같아요.

It seems like _____.

시간을 절약할 방법은 많은 것 같아요.

It seems like _____.

살을 뺄 방법은 많은 것 같아요.

It seems like _____.

Practice Speaking 실전 대비 훈련 MP3 파일을 들으며 대화문을 활용한 3가지 훈련을 해 보세요.
· ☐ A·B 섀도우 스피킹
· ☐ A 역할 · ☐ B 역할

A I am on the no carbohydrate diet.

난 무탄수화물 다이어트를 하고 있어.

B What other diets have you tried?

다른 다이어트는 어떤 걸 해 봤어?

A I tried the low fat diet, the no sugar diet, and the shake diet.

저지방 다이어트, 무설탕 다이어트, 셰이크 다이어트를 해봤어.

B It seems like there are many ways to lose weight.

체중을 감량하는 방법이 많은 것 같네.

더 이상 ~는 없습니다
There aren't any more

there가 문장 맨 앞에 오면 뜻이 없는 허사이므로 해석하지 않고 be동사 다음의 명사가 실제 주어라는 것을 기억해 두세요. 그래서 명사가 복수 형태이면 are, 단수 형태이면 is를 사용할 수 있습니다. any more가 명사 앞에 붙으면 '더 이상 ~는'이란 뜻으로 뒤에 나오는 명사를 강조해 줘요.

STEP 1 원어민 발음으로 듣기 패턴과 응용어구의 정확한 발음을 들어 보세요.

There aren't any more
더 이상의 ~는 없습니다

문제들	problems
선택할 것들	choices to make
희생자들	victims
급박한 문제들	pressing issues
남은 꽃들	flowers left

STEP 2 원어민 따라잡기 패턴 응용 문장을 다섯 번씩 큰 소리로 말해 보세요.

더 이상 문제는 없습니다.	**There aren't any more** problems.
더 이상 선택거리는 없습니다.	**There aren't any more** choices to make.
더 이상 희생자는 없습니다.	**There aren't any more** victims.
더 이상 급박한 문제들은 없습니다.	**There aren't any more** pressing issues.
더 이상 남아 있는 꽃들은 없습니다.	**There aren't any more** flowers left.

STEP 3 **원어민 뺨치게 쓰기** 확장어를 포함해 앞서 만든 문장을 손으로 직접 써 보세요.

더 이상 문제는 없다는 것을 확신합니다.

I am sure that
-- .

더 이상 선택거리는 없다는 것을 확신합니다.

I am sure that
-- .

더 이상 희생자는 없다는 것을 확신합니다.

I am sure that
-- .

더 이상 급박한 문제들은 없다는 것을 확신합니다.

I am sure that
-- .

더 이상 남아 있는 꽃들은 없다는 것을 확신합니다.

I am sure that
-- .

Practice Speaking **실전 대비 훈련** MP3 파일을 들으며 대화문을 활용한 3가지 훈련을 해 보세요.

· ☐ A·B 섀도우 스피킹
· ☐ A 역할 · ☐ B 역할

A The firemen brought out 25 people. 소방관들이 25명을 구출해 냈어.

B Is anyone else still in the building? 아직도 건물에 사람이 있니?

A I am sure that there aren't any more victims. 더 이상 희생자는 없는 게 확실해.

B I hope everyone recovers. 모두 회복하길 바라.

~라는 말[속담]이 있습니다
There is a saying that

a saying은 '속담, 격언'이고요 a common saying(속담)처럼 사용할 수 있어요. 하지만 I know what you are saying.(네가 하는 말을 알고 있어.)에서의 saying(말하고 있는)과는 구별해야 해요. 이 문장에서는 진행을 나타내는 현재분사이지만, 위의 패턴에서는 '속담'이라는 명사로 쓰였어요.

STEP 1 원어민 발음으로 듣기 패턴과 응용어구의 정확한 발음을 들어 보세요.

There is a
saying that
~라는 말[속담]이 있습니다

사랑은 맹목적이다	love is blind
시간이 돈이다	time is money
시간이 모든 상처를 치유한다	time heals all wounds
나이는 그냥 숫자에 불과하다	age is just a number
인생은 긴 여행이다	life is a journey

STEP 2 원어민 따라잡기 패턴 응용 문장을 다섯 번씩 큰 소리로 말해 보세요.

1 2 3 4 5

사랑은 맹목적이라는 말이 있습니다. **There is a saying that** love is blind.

시간은 돈이라는 말이 있습니다. **There is a saying that** time is money.

시간이 모든 상처를 치유한다는 말이 있습니다. **There is a saying that** time heals all wounds.

나이는 그냥 숫자에 불과하다는 말이 있습니다. **There is a saying that** age is just a number.

인생은 긴 여행이라는 말이 있습니다. **There is a saying that** life is a journey.

STEP 3 원어민 뺨치게 쓰기 확장어를 포함해 앞서 만든 문장을 손으로 직접 써 보세요.

사랑은 맹목적이라는 위대한 말이 있습니다.

------------------------- great --- .

시간은 돈이라는 위대한 말이 있습니다.

------------------------- great --- .

시간이 모든 상처를 치유한다는 위대한 말이 있습니다.

------------------------- great --- .

나이는 그냥 숫자에 불과하다는 위대한 말이 있습니다.

------------------------- great --- .

인생은 긴 여행이라는 위대한 말이 있습니다.

------------------------- great --- .

Practice Speaking 실전 대비 훈련 MP3 파일을 들으며 대화문을 활용한 3가지 훈련을 해 보세요.

· ☐ A·B 섀도우 스피킹
· ☐ A 역할 · ☐ B 역할

A Do you think I should break up with him?

내가 그와 헤어져야 한다고 생각하세요?

B Why would you do that?

왜 그럴 건데요?

A He's 5 years younger than me!

나보다 5살이나 어리잖아요!

B There is a great saying that age is just a number.

나이는 숫자에 불과하다는 위대한 속담이 있잖아요.

몇 개[명]의 ~가 있었어요
There were a few

a few는 셀 수 있는 명사의 복수형 앞에 놓여 '몇몇의'란 뜻으로 쓰여요. a lot of는 '많은'이고, a couple of는 '두 개의' 혹은 '두서너 개의'를 의미해요. 이 밖에도 several(몇몇의), a dozen of(열둘의) 같은 표현들과 바꿔서 훈련해 보세요. There were 를 썼다는 것은 현재와 상관없는 과거의 내용을 뜻해요.

STEP 1 원어민 발음으로 듣기 패턴과 응용어구의 정확한 발음을 들어 보세요.

There were a few
몇 개[명]의 ~가 있었어요

문제들	problems
조깅하는 사람들	joggers
나와 같은 사람들	people like me
타이핑 실수들	typos
시도들	attempts

STEP 2 원어민 따라잡기 패턴 응용 문장을 다섯 번씩 큰 소리로 말해 보세요.

몇 가지 문제가 있었습니다. **There were a few** problems.

조깅하는 사람들이 몇 명 있었습니다. **There were a few** joggers.

나와 같은 사람들이 몇 명 있었습니다. **There were a few** people like me.

타이핑 실수가 몇 개 있었습니다. **There were a few** typos.

몇 번의 시도가 있었습니다. **There were a few** attempts.

STEP 3 원어민 빰치게 쓰기 확장어를 포함해 앞서 만든 문장을 손으로 직접 써 보세요.

전체적으로 몇 가지 문제가 있었다는 것을 인정하겠습니다.

I will admit that ⌐--.

조깅하는 사람들이 몇 명 있었다는 것을 인정하겠습니다.

I will admit that ⌐--.

나와 같은 사람들이 몇 명 있었다는 것을 인정하겠습니다.

I will admit that ⌐--.

타이핑 실수가 몇 개 있었다는 것을 인정하겠습니다.

I will admit that ⌐--.

몇 번의 시도가 있었다는 것을 인정하겠습니다.

I will admit that ⌐--.

Practice Speaking 실전 대비 훈련 MP3 파일을 들으며 대화문을 활용한 3가지 훈련을 해 보세요.

· ☐ A·B 섀도우 스피킹
· ☐ A 역할 ·☐ B 역할

A I thought that you guys had a perfect relationship!

너희들 관계가 완벽한 줄 알았는데!

B I will admit that there were a few problems.

몇 가지 문제가 있었다는 걸 시인할게.

A So that's why you've decided to get divorced?

그럼 그래서 이혼하기로 결정한 거야?

B Yes, more or less.

그래, 그런 셈이지.

~ 같은 것은 없어요
There's no such thing as

[such + 명사 + as]는 '~와 같은 …'예요. such a night as this (이런 밤), such a good friend as you (너와 같은 좋은 친구)처럼 사용할 수 있어요. 이 패턴에서의 such 다음에 다양한 명사를 넣어 응용해 보세요.

STEP 1 원어민 발음으로 듣기 패턴과 응용어구의 정확한 발음을 들어 보세요.

There's no such thing as
~같은 것은 없어요

공짜 점심	a free lunch
용	a dragon
완벽한 사람들	perfect people
너무 심한 자유	too much liberty
혁신	innovation

STEP 2 원어민 따라잡기 패턴 응용 문장을 다섯 번씩 큰 소리로 말해 보세요.

공짜 점심 같은 건 없어요.
There's no such thing as a free lunch.

용 같은 건 없어요.
There's no such thing as a dragon.

완벽한 사람들 같은 건 없어요.
There's no such thing as perfect people

너무 심한 자유 같은 건 없어요.
There's no such thing as too much liberty.

혁신 같은 건 없어요.
There's no such thing as innovation.

179

STEP 3 원어민 뺨치게 쓰기 확장어를 포함해 앞서 만든 문장을 손으로 직접 써 보세요.

세상에 공짜 점심 같은 건 없어요.

--- in the world.

세상에 용 같은 건 없어요.

--- in the world.

세상에 완벽한 사람들 같은 건 없어요.

--- in the world.

세상에 너무 심한 자유 같은 건 없어요.

--- in the world.

세상에 혁신 같은 건 없어요.

--- in the world.

Practice Speaking 실전 대비 훈련 MP3 파일을 들으며 대화문을 활용한 3가지 훈련을 해 보세요.

· ☐ A·B 섀도우 스피킹
· ☐ A 역할 · ☐ B 역할

A He said he'll pay for my entire trip.

걔가 내 여행 비용을 전부 내겠다고 말했어.

B Just be careful.

그냥 조심해.

A What's that supposed to mean?

그게 무슨 뜻이지?

B There's no such thing as a free lunch in the world.

세상에 공짜 점심 같은 건 없으니까.

~가 있는 것 같습니다

There seems to be

seem은 '~일 것 같다'란 뜻의 불완전 자동사예요. 불완전 자동사란 혼자서 완벽한 구실을 할 수 없어 보어의 도움이 필요한 동사를 말해요. 그래서 It seems fine.(괜찮은 것 같네.)처럼 형용사를 보어로 사용하기도 하고 여기에서처럼 [to be + 명사구]를 보어로 갖기도 해요.

STEP 1 원어민 발음으로 듣기 패턴과 응용어구의 정확한 발음을 들어 보세요.

There seems to be
~가 있는 것 같습니다

실수	a mistake
오해	a misunderstanding
취약점	a weak spot
많은 혼돈	a lot of confusion
문제	a problem

STEP 2 원어민 따라잡기 패턴 응용 문장을 다섯 번씩 큰 소리로 말해 보세요.

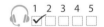

실수가 있는 것 같습니다.　　**There seems to be** a mistake.

오해가 있는 것 같습니다.　　**There seems to be** a misunderstanding.

취약점이 있는 것 같습니다.　　**There seems to be** a weak spot.

많은 혼돈이 있는 것 같습니다.　　**There seems to be** a lot of confusion.

문제가 있는 것 같습니다.　　**There seems to be** a problem.

STEP 3 원어민 뺨치게 쓰기 확장어를 포함해 앞서 만든 문장을 손으로 직접 써 보세요.

잠깐만요, 실수가 있는 것 같습니다.

Wait, _____.

잠깐만요, 오해가 있는 것 같습니다.

Wait, _____.

잠깐만요, 취약점이 있는 것 같습니다.

Wait, _____.

잠깐만요, 많은 혼돈이 있는 것 같습니다.

Wait, _____.

잠깐만요, 문제가 있는 것 같습니다.

Wait, _____.

Practice Speaking 실전 대비 훈련 MP3 파일을 들으며 대화문을 활용한 3가지 훈련을 해 보세요.

· ☐ A·B 섀도우 스피킹
· ☐ A 역할 · ☐ B 역할

A He stole my bag!

갸가 내 가방을 훔쳤어!

B Wait, there seems to be a misunderstanding.

잠깐만, 오해가 있는 것 같네.

A What do you mean?

무슨 뜻이지?

B He didn't steal it. I asked him to move it.

훔친 게 아니야. 내가 걔한테 그것 좀 옮기라고 했어.

Pattern Closure

이번 패턴에서 훈련한 표현들을 마지막으로 체크하고 마무리합니다.

☑ _____ read widely in general. 대체로 폭넓게 읽는 건 좋습니다.

☐ People say _____ make a decision. 사람들은 결정을 내리는 것은 항상 어렵다고 말합니다.

☐ In fact, _____ have enough sleep. 사실 잠을 충분히 자는 게 가장 좋습니다.

☐ I think _____ visiting at least once. 내 생각엔 그것은 최소한 한 번은 방문할 가치가 있습니다.

☐ _____ I ended up here. 내가 결국 여기에 오게 된 것은 우연이 아니었습니다.

☐ Can't you see _____ rain? 비가 올 거라는 게 안 보이나요?

☐ _____ they are aware of it. 그들이 그것을 알고 있을지도 몰라요.

☐ Don't you think _____ take action? 행동을 취할 때라고 생각하지 않습니까?

☐ _____ what you are going to do. 당신이 무엇을 할지는 당신에게 달려 있습니다.

☐ _____, we will meet again. 인연이라면 우린 다시 만날 겁니다.

☐ _____ go on a diet? 다이어트를 할 필요가 있나요?

☐ When _____ bring my spouse? 제 배우자를 데려오는 게 언제 가능한가요?

☐ _____ become a mother? 엄마가 된다는 건 어떤 걸까요?

☐ _____ drink water from the tap. 수돗물을 마셔도 괜찮을 겁니다.

☐ _____ set up an appointment. 약속을 정하는 것이 타당합니다.

☐ _____ get better at anything. 뭐라도 더 잘하게 되려면 시간이 걸려요.

☐ _____ I have a choice. 내게 선택권이 있는 것처럼 들리지 않는군요.

☐ _____ what university I go to? 내가 어느 대학에 가는지가 중요한가요?

☐ Approximately _____ hard-boil an egg? 계란을 완숙하는 데 대략 얼마나 걸려요?

☐ _____ say I love you. 난 당신을 사랑해요 라고 말하는 방법은 많아요.

☐ _____ choices to make. 더 이상 선택거리는 없습니다.

☐ _____ love is blind. 사랑은 맹목적이라는 말이 있습니다.

☐ I will admit that _____ problems. 몇 가지 문제가 있었다는 것을 인정하겠습니다.

☐ _____ a free lunch in the world. 세상에 공짜 점심 같은 건 없어요.

☐ _____ a misunderstanding. 오해가 있는 것 같습니다.

기타 주어·의문사·관계사

공인 영어 점수를 취득하기 위해 시험 공부를 하다 보면 아무래도 Reading Comprehension쪽 지문을 많이 읽게 돼요. 그리고 그 안의 지문이 영어의 모든 것인 양 착각하는 경우가 많죠. 영어 지문에서 나오는 관계대명사, 도치 구문, 삽입 구문 등의 복잡한 영어 문장은 실제 대화에선 자주 등장하지 않아요. 그렇게, 길게 엮여 있는 문장을 듣다 보면 숨 넘어가기 십상이죠. 영어를 모국어로 쓰는 이들은 질문도 쉽게 하고 답변도 쉽게 해요. 이제, 패턴의 마지막 단계까지 왔어요. 쉽게 묻고 쉽게 답하는 데 필요한 기타 패턴들을 암기·훈련하여 영어 패턴 훈련의 마지막 방점을 찍어 보세요.

The most important thing is your willingness to practice.

그는 ~를 알아낼 겁니다

He will find out

find out은 '~를 알아내다'의 뜻으로 뒤에 명사구가 올 수도 있고 [(접속사) + 주어 + 동사]의 명사절이 올 수도 있어요. 드러나 있지 않거나 숨어 있는 것을 찾아내 알게 된다의 뜻을 전하는 어구예요.

STEP 1 원어민 발음으로 듣기 패턴과 응용어구의 정확한 발음을 들어 보세요.

He will find out
그는 ~를 알아낼 겁니다

뭔가 잘못되었는지	if there's something wrong
누가 책임이 있는지	who is responsible
당신의 비밀	your secret
당신이 거짓말했다	that you lied
내가 어디에 사는지	where I live

STEP 2 원어민 따라잡기 패턴 응용 문장을 다섯 번씩 큰 소리로 말해 보세요.

뭔가가 잘못되었는지 그가 알아낼 겁니다. **He will find out** if there's something wrong.

누가 책임이 있는지 그가 알아낼 겁니다. **He will find out** who is responsible.

당신의 비밀을 그가 알아낼 겁니다. **He will find out** your secret.

당신이 거짓말했다는 것을 그가 알아낼 겁니다. **He will find out** that you lied.

내가 어디에 사는지 그가 알아낼 겁니다. **He will find out** where I live.

STEP 3 원어민 빠르게 쓰기 확장어를 포함해 앞서 만든 문장을 손으로 직접 써 보세요.

뭔가가 잘못되었는지 그가 곧 알아낼 겁니다.

_____ soon _____.

누가 책임이 있는지 그가 곧 알아낼 겁니다.

_____ soon _____.

당신의 비밀을 그가 곧 알아낼 겁니다.

_____ soon.

당신이 거짓말했다는 것을 그가 곧 알아낼 겁니다.

_____ soon _____.

내가 어디에 사는지 그가 곧 알아낼 겁니다.

_____ soon _____.

Practice Speaking 실전 대비 훈련 MP3 파일을 들으며 대화문을 활용한 3가지 훈련을 해 보세요.

· ☐ A·B 섀도우 스피킹
· ☐ A 역할 · ☐ B 역할

A I haven't told him yet.

아직 그에게 얘기하지 않았어요.

B He will find out your secret soon.

그가 곧 당신의 비밀을 알아낼 거예요.

A What do you mean by that?

그건 무슨 뜻인가요?

B I just mean you can't hide it forever.

내 말은 그냥 영원히 숨길 수는 없다는 뜻이에요.

어떤 사람들은 ~입니다
Some people are

some people (어떤 사람들은)은 불특정 다수의 일부를 나타낼 때 사용하는 표현이에요. 이 어떤 사람들을 제외한 '다른 사람들'은 other people, 혹은 others라고 표현합니다. 이렇게 말하면 굉장히 단정지어 언급한다는 느낌을 줍니다.

STEP 1 원어민 발음으로 듣기 패턴과 응용어구의 정확한 발음을 들어 보세요.

Some people are
어떤 사람들은 ~입니다

사진이 잘 받는	photogenic
동물을 사랑하는 사람들	animal lovers
창의적인	creative
중독되기 쉽다	easy to get addicted
노래에 대한 천부적 재능을 갖고 태어나다	born with natural talent to sing

STEP 2 원어민 따라잡기 패턴 응용 문장을 다섯 번씩 큰 소리로 말해 보세요.

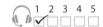

어떤 사람들은 사진이 잘 받습니다. **Some people are** photogenic.

어떤 사람들은 동물을 사랑합니다. **Some people are** animal lovers.

어떤 사람들은 창의적입니다. **Some people are** creative.

어떤 사람들은 쉽게 중독됩니다. **Some people are** easy to get addicted.

어떤 사람들은 노래에 대한 천부적 재능을 갖고 태어납니다. **Some people are** born with natural talent to sing.

STEP 3 원어민 빠르게 쓰기 확장어를 포함해 앞서 만든 문장을 손으로 직접 써 보세요.

어떤 사람들은 사진이 잘 받지만 어떤 사람들은 아닙니다.

_____ , but others aren't.

어떤 사람들은 동물을 사랑하지만 어떤 사람들은 아닙니다.

_____ , but others aren't.

어떤 사람들은 창의적이지만 어떤 사람들은 아닙니다.

_____ , but others aren't.

어떤 사람들은 쉽게 중독되지만 어떤 사람들은 아닙니다.

_____ , but others aren't.

어떤 사람들은 노래에 대한 천부적 재능을 갖고 태어나지만 어떤 사람들은 아닙니다.

_____ , but others aren't.

Practice Speaking 실전 대비 훈련 MP3 파일을 들으며 대화문을 활용한 3가지 훈련을 해 보세요.

· ☐ A·B 섀도우 스피킹
· ☐ A 역할 · ☐ B 역할

A You make me so jealous!

넌 진짜 날 너무 질투나게 해!

B Why is that?

왜 그래?

A You always look fabulous in every picture.

사진마다 언제나 멋져 보이잖아.

B Some people are photogenic, but others are not.

어떤 사람들은 사진이 잘 받고, 어떤 사람들은 안 받으니까.

기타 주어 · 의문사 · 관계사 395

가장 중요한 것은 ~입니다
The most important thing is

the most important thing은 '가장 중요한 것'인데 주어로 사용되어 그 다음에 동사가 왔습니다. The most important thing for me is(내게 가장 중요한 것은 ~이다), The most important thing in my life is(내 인생에 가장 중요한 일은 ~이다) 처럼 의미를 좁혀서 사용할 수 있어요.

STEP 1 원어민 발음으로 듣기 패턴과 응용어구의 정확한 발음을 들어 보세요.

The most important thing is

가장 중요한 것은 ~입니다

내 인생	my life
타인을 돕는 것	to help other people
내 가족과 친구들	my family and my friends
당신과 있는 것	to be with you
행복	happiness

STEP 2 원어민 따라잡기 패턴 응용 문장을 다섯 번씩 큰 소리로 말해 보세요.

가장 중요한 것은 내 인생입니다.　**The most important thing is** my life.

가장 중요한 것은 타인을 돕는 것입니다.　**The most important thing is** to help other people.

가장 중요한 것은 내 가족과 친구들입니다.　**The most important thing is** my family and my friends.

가장 중요한 것은 당신과 함께 있는 것입니다.　**The most important thing is** to be with you.

가장 중요한 것은 행복입니다.　**The most important thing is** happiness.

STEP 3 원어민 뺨치게 쓰기 확장어를 포함해 앞서 만든 문장을 손으로 직접 써 보세요.

내게 가장 중요한 것은 내 인생입니다.

For me, _____.

내게 가장 중요한 것은 타인을 돕는 것입니다.

For me, _____.

내게 가장 중요한 것은 내 가족과 친구들입니다.

For me, _____.

내게 가장 중요한 것은 당신과 함께 있는 것입니다.

For me, _____.

내게 가장 중요한 것은 행복입니다.

For me, _____.

Practice Speaking 실전 대비 훈련 MP3 파일을 들으며 대화문을 활용한 3가지 훈련을 해 보세요.

· ☐ A·B 섀도우 스피킹
· ☐ A 역할 · ☐ B 역할

A I want to earn a lot of money.

난 돈을 많이 벌고 싶어.

B For me, the most important thing is happiness.

내게 가장 중요한 건 행복이야.

A That comes with money!

그건 돈이 있어야 생기지!

B No it doesn't. A lot of rich people are unhappy.

아니, 그렇지 않아. 많은 부자들이 불행하거든.

이건 ~를 포함하나요?

Does this include ~?

include는 '~을 포함하다, 포함시키다'란 뜻의 동사예요. 위의 패턴은 여행 패키지나 프로그램 등에 포함되어 있는 사항을 확인할 때 유용하게 쓸 수 있어요. 주어 부분의 this 대신에 your package(당신의 패키지), the contract(계약서), the program(프로그램) 등 다양하게 바꿔서 응용해 보세요.

STEP 1 원어민 발음으로 듣기 패턴과 응용어구의 정확한 발음을 들어 보세요.

Does this include ~?

이건 ~를 포함하나요?

모든 음료	all drinks
숙식	room and board
세금	taxes
보험	insurance
팁	the tip

STEP 2 원어민 따라잡기 패턴 응용 문장을 다섯 번씩 큰 소리로 말해 보세요.

이건 모든 음료를 포함합니까?	**Does this include** all drinks?
이건 숙식을 포함합니까?	**Does this include** room and board?
이건 세금을 포함합니까?	**Does this include** taxes?
이건 보험을 포함합니까?	**Does this include** insurance?
이건 팁을 포함합니까?	**Does this include** the tip?

STEP 3 원어민 뺨치게 쓰기 확장어를 포함해 앞서 만든 문장을 손으로 직접 써 보세요.

이건 모든 음료도 포함합니까?

as well?

이건 숙식도 포함합니까?

as well?

이건 세금도 포함합니까?

as well?

이건 보험도 포함합니까?

as well?

이건 팁도 포함합니까?

as well?

Practice Speaking 실전 대비 훈련 MP3 파일을 들으며 대화문을 활용한 3가지 훈련을 해 보세요.

· ☐ A·B 섀도우 스피킹
· ☐ A 역할 · ☐ B 역할

A You have to pay a $10 cover charge.

봉사료 10달러를 내셔야 합니다.

B Does this include all drinks as well?

여기에 모든 음료 또한 포함하나요?

A Yes. You get one beer with that.

예. 거기에 맥주 한 병이 포함되었습니다.

B That's too bad. I hate beer.

저런. 난 맥주를 싫어하는데.

이 물건엔 ~이 있나요?

Does this thing have ~?

물건을 가리켜 그것의 특정 사항을 물을 때 Does this (thing) have ~?(이건 ~가 있나요?)처럼 물을 수 있어요. 기능을 물을 땐 feature, 결점을 물을 때엔 drawback, 장점을 물을 땐 advantage를 사용하면 돼요. 앞에 any를 붙이면 '어떤'이란 뜻이 되어서 명사를 좀 더 강조하는 역할을 해요.

STEP 1 원어민 발음으로 듣기 패턴과 응용어구의 정확한 발음을 들어 보세요.

Does this thing have ~?
이 물건엔 ~이 있나요?

다른 기능들	any other features
브레이크	brakes
가격표	a price tag
가치	any value
결함	any defect

STEP 2 원어민 따라잡기 패턴 응용 문장을 다섯 번씩 큰 소리로 말해 보세요.

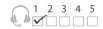

이 물건엔 다른 기능들이 있나요? **Does this thing have** any other features?

이 물건엔 브레이크가 있나요? **Does this thing have** brakes?

이 물건엔 가격표가 있나요? **Does this thing have** a price tag?

이 물건은 가치가 있나요? **Does this thing have** any value?

이 물건은 결함이 있나요? **Does this thing have** any defect?

STEP 3 원어민 뺨치게 쓰기 확장어를 포함해 앞서 만든 문장을 손으로 직접 써 보세요.

잠깐만요, 이 물건엔 다른 기능들이 있나요?

Wait, _____ ?

잠깐만요, 이 물건엔 브레이크가 있나요?

Wait, _____ ?

잠깐만요, 이 물건엔 가격표가 있나요?

Wait, _____ ?

잠깐만요, 이 물건은 가치가 있나요?

Wait, _____ ?

잠깐만요, 이 물건은 결함이 있나요?

Wait, _____ ?

Practice Speaking 실전 대비 훈련 MP3 파일을 들으며 대화문을 활용한 3가지 훈련을 해 보세요.
· ☐ A·B 섀도우 스피킹
· ☐ A 역할 · ☐ B 역할

A I really like it! It's so cool.
그거 정말 맘에 들어. 너무 멋져.

B Yeah, but how much is it?
그래, 하지만 가격이 얼마야?

A Wait, does this thing have a price tag?
잠시만, 이거 가격표가 있나?

B If you don't see one, just check another piece.
가격표가 안 보이면, 다른 걸 살펴 봐.

더욱더 많은 사람들이
More and more people

more and more를 명사 앞에 붙이면 '더욱더 많은'의 뜻이에요. more and more women(더욱더 많은 여성들), more and more children(더욱더 많은 아이들), more and more companies(더욱더 많은 기업들)처럼 쓰이지요. become more and more popular(더욱더 인기를 끌다)에서처럼 more and more를 형용사 앞에 붙여 사용할 수도 있습니다.

STEP 1 원어민 발음으로 듣기 패턴과 응용어구의 정확한 발음을 들어 보세요.

More and more people
더욱더 많은 사람들이

도시에서 살다	live in cities
온라인으로 일하다	work online
당뇨병에 걸리다	get diabetes
조기 퇴직하다	retire early
이혼하다	get divorced

STEP 2 원어민 따라잡기 패턴 응용 문장을 다섯 번씩 큰 소리로 말해 보세요.

1 2 3 4 5

더욱더 많은 사람들이 도시에서 삽니다.　**More and more people** live in cities.

더욱더 많은 사람들이 온라인으로 일합니다.　**More and more people** work online.

더욱더 많은 사람들이 당뇨병에 걸립니다.　**More and more people** get diabetes.

더욱더 많은 사람들이 조기 퇴직합니다.　**More and more people** retire early.

더욱더 많은 사람들이 이혼합니다.　**More and more people** get divorced.

186

STEP 3 원어민 뺨치게 쓰기 확장어를 포함해 앞서 만든 문장을 손으로 직접 써 보세요.

요즘 더욱더 많은 사람들이 도시에서 삽니다.

_____ these days.

요즘 더욱더 많은 사람들이 온라인으로 일합니다.

_____ these days.

요즘 더욱더 많은 사람들이 당뇨병에 걸립니다.

_____ these days.

요즘 더욱더 많은 사람들이 조기 퇴직합니다.

_____ these days.

요즘 더욱더 많은 사람들이 이혼합니다.

_____ these days.

Practice Speaking 실전 대비 훈련 MP3 파일을 들으며 대화문을 활용한 3가지 훈련을 해 보세요.

· ☐ A·B 섀도우 스피킹
· ☐ A 역할 · ☐ B 역할

A Did you hear the news?   소식 들었어?

B No. What happened?   아니. 무슨 일 있었어?

A Alex and Mary got divorced.   알렉스와 메리가 이혼했어.

B More and more people get divorced   요즘 더욱더 많은 사람들이 이혼을 해.
   these days.

기타 주어·의문사·관계사 403

내가 들어 본 것 중 가장 ~한 거야

That is the most ~ I've heard

[the + 최상급 형용사 + 명사 + 주어 + have ever p.p.]는 '~해 본 것 중 가장 ~한 …'란 뜻이에요. the cheapest car I have ever bought(내가 산 것 중 가장 싼 차), the wisest thing I've ever done(내가 한 일 중 가장 현명한 일)처럼 사용하면 됩니다.

STEP 1 원어민 발음으로 듣기 패턴과 응용어구의 정확한 발음을 들어 보세요.

That is the most ~ I've heard

내가 들어 본 것 중 가장 ~한 거야

바보 같은 일	idiotic thing
비싼 전화	expensive phone
경치가 아름다운 길	scenic route
어려운 언어	difficult language
재미있는 이야기	interesting story

STEP 2 원어민 따라잡기 패턴 응용 문장을 다섯 번씩 큰 소리로 말해 보세요.

내가 들어 본 것 중 가장 바보 같은 짓이에요. **That is the most** idiotic thing **I've heard.**

내가 들어 본 것 중 가장 비싼 전화예요. **That is the most** expensive phone **I've heard.**

내가 들어 본 것 중 가장 경치가 아름다운 길이예요. **That is the most** scenic route **I've heard.**

내가 들어 본 것 중 가장 어려운 언어예요. **That is the most** difficult language **I've heard.**

내가 들어 본 것 중 가장 재미있는 이야기예요. **That is the most** interesting story **I've heard.**

그게 ~하는 방식입니다

That's the way

way에는 '길'이란 뜻 외에 '방법'이란 뜻도 있어요. [that's the way + 주어 + 동사]는 '그것이 ~하는 방식이다'란 뜻으로 '그런 식으로 ~하는 거야'라고 의역하면 돼요. That's the way life goes.가 '그런 식으로 인생이 흘러가는 거야.'인데 Life goes like that.(그런 식으로 인생이 흘러가는 거야.)에서처럼 like that(그런 식으로)을 넣어 바꿔 쓸 수도 있어요.

STEP 1 원어민 발음으로 듣기 패턴과 응용어구의 정확한 발음을 들어 보세요.

That's the way
그게 ~하는 방식입니다

인생이 흐르다	life goes
내가 당신에 대해 느끼다	I feel about you
내가 만들어졌다	I was made
내가 사랑을 보다	I look at love
당신이 말을 타야 하다	you should ride a horse

STEP 2 원어민 따라잡기 패턴 응용 문장을 다섯 번씩 큰 소리로 말해 보세요.

그게 인생이 진행되는 방식입니다. **That's the way** life goes.

그게 내가 당신에 대해 느끼는 방식입니다. **That's the way** I feel about you.

그게 나란 사람입니다. **That's the way** I was made.

그게 내가 사랑을 보는 방식입니다. **That's the way** I look at love.

그게 당신이 말을 타야 하는 방식입니다. **That's the way** you should ride a horse.

STEP 3 원어민 뺨치게 쓰기 확장어를 포함해 앞서 만든 문장을 손으로 직접 써 보세요.

그게 인생이 진행되는 방식인지는 잘 모르겠어요.

I am not sure if --- .

그게 내가 당신에 대해 느끼는 방식인지는 잘 모르겠어요.

I am not sure if --- .

그게 나란 사람인지는 잘 모르겠어요.

I am not sure if --- .

그게 내가 사랑을 보는 방식인지는 잘 모르겠어요.

I am not sure if --- .

그게 당신이 말을 타야 하는 방식인지는 잘 모르겠어요.

I am not sure if --- .

Practice Speaking 실전 대비 훈련 MP3 파일을 들으며 대화문을 활용한 3가지 훈련을 해 보세요.

· ☐ A·B 섀도우 스피킹
· ☐ A 역할 · ☐ B 역할

A I think true love lasts forever.

진정한 사랑은 영원히 지속한다고 생각해.

B I am not sure if that's the way I look at love.

그게 내가 사랑을 바라보는 방식인지는 모르겠어.

A Then what do you think about it?

그럼 넌 어떻게 생각하는데?

B I think love can last for a short time as well.

난 사랑도 잠시 지속할 수 있다고 생각해.

내가 ~할 수 있는 건 이것뿐입니다
This is all I can

This is all. (이것이 전부예요.)란 문장에 (that) I can ~ (내가 ~할 수 있는 것)라는 형용사절이 추가된 형태예요. 같은 뜻의
There's nothing else that I can ~ (내가 ~할 수 있는 다른 건 없어요)로 바꿔서 말할 수도 있어요.

STEP 1 원어민 발음으로 듣기 패턴과 응용어구의 정확한 발음을 들어 보세요.

This is all I can
내가 ~할 수 있는 건 이것뿐입니다

기억하다	remember
생각하다	think of
하다	do
말하다	say
~를 제안하다	come up with

STEP 2 원어민 따라잡기 패턴 응용 문장을 다섯 번씩 큰 소리로 말해 보세요.

내가 기억할 수 있는 건 이것뿐입니다.　**This is all I can** remember.

내가 생각해 낼 수 있는 건 이것뿐입니다.　**This is all I can** think of.

내가 할 수 있는 건 이것뿐입니다.　**This is all I can** do.

내가 말할 수 있는 건 이것뿐입니다.　**This is all I can** say.

내가 제안할 수 있는 건 이것뿐입니다.　**This is all I can** come up with.

STEP 3 원어민 빰치게 쓰기 확장어를 포함해 앞서 만든 문장을 손으로 직접 써 보세요.

지금으로선 내가 기억할 수 있는 건 이것뿐입니다.

--- for right now.

지금으로선 내가 생각해 낼 수 있는 건 이것뿐입니다.

--- for right now.

지금으로선 내가 할 수 있는 건 이것뿐입니다.

--- for right now.

지금으로선 내가 말할 수 있는 건 이것뿐입니다.

--- for right now.

지금으로선 내가 제안할 수 있는 건 이것뿐입니다.

--- for right now.

Practice Speaking 실전 대비 훈련 MP3 파일을 들으며 대화문을 활용한 3가지 훈련을 해 보세요.

· ☐ A·B 섀도우 스피킹
· ☐ A 역할 · ☐ B 역할

A I wrote down a few ideas for the campaign.

캠페인을 위해 몇 가지 아이디어를 적어 봤어요.

B I don't really like any of them.

사실 어떤 것도 맘에 안 들어요.

A This is all I can come up with for right now.

지금으로선 이게 내가 내놓을 수 있는 전부예요.

B Then I guess these will have to do.

그럼 이것들로 해결해야만 하겠지요.

~하는 게 어때요?
How about ~ing?

한국말의 '어때?'에는 여러 의미가 내포되어 있어요. '네 생각은 어때?'일 때는 What do you think?이며 '그건 맛이 어때?' 일 때엔 How does it taste?이고, 상대의 의중을 묻기 위한 제안을 할 때엔 Why don't we ~?, How about ~?, What about ~?의 표현을 써요. 이때, Why don't we ~ 다음엔 동사원형이 오지만 How about ~, What about ~ 다음엔 명사나 동명사가 와요.

STEP 1 원어민 발음으로 듣기 패턴과 응용어구의 정확한 발음을 들어 보세요.

How about ~ing?
~하는 게 어때요?

수영하러 가는 것	going swimming
중국 음식 먹는 것	eating Chinese food
축구를 하는 것	playing football
등산하러 가는 것	going mountain-climbing
나를 태우러 오는 것	picking me up

STEP 2 원어민 따라잡기 패턴 응용 문장을 다섯 번씩 큰 소리로 말해 보세요.

수영하러 가는 게 어때요?	**How about** going swimming?
중국 음식 먹는 게 어때요?	**How about** eating Chinese food?
축구하는 게 어때요?	**How about** playing football?
등산하러 가는 게 어때요?	**How about** going mountain-climbing?
나를 태우러 오는 게 어때요?	**How about** picking me up?

STEP 3 원어민 뺨치게 쓰기 확장어를 포함해 앞서 만든 문장을 손으로 직접 써 보세요.

이번에는 수영하러 가는 게 어때요?

-- this time?

이번에는 중국 음식 먹는 게 어때요?

-- this time?

이번에는 축구하는 게 어때요?

-- this time?

이번에는 등산하러 가는 게 어때요?

-- this time?

이번에는 나를 태우러 오는 게 어때요?

-- this time?

Practice Speaking 실전 대비 훈련 MP3 파일을 들으며 대화문을 활용한 3가지 훈련을 해 보세요.
· ☐ A·B 섀도우 스피킹
· ☐ A 역할 · ☐ B 역할

A Let's meet at his house at 9 o'clock.

B How about picking me up this time?

A Your house is a little out of the way.

B It will only take you an extra five minutes!

아홉 시에 걔네 집에서 만나자.

이번엔 나를 데리러 오는 게 어때?

너희 집은 길에서 좀 벗어나 있잖아.

5분 더 걸릴 뿐인걸!

~는 어땠습니까?

How was ~?

how는 I don't know how to use this.(난 이것을 어떻게 이용하는지 몰라요.)처럼 방법을 묻는 '어떻게'의 뜻도 있지만 How was your trip?(당신 여행은 어땠어요?)처럼 어떤 일의 여부를 묻는 '어떠한지'의 뜻도 있어요. 또한, How are you?(안녕하세요?)에서처럼 안부를 묻는 표현에도 사용될 수 있어요.

STEP 1 원어민 발음으로 듣기 패턴과 응용어구의 정확한 발음을 들어 보세요.

How was ~?
~는 어땠습니까?

여행	the trip
비행	the flight
인터뷰	the interview
콘서트	the concert
시험	the test

STEP 2 원어민 따라잡기 패턴 응용 문장을 다섯 번씩 큰 소리로 말해 보세요.

여행은 어땠습니까?　　　**How was** the trip?

비행은 어땠습니까?　　　**How was** the flight?

인터뷰는 어땠습니까?　　**How was** the interview?

콘서트는 어땠습니까?　　**How was** the concert?

시험은 어땠습니까?　　　**How was** the test?

STEP 3 원어민 뺨치게 쓰기 확장어를 포함해 앞서 만든 문장을 손으로 직접 써 보세요.

지난주 여행은 어땠습니까?

-- last week?

지난주 비행은 어땠습니까?

-- last week?

지난주 인터뷰는 어땠습니까?

-- last week?

지난주 콘서트는 어땠습니까?

-- last week?

지난주 시험은 어땠습니까?

-- last week?

Practice Speaking 실전 대비 훈련 MP3 파일을 들으며 대화문을 활용한 3가지 훈련을 해 보세요.

· ☐ A·B 섀도우 스피킹
· ☐ A 역할 · ☐ B 역할

A How was the trip last week? 지난주 여행 어땠어요?

B Oh, we had a great time. 아, 정말 좋은 시간 보냈어요.

A You guys went to Kashmir, right? 카슈미르에 갔었지요, 그렇지요?

B No. We went to Nepal. 아니요. 우리는 네팔에 갔었어요.

~하는 게 어때요?

What about ~ing?

What about you?라고 물으면 '당신은 어때요?'라고 상대의 의견을 묻는 것이에요. 반면에 What about ~ing ~?는 '~하는 건 어때?'라고 행동에 대해 제안을 하는 것이에요. I like coffee.(난 커피를 좋아해요.), What about you?(당신은 어때요?)라고 물으면 상대도 커피를 좋아하는지 묻는 것이고 What about having coffee together?(커피 같이 하는 게 어때요?)라고 물으면 커피를 같이 마시겠느냐고 제안하는 거예요.

STEP 1 원어민 발음으로 듣기 패턴과 응용어구의 정확한 발음을 들어 보세요.

What about ~ing?
~하는 게 어때요?

함께 점심 먹는 것	having lunch together
비타민을 복용하는 것	taking vitamin
집에 혼자 있는 것	staying home alone
거기에 기차로 가는 것	going there by train
목욕하는 것	taking a bath

STEP 2 원어민 따라잡기 패턴 응용 문장을 다섯 번씩 큰 소리로 말해 보세요.

함께 점심 먹는 게 어때요?　　**What about** having lunch together?

비타민을 복용하는 게 어때요?　　**What about** taking vitamin?

집에 혼자 있는 게 어때요?　　**What about** staying home alone?

거기에 기차로 가는 게 어때요?　　**What about** going there by train?

목욕하는 게 어때요?　　**What about** taking a bath?

STEP 3 원어민 뺨치게 쓰기 확장어를 포함해 앞서 만든 문장을 손으로 직접 써 보세요.

대신에 함께 점심 먹는 게 어때요?

--- instead?

대신에 비타민을 복용하는 게 어때요?

--- instead?

대신에 집에 혼자 있는 게 어때요?

--- instead?

대신에 거기에 기차로 가는 게 어때요?

--- instead?

대신에 목욕하는 게 어때요?

--- instead?

Practice Speaking 실전 대비 훈련 MP3 파일을 들으며 대화문을 활용한 3가지 훈련을 해 보세요.

· ☐ A·B 섀도우 스피킹
· ☐ A 역할 · ☐ B 역할

A I hate taking a cab during rush hour.

러시아워에 택시 타는 것 싫어요.

B But we don't have any other option.

하지만 다른 옵션이 없어요.

A What about going there by train instead?

대신 거기에 기차로 가는 게 어때요?

B Oh yeah, we could do that.

좋아요, 그렇게 할 수도 있어요.

내게 가장 신경 쓰이는 건 ~입니다

What bothers me most is

bother는 '신경 쓰이게 하다'이고 most는 부사로 '가장'의 뜻이에요. 위의 패턴을 직역하면 '나를 가장 신경 쓰이게 하는 것은 ~이다'로 현재 내게 가장 신경 쓰이는 게 뭔지 말할 때 씁니다. be동사 뒤에는 명사구나 명사절이 옵니다.

STEP 1 원어민 발음으로 듣기 패턴과 응용어구의 정확한 발음을 들어 보세요.

What bothers me most is

내게 가장 신경 쓰이는 건 ~입니다

당신이 거짓말을 너무 많이 했다는 점	that you have told too many lies
당신의 태도	your attitude
불공평함	unfairness
우리가 시간이 충분치 않다는 점	that we don't have enough time
모든 게 너무 빨리 변하고 있다는 것	that everything is changing so fast

STEP 2 원어민 따라잡기 패턴 응용 문장을 다섯 번씩 큰 소리로 말해 보세요.

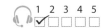

내게 가장 신경 쓰이는 건 당신이 거짓말을 너무 많이 했다는 점입니다.

What bothers me most is that you have told too many lies.

내게 가장 신경 쓰이는 건 당신의 태도입니다.

What bothers me most is your attitude.

내게 가장 신경 쓰이는 건 불공평함입니다.

What bothers me most is unfairness.

내게 가장 신경 쓰이는 건 우리가 시간이 충분치 않다는 겁니다.

What bothers me most is that we don't have enough time.

내게 가장 신경이 쓰이는 건 모든 것이 너무 빨리 변하고 있다는 겁니다.

What bother me most is that everything is changing so fast.

STEP 3 원어민 뺨치게 쓰기 확장어를 포함해 앞서 만든 문장을 손으로 직접 써 보세요.

솔직히 말해서, 내게 가장 신경 쓰이는 건 당신이 거짓말을 너무 많이 했다는 점입니다.

Frankly speaking, _____.

솔직히 말해서, 내게 가장 신경 쓰이는 건 당신의 태도입니다.

Frankly speaking, _____.

솔직히 말해서, 내게 가장 신경 쓰이는 건 불공평함입니다.

Frankly speaking, _____.

솔직히 말해서, 내게 가장 신경 쓰이는 건 우리가 시간이 충분치 않다는 겁니다.

Frankly speaking, _____.

솔직히 말해서, 내게 가장 신경이 쓰이는 건 모든 게 너무 빨리 변하고 있다는 겁니다.

Frankly speaking, _____.

Practice Speaking 실전 대비 훈련 MP3 파일을 들으며 대화문을 활용한 3가지 훈련을 해 보세요.

· ☐ A·B 섀도우 스피킹
· ☐ A 역할 · ☐ B 역할

A I hate these stupid people.

B You need to calm down.

A No! They are all liars and cheats!

B Frankly speaking, what bothers me most is your attitude.

난 이런 멍청한 사람들이 싫어요.

진정 좀 해야겠네요.

아니요! 그들 모두 거짓말쟁이에 사기꾼들이에요!

솔직히, 내게 가장 신경 쓰이는 건 당신 태도예요.

왜 ~에 왔습니까?

What brings you ~?

You can bring your friend to the party.(넌 파티에 친구를 데려올 수 있어.)에서처럼 bring은 '데려오다, 가져오다'란 뜻이에요. 하지만 위의 패턴에서처럼 bring이 '특정 장소에 있게 히다'란 뜻이 되어 What brings you here?라고 묻는다면 '당신은 무슨 일로 여기에 있는 거예요?' 즉, '여긴 어쩐 일이에요?'란 뜻이 됩니다.

STEP 1 원어민 발음으로 듣기 패턴과 응용어구의 정확한 발음을 들어 보세요.

What brings you ~?

왜 ~에 왔습니까?

여기에	here
돌아	back
이 회사에	to this company
인터뷰에	to the interview
이 부지에	to this site

STEP 2 원어민 따라잡기 패턴 응용 문장을 다섯 번씩 큰 소리로 말해 보세요.

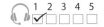

왜 여기에 왔습니까?	**What brings you** here?
왜 돌아왔습니까?	**What brings you** back?
왜 이 회사에 온 겁니까?	**What brings you** to this company?
왜 인터뷰에 온 겁니까?	**What brings you** to the interview?
왜 이 부지에 온 겁니까?	**What brings you** to this site?

STEP 3 원어민 빨치게 쓰기 확장어를 포함해 앞서 만든 문장을 손으로 직접 써 보세요.

내 질문은 왜 여기에 왔느냐는 겁니다.

My question is, --.

내 질문은 왜 돌아왔느냐는 겁니다.

My question is, --.

내 질문은 왜 이 회사에 왔느냐는 겁니다.

My question is, --.

내 질문은 왜 인터뷰에 왔느냐는 겁니다.

My question is, --.

내 질문은 왜 이 부지에 왔느냐는 겁니다.

My question is, --.

Practice Speaking 실전 대비 훈련 MP3 파일을 들으며 대화문을 활용한 3가지 훈련을 해 보세요.
· ☐ A·B 섀도우 스피킹
· ☐ A 역할 · ☐ B 역할

A It's been 10 years since I've been here. | 내가 여기 와 본 지 10년 됐어요.

B My question is, what brings you back. | 제 질문은, 어째서 돌아왔나예요.

A My cousin is getting married. | 제 사촌이 결혼해요.

B Oh, that's a good reason, then. | 아, 그렇다면 그럴 만한 이유네요.

~은 어찌 된 겁니까?

What has become of ~?

become은 '~하게 되다, ~이 되다'로 감정적, 신체적 변화를 나타낼 때 쓰는 격식을 갖춘 동사예요. 구어체에서는 get을 주로 쓰지요. [What becomes of + 명사(구)?]는 '~가 도대체 어찌 된 일입니까?'라고 따져 묻는 듯한 뉘앙스를 풍겨요.

STEP 1 원어민 발음으로 듣기 패턴과 응용어구의 정확한 발음을 들어 보세요.

What has become of ~?
~은 어찌 된 겁니까?

내 가방	my bag
당신의 개	your dog
그 회사	the company
세상	the world
그	him

STEP 2 원어민 따라잡기 패턴 응용 문장을 다섯 번씩 큰 소리로 말해 보세요.

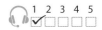

내 가방은 어찌 된 겁니까?	**What has become of** my bag?
당신 개는 어찌 된 겁니까?	**What has become of** your dog?
그 회사는 어찌 된 겁니까?	**What has become of** the company?
세상이 어찌 된 겁니까?	**What has become of** the world?
그가 어찌 된 겁니까?	**What has become of** him?

STEP 3 원어민 빠르게 쓰기 확장어를 포함해 앞서 만든 문장을 손으로 직접 써 보세요.

내 가방은 어찌 된 건지 아는 사람 있습니까?

Does anybody know ?

당신 개가 어찌 된 건지 아는 사람 있습니까?

Does anybody know ?

그 회사가 어찌 된 건지 아는 사람 있습니까?

Does anybody know ?

세상이 어찌 된 건지 아는 사람 있습니까?

Does anybody know ?

그가 어찌 된 건지 아는 사람 있습니까?

Does anybody know ?

Practice Speaking 실전 대비 훈련 MP3 파일을 들으며 대화문을 활용한 3가지 훈련을 해 보세요.

· ☐ A·B 섀도우 스피킹
· ☐ A 역할 · ☐ B 역할

A I haven't heard from Robert in a long time.

오랫동안 로버트로부터 소식을 못 들었어.

B Neither have I, actually.

사실, 나도 못 들었어.

A Does anybody know what has become of him?

그가 어떻게 된 건지 아는 사람 있니?

B I think he moved to Chicago.

시카고로 이주한 거 같아.

~하는 가장 빠른 방법은 무엇인가요?

What is the fastest way to ~?

way는 방법을 묻는 것이므로 What is the fastest way?는 '가장 빠른 방법은 무엇인가?'란 뜻이에요. the fastest 대신에 the easiest(가장 쉬운), the best(가장 나은), the cheapest(가장 저렴한) 등으로 바꿔 넣을 수 있어요. way 뒤의 to부정사는 앞의 way를 꾸며 주는 형용사 역할을 합니다.

STEP 1 원어민 발음으로 듣기 패턴과 응용어구의 정확한 발음을 들어 보세요.

What is the fastest way to ~?

~하는 가장 빠른 방법은 무엇인가요?

머리를 기르다	grow my hair
영어를 향상시키다	improve English
언어를 배우다	learn a language
열을 없애다	get rid of a fever
역에 도착하다	get to the station

STEP 2 원어민 따라잡기 패턴 응용 문장을 다섯 번씩 큰 소리로 말해 보세요.

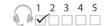

내 머리를 기르는 가장 빠른 방법은 무엇인가요? **What is the fastest way to** grow my hair?

영어를 향상시키는 가장 빠른 방법은 무엇인가요? **What is the fastest way to** improve English?

언어를 배우는 가장 빠른 방법은 무엇인가요? **What is the fastest way to** learn a language?

열을 없애는 가장 빠른 방법은 무엇인가요? **What is the fastest way to** get rid of a fever?

역에 도착하는 가장 빠른 방법은 무엇인가요? **What is the fastest way to** get to the station?

STEP 3 원어민 뺨치게 쓰기 확장어를 포함해 앞서 만든 문장을 손으로 직접 써 보세요.

자, 내 질문은, 내 머리를 기르는 가장 빠른 방법은 무엇인가입니다.

Now my question is, _____.

자, 내 질문은, 영어를 향상시키는 가장 빠른 방법은 무엇인가입니다.

Now my question is, _____.

자, 내 질문은, 언어를 배우는 가장 빠른 방법은 무엇인가입니다.

Now my question is, _____.

자, 내 질문은, 열을 없애는 가장 빠른 방법은 무엇인가입니다.

Now my question is, _____.

자, 내 질문은, 역에 도착하는 가장 빠른 방법은 무엇인가입니다.

Now my question is, _____.

Practice Speaking 실전 대비 훈련 MP3 파일을 들으며 대화문을 활용한 3가지 훈련을 해 보세요.
· ☐ A·B 섀도우 스피킹
· ☐ A 역할 · ☐ B 역할

A I'm moving to France soon.

난 곧 프랑스로 이주해.

B That's great but the French don't speak English.

아주 잘됐긴 한데 프랑스 사람들은 영어 안 하잖아.

A Now my question is, what is the fastest way to learn a language.

자, 내 질문은, 언어를 배우는 가장 빠른 방법이 뭐냐는 거야.

B I think you should get a tutor.

개인지도를 받아야 한다고 생각해.

~는 무엇인가요?
What's for ~?

What's for dinner?(저녁 식사는 뭐지?)라고 물으면 What are we going to have for dinner?(우리 저녁으로 뭘 먹을 거지?)
라고 묻는 거예요. What's for 다음에는 흔히 음식 관련 표현을 넣어 상대에게 구체적인 종류를 제시하도록 묻습니다.

STEP 1 원어민 발음으로 듣기 패턴과 응용어구의 정확한 발음을 들어 보세요.

What's for
~는 무엇인가요?

디저트	dessert
저녁 식사	dinner
식사	the meal
차	tea
간식 시간	snack time

STEP 2 원어민 따라잡기 패턴 응용 문장을 다섯 번씩 큰 소리로 말해 보세요.

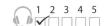

디저트는 뭡니까? **What's for** dessert?

저녁 식사는 뭡니까? **What's for** dinner?

식사는 뭡니까? **What's for** the meal?

차는 뭡니까? **What's for** tea?

간식 시간은 뭡니까? **What's for** snack time?

STEP 3 원어민 빰치게 쓰기 확장어를 포함해 앞서 만든 문장을 손으로 직접 써 보세요.

오늘 디저트는 뭡니까?

--- today?

오늘 저녁 식사는 뭡니까?

--- today?

오늘 식사는 뭡니까?

--- today?

오늘 차는 뭡니까?

--- today?

오늘 간식 시간은 뭡니까?

--- today?

Practice Speaking 실전 대비 훈련 MP3 파일을 들으며 대화문을 활용한 3가지 훈련을 해 보세요.
· ☐ A·B 섀도우 스피킹
· ☐ A 역할 · ☐ B 역할

A What's for dinner today?   오늘 저녁 식사는 뭐야?

B I think your sister has made spaghetti.   너희 누나가 스파게티를 만든 것 같아.

A She cooked? How surprising!   누나가 요리를 했다고? 정말 놀랍군!

B Yeah. I hope it tastes okay.   그러게. 맛이 괜찮길 바라.

마지막으로 ~였던 게 언제였나요?
When was the last time ~?

the last time에는 '마지막'의 뜻과 '지난번'의 뜻이 있어요. When was the last time?은 '마지막이 언제였어요?'라는 뜻이지요. When was the last time you saw him?은 '마지막으로'의 부사구 for the last time을 활용해 When did you see him for the last time?처럼 바꿀 수 있어요.

STEP 1 원어민 발음으로 듣기 패턴과 응용어구의 정확한 발음을 들어 보세요.

When was the last time ~?
마지막으로 ~였던 게 언제였나요?

너는 그를 만났다	you saw him
너는 고기를 먹었다	you ate meat
너는 행복하다고 느꼈다	you felt happy
너는 비밀번호를 바꿨다	you changed your password
너는 해외여행을 했다	you traveled overseas

STEP 2 원어민 따라잡기 패턴 응용 문장을 다섯 번씩 큰 소리로 말해 보세요.

그를 마지막으로 만났던 게 언제였나요? **When was the last time** you saw him?

고기를 마지막으로 먹었던 게 언제였나요? **When was the last time** you ate meat?

행복하다고 마지막으로 느꼈던 게 언제였나요? **When was the last time** you felt happy?

비밀번호를 마지막으로 바꿨던 게 언제였나요? **When was the last time** you changed your password?

해외여행을 마지막으로 갔던 게 언제였나요? **When was the last time** you traveled overseas?

STEP 3 원어민 빰치게 쓰기 확장어를 포함해 앞서 만든 문장을 손으로 직접 써 보세요.

그럼 그를 마지막으로 만났던 게 언제였나요?

So _____?

그럼 고기를 마지막으로 먹었던 게 언제였나요?

So _____?

그럼 행복하다고 마지막으로 느꼈던 게 언제였나요?

So _____?

그럼 비밀번호를 마지막으로 바꿨던 게 언제였나요?

So _____?

그럼 해외여행을 마지막으로 갔던 게 언제였나요?

So _____?

Practice Speaking 실전 대비 훈련 MP3 파일을 들으며 대화문을 활용한 3가지 훈련을 해 보세요.
· ☐ A·B 섀도우 스피킹
· ☐ A 역할 · ☐ B 역할

A I'm going to Europe tomorrow.
나 내일 유럽에 가.

B You are making me jealous!
부럽네!

A So when was the last time you traveled overseas?
그럼 네가 마지막으로 해외여행을 간 게 언제였어?

B Last summer I went to America.
지난 여름에 미국에 갔었어.

당신이 좋아하는 ~는 누구인가요?
Who is your favorite ~?

favorite는 my favorite color(내가 좋아하는 색)처럼 '좋아하는'을 의미하기도 하고 my favorite song(내가 잘 부르는 노래)처럼 '장기의'를 의미하기도 해요. 또 What is your favorite for fun?(네가 재미로 좋아하는 것은 뭐야?)처럼 '좋아하는 것', He is my favorite.(그는 내가 좋아하는 사람이야.)처럼 '좋아하는 사람'을 의미하기도 하지요. 의문사 who는 사람을 가리키므로 favorite 다음에도 사람을 지칭하는 명사들이 와야 해요.

STEP 1 원어민 발음으로 듣기 패턴과 응용어구의 정확한 발음을 들어 보세요.

Who is your favorite ~?
당신이 좋아하는 ~는 누구인가요?

유명인	celebrity
운동선수	sports player
가수	singer
여배우	actress
작가	author

STEP 2 원어민 따라잡기 패턴 응용 문장을 다섯 번씩 큰 소리로 말해 보세요.

당신이 좋아하는 유명인은 누구인가요?	**Who is your favorite** celebrity?
당신이 좋아하는 운동선수는 누구인가요?	**Who is your favorite** sports player?
당신이 좋아하는 가수는 누구인가요?	**Who is your favorite** singer?
당신이 좋아하는 여배우는 누구인가요?	**Who is your favorite** actress?
당신이 좋아하는 작가는 누구인가요?	**Who is your favorite** author?

STEP 3 원어민 뺨치게 쓰기 확장어를 포함해 앞서 만든 문장을 손으로 직접 써 보세요.

당신이 좋아하는 명사는 누구인가요, 그리고 그 이유는요?

-- and why?

당신이 좋아하는 운동선수는 누구인가요, 그리고 그 이유는요?

-- and why?

당신이 좋아하는 가수는 누구인가요, 그리고 그 이유는요?

-- and why?

당신이 좋아하는 여배우는 누구인가요, 그리고 그 이유는요?

-- and why?

당신이 좋아하는 작가는 누구인가요, 그리고 그 이유는요?

-- and why?

Practice Speaking 실전 대비 훈련 MP3 파일을 들으며 대화문을 활용한 3가지 훈련을 해 보세요.
· ☐ A·B 섀도우 스피킹
· ☐ A 역할 · ☐ B 역할

A Who is your favorite author and why?

당신이 좋아하는 작가는 누구이며 이유는 뭐지요?

B I like J.K. Rowling because she writes great books.

난 J.K. Rowling을 좋아해요, 대단한 책들을 쓰니까요.

A But what exactly do you like about her books?

하지만 그녀의 책들에 대해 정확히 무엇이 좋은 거예요?

B I like her characters.

난 등장인물들이 좋아요.

누가 ~할 건가요?
Who's gonna ~?

is going to를 구어체로 사용하면 gonna가 되어요. You are gonna like it.(당신 맘에 들 거예요.), I am gonna swim.(난 수영할 거야.)처럼 쓸 수 있어요. Who's gonna ~? 역시 Who is going to ~?의 뜻으로 미래의 예정된 행위를 누가 할 것인지 물어보는 표현입니다.

STEP 1 원어민 발음으로 듣기 패턴과 응용어구의 정확한 발음을 들어 보세요.

Who's gonna ~?
누가 ~할 건가요?

차로 나를 데려다 주다	drive me home
내게 사는 법을 가르쳐 주다	teach me how to live
참석하다	show up
내 저녁 식사를 요리하다	cook my dinner
나를 공항에 데려다 주다	take me to the airport

STEP 2 원어민 따라잡기 패턴 응용 문장을 다섯 번씩 큰 소리로 말해 보세요.

누가 나를 차로 집에 데려다 줄 건가요? **Who's gonna** drive me home?

누가 내게 사는 법을 가르쳐 줄 건가요? **Who's gonna** teach me how to live?

누가 참석할 건가요? **Who's gonna** show up?

누가 내 저녁 식사를 요리해 줄 건가요? **Who's gonna** cook my dinner?

누가 나를 공항에 데려다 줄 건가요? **Who's gonna** take me to the airport?

STEP 3 원어민 뺨치게 쓰기 확장어를 포함해 앞서 만든 문장을 손으로 직접 써 보세요.

누가 나를 차로 집에 데려다 줄 건지 알고 싶어요.

I want to know ------

누가 내게 사는 법을 가르쳐 줄 건지 알고 싶어요.

I want to know ------

누가 참석할 건지 알고 싶어요.

I want to know ------

누가 내 저녁 식사를 요리해 줄 건지 알고 싶어요.

I want to know ------

누가 나를 공항에 데려다 줄 건지 알고 싶어요.

I want to know ------

Practice Speaking 실전 대비 훈련 MP3 파일을 들으며 대화문을 활용한 3가지 훈련을 해 보세요.
· ☐ A·B 섀도우 스피킹
· ☐ A 역할 · ☐ B 역할

A You have to come with us.

당신 우리랑 가야 해요.

B I want to know who's gonna drive me home.

누가 나를 집에 차로 데려다 줄 건지 알고 싶어요.

A You can take a cab.

택시를 타면 돼요.

B It will be late. Someone has to drive me.

늦을 거예요. 누군가 나를 차로 데려다 줘야 해요.

Pattern Closure

이번 패턴에서 훈련한 표현들을 마지막으로 체크하고 마무리합니다.

☑ _____ if there's something wrong. 뭔가가 잘못되었는지 그가 곧 알아낼 겁니다.

☐ _____ photogenic but others aren't. 어떤 사람들은 사진이 잘 받지만 어떤 사람들은 아닙니다.

☐ _____ to help other people. 가장 중요한 것은 타인을 돕는 것입니다.

☐ _____ all drinks as well? 이건 모든 음료도 포함합니까?

☐ _____ any other features? 이 물건엔 다른 기능들이 있나요?

☐ _____ retire early. 더욱더 많은 사람들이 조기 퇴직합니다.

☐ _____ scenic route _____. 내가 들어 본 것 중 가장 경치가 아름다운 길이에요.

☐ _____ life goes. 그게 인생이 진행되는 방식입니다.

☐ _____ remember for right now. 지금으로선 내가 기억할 수 있는 건 이것뿐입니다.

☐ _____ going swimming this time? 이번에는 수영하러 가는 게 어때요?

☐ _____ the flight last week? 지난주 비행은 어땠습니까?

☐ _____ having lunch together instead? 대신에 함께 점심 먹는 게 어때요?

☐ _____ your attitude. 내게 가장 신경 쓰이는 건 당신의 태도입니다.

☐ _____ to this company? 왜 이 회사에 온 겁니까?

☐ Does anybody know _____ my bag? 내 가방은 어찌 된 건지 아는 사람 있습니까?

☐ _____ grow my hair? 내 머리를 기르는 가장 빠른 방법은 무엇인가요?

☐ _____ snack time today? 오늘 간식 시간은 뭡니까?

☐ _____ you saw him? 그를 마지막으로 만났던 게 언제였나요?

☐ _____ sports player? 당신이 좋아하는 운동선수는 누구인가요?

☐ I want to know _____ drive me home. 누가 나를 차로 집에 데려다 줄 건지 알고 싶어요.